传承发展　共享创新

庆祝中国农学会农业图书馆分会成立35周年

孟宪学　魏　虹　主编

U0876624

中国农业科学技术出版社

图书在版编目（CIP）数据

传承发展 共享创新：庆祝中国农学会农业图书馆分会成立35周年 / 孟宪学，魏虹主编 .— 北京：中国农业科学技术出版社，2018.11
ISBN 978-7-5116-3540-2

Ⅰ .①传… Ⅱ .①孟… ②魏… Ⅲ .①农业—图书情报事业—发展—研究—中国 Ⅳ .① G25S-289.2

中国版本图书馆 CIP 数据核字（2018）第 249071 号

责任编辑 朱 绯
责任校对 马广洋

出 版 者 中国农业科学技术出版社
北京市中关村南大街 12 号 邮编：100081
电 话 （010）82106626（编辑室）（010）82109702（发行部）
（010）82109709（读者服务部）
传 真 （010）82106626
网 址 http://www.castp.cn
发 行 各地新华书店
印 刷 者 北京地大天成印务有限公司
开 本 787 mm × 1 092 mm 1 /16
印 张 23 彩 插 80 面
字 数 469 千字
版 次 2018 年 11 月第 1 版 2018 年 11 月第 1 次印刷
定 价 100.00 元

版权所有・侵权必究

中国农学会农业图书馆分会简介

成立于1983年的中国农学会农业图书馆分会（成立时名称“中国农业图书馆协会”），是由广大农业图书情报工作者及其相应单位或团体自愿结合组成全国性、依法登记成立的、学术性和社会公益性团体，是全国农业图书情报工作者相互学习与交流的平台，是推动我国农业图书馆事业繁荣发展、促进农业科学技术普及推广以及发展现代农业、促进农业和农村经济发展的重要社会力量。

农业图书馆分会在中国农学会的直接领导下，在农业农村部等有关部门和单位的指导下，在挂靠单位中国农业科学院农业信息研究所（国家农业图书馆）和各省、市、自治区农（牧）业科学院农业信息研究所（图书馆）以及全国高等农业院校图书馆的大力支持下，坚持“百花齐放，百家争鸣”的方针，倡导“奉献、创新、求实、协作”的精神；坚持民主办会，以科教兴农和农业与农村经济可持续发展战略为目标，围绕我国农业与农村经济发展、农业图书情报事业发展、农业图书馆学科体系建设和农业信息科技创新发展等重大问题，积极组织开展学术研讨与交流、科技教育与培训等活动，先后组织全国性具有重大影响的学术研讨会、工作交流会等会议64次，举办各类专业培训班、研讨班42次，编印、汇集、交流学术论文2 800余篇。在繁荣和开创农业图书情报事业新局面、引领农业图书情报创新发展和服务新方向、加强国内外农业图书情报交流与合作、加强农业图书情报人才培养、促进我国农业图书情报技术普及和推广等方面发挥了重要作用，极大地推动了我国农业图书馆学科建设和图书情报事业的发展。

《传承发展　共享创新：庆祝中国农学会农业图书馆分会成立35周年》

编委会

顾　问：梅方权　贾善刚　许世卫

主　编：孟宪学　魏　虹

副主编：何秀荣　颜玉怀　董英山　赵瑞雪　倪　峰
商　奎　郑江平　张学福　刘学勋　刘　刚
刘文奎　龙　方　李玉兰

编　委（按姓氏笔画排列）：
牛细婷　王生林　王糯兴　乌　恩　史　伟
刘世英　刘信洪　孙小满　杨长平　宋庆平
张玉娥　张乐萃　陆学文　陈文勇　陈国秀
欧阳海鹰　周　迪　郑怀国　胡国良　姜新耀
骆建忠　崔太昌　曾晓明　熊本海　颜　蕴
潘　薇

序

中国农学会农业图书馆分会作为农业图书情报界的群众性学术团体，自 1983 年成立以来，在中国农学会的直接领导下，在农业农村部等有关部门和单位的指导下，在挂靠单位中国农业科学院农业信息研究所和各省市自治区农业科学院信息科研机构、高等农业院校图书馆等单位的大力支持下，分会紧紧依靠团体会员单位和广大农业图书情报工作者，充分发挥作为群众性学术团体沟通、交流、桥梁、纽带的功能和作用，积极组织开展学术交流、学科建设、科技创新、共建共享、决策咨询、国内外合作、期刊管理、教育培训、人才培养、成果推广、举荐表彰等活动，在繁荣和发展我国农业图书情报科学、开展农业图书情报研究、提升创新和服务能力与水平等方面做出了积极贡献，有力地推动了我国农业图书馆学科建设和发展。

分会成立 35 年来，坚持“百花齐放，百家争鸣”的方针，倡导“奉献、创新、求实、协作”的精神；坚持民主办会，以科教兴农和农业与农村经济可持续发展战略为目标，围绕我国农业与农村经济发展、农业图书情报事业发展、农业图书馆学科体系建设和农业信息科技创新发展等重大问题，从图书情报理论、农业科技文献资源布局、农业图书分类、信息网络化、图书馆自动化、数据库与信息资源建设、学科与学术水平评价、数字化图书馆建设、文献资源共建共享、科研数据信息共享、农业知识经济、农业信息管理与技术、农业信息科技前沿技术等重要专业领域和方向，积极组织开展学术研讨、成果展示、技术交流等活动。先后组织全国性具有重大影响力的学术研讨会、工作交流会等会议 64 次，举办各类专业培训班、研讨班 42 次，编印、汇集、交流学术论文 2 800 余篇。在繁荣和开创农业图书情报事业新局面、引领农业图书情报创新发展和服务新方向、加强国内外农业图书情报交流与合作、加强农业图书情报人才培养、促进我国农业图书情报技术普及和推广等方面发挥了重要作用。

在中国农学会农业图书馆分会成立 35 周年纪念之际，我们回顾分会发展历程、展现学科发展进步，在总结分会 35 年来学科发展的基础上，期待广大农业图书情报工作者面向未来，更加积极地投身于农业图书情报事业发展中，共同为现代农业发展提供强大信息科技支撑而努力。分会的发展和壮大离不开有关部门的支持、会员单位的合作和广大农业图书情报工作者的共同努力，在分会35周年庆祝之际，我们对中国科协、农业农村部、科技部等相关业务司局，对中国农学会等上级有关部门，对各省市自治区农业科学院及其农业信息机构、高等农业院校图书馆、相关国际农业信息机构、农业图书馆等单位长期以来对分会工作的指导、关心、关注和大力支持表示衷心的感谢！向创建中国农学会农业图书馆分会的领导和前辈致敬！向为中国农业图书情报事业做出贡献的老一辈科学家致敬！向奋战在农业图书情报和信息服务战线一代代农业图书情报工作者致敬！是他们的不懈努力、辛勤耕耘、默默奉献和持恒相伴铸就了中国农学会农业图书馆分会的今天和辉煌！

2018年是国家“十三五”发展规划承上启下的重要年份，也是总结回顾我国改革开放四十周年的重要之年，分会将继续深入贯彻落实党的十九大报告精神和新时代中国特色社会主义思想，按照农业农村部、中国农学会的工作部署和工作思路的总体要求，顺应现代农业图书情报、农业图书馆学科建设和发展需要，积极组织开展各种学术研讨和交流培训活动，坚持为农业与农村经济发展服务，坚持为农业图书馆学科建设和农业科技创新服务，坚持为农业图书情报工作者服务，进一步提升分会服务能力和水平，全面推进分会工作再上新台阶，为繁荣和发展我国农业图书情报学科、农业图书馆事业做出新的更大贡献。

中国农学会农业图书馆分会　理事长

孟宪学

2018年8月

目录

CONTENTS

第一部分

中国农学会农业图书馆分会
历届理事长（照片）

焦　彬

第二届理事会理事长（1988—1992 年）

谢承桂

第三届理事会理事长（1992—1996 年）

梅方权
第四届理事会理事长（1996—2001年）

贾善刚
第五届理事会理事长（2001—2008年）

孟宪学
第六届、第七届理事会理事长（2008— ）

第二部分

中国农学会农业图书馆分会
历届领导机构人员名单

中国农业图书馆协会
第一届组织机构名单

（一九八三年五月二十七日通过）

主任委员馆：中国农业科学院图书馆

副主任委员馆：北京农业大学图书馆

西北农学院图书馆

南京农学院图书馆

吉林省农业科学院图书馆

委　员　馆（按馆名笔画排序）：

上海市农业科学院图书馆

山西省农业科学院图书馆

中国农业科学院图书馆

中国农业科学院哈尔滨兽医研究所图书馆

内蒙古农牧学院图书馆

甘肃农业大学图书馆

北京农业大学图书馆

北京农学院图书馆

四川省农业科学院图书馆

吉林省农业科学院图书馆

西北农学院图书馆

西南农学院图书馆

华中农学院图书馆

华南农学院图书馆

江苏省农业科学院图书馆

沈阳农学院图书馆
河南省农林科学院图书馆
南京农学院图书馆
热带作物研究院图书馆
浙江农业大学图书馆
新疆农业科学院图书馆

秘　书　长：白　磊

《农业图书馆》
编 委 会

主　编：林　山

副主编：杨直民

委　员：马壮行　马国庆　王永厚　王希贤　江乃武

林　山　林德盛　蒋宜民　赵宗智

中国农学会农业图书馆协会（分会）第二届常务理事会名单

（一九八八年五月二十九日选举产生）

名誉理事长：刘志澄（中国农业科学院）
　　　　　　梁家勉（华南农业大学图书馆）
理　事　长：焦　彬（中国农业科学院科技文献信息中心）
　　　　　　王锡吾（中国农业科学院科技文献信息中心）
副理事长：杨直民（北京农业大学图书馆）
常务理事（按姓氏笔画排列）：
　　　　　　王东海（北京农业工程大学图书馆）
　　　　　　冯世良（西北农业大学图书馆）
　　　　　　刘颐先（四川省农业科学院图书馆）
　　　　　　江乃武（吉林农业大学图书馆）
　　　　　　李同庆（华南农业大学图书馆）
　　　　　　李松荣（上海水产大学图书馆）
　　　　　　杨直民（北京农业大学图书馆）
　　　　　　杨振堂（华南热带作物学院、研究院图书馆）
　　　　　　陈启华（南京农业大学图书馆）
　　　　　　林德胜（湖南省农业科学院图书馆）
　　　　　　赵华英（中国农业科学院科技文献信息中心）
　　　　　　韩会鹏（农业部教育局）
　　　　　　焦　彬（中国农业科学院科技文献信息中心）
秘　书　长：赵华英（中国农业科学院科技文献信息中心）
副秘书长：刘友文（北京农业大学图书馆）

王东海（北京农业工程大学图书馆）
马英才（武功农业科研中心协委会业务协调处）
张文广（吉林省农业科学院情报研究所）

中国农学会农业图书馆协会（分会）专业委员会名单

文献资源发展与利用专业委员会

主　任：林德胜

副主任：邢志义　郭超群

委　员：文南生　白　磊　刘翠兰　范应桐　韩扬云

文献加工与检索专业委员会

主　任：江乃武

副主任：陈静惠　陈宝瑢　徐新华

委　员：吴泽宜　夏继明　谢坤生　魏和平

图书馆自动化专业委员会

主　任：金培华

副主任：张志练　黄益券

委　员：李　晓　肖金旭　陈丁儒　郑冶钢　祝玉萍

中国农学会农业图书馆分会
第三届常务理事会名单

（一九九二年十一月二十五日选举产生）

名誉理事长：刘志澄（中国农业科学院）

名 誉 理 长：杨直民（北京农业大学图书馆）

江乃武（吉林农业大学图书馆）

王东海（北京农业工程大学图书馆）

理　事　长：谢承桂（中国农业科学院科技文献信息中心）

副 理 事 长：甄玉巨（农业部办公厅）

杨秉芳（北京农业大学图书馆）

郭殿瑞（中国农业科学院科技文献信息中心）

常 务 理 事（按姓氏笔画排列）：

马英才（武功农业科研中心）

王德胜（农业部教育司）

刘建柏（湖南省农业科学院情报研究所）

刘清水（北京农业工程大学图书馆）

刘颀先（四川省农业科学院图书馆）

李同庆（华南农业大学图书馆）

李松荣（上海水产大学图书馆）

李润身（西北农业大学图书馆）

杨秉芳（北京农业大学图书馆）

张文广（吉林省农业科学院情报研究所）

陈世正（西南农业大学图书馆）

陈启华（南京农业大学图书馆）

陈宝瑢（沈阳农业大学图书馆）
赵华英（中国农业科学院科技文献信息中心）
郭殿瑞（中国农业科学院科技文献信息中心）
黄建南（上海市农业科学院图书馆）
韩丹棠（华南热作研究院图书馆）
谢承桂（中国农业科学院科技文献信息中心）
甄玉巨（农业部办公厅）

秘　书　长： 赵华英（中国农业科学院科技文献信息中心）

副秘书长： 阎殿衡（北京农业大学图书馆）
蔡　捷（中国农业科学院科技文献信息中心）

中国农学会农业图书馆分会专业委员会名单

农业文献资源建设专业委员会

主 任 委 员：邢志义

副主任委员：郭超群　姜玉梅

委　　　员：刘翠兰　魏颜知　程小澜　王进宝　宛章齐
魏和平　李云祥　苏帕莎　何建新　谷艳秋
徐　妍　潘淑春　陈宝瑢　马英才

农业信息开发与利用专业委员会

主 任 委 员：陈启华

副主任委员：黄建南　白　磊

委　　　员：徐新华　李　晓　陈水阶　江洪涛　杨秉芳
刘颐先　李同庆　刘建柏　李松荣　顾锦芳

农业图书馆自动化专业委员会

主 任 委 员：金培华

副主任委员：黄益券　赵继海

委　　　员：王滨铸　陈丁儒　韦艳芳　张文广　李其圣
甄玉巨　谢坤生　夏继明　刘爱群　韩小军
苏延科　龚建新

中国农学会农业图书馆分会第四届常务理事会名单

（一九九六年十一月一日选举产生）

名誉理事长： 刘志澄（中国农业科学院）
许越先（中国农业科学院）
理　事　长： 梅方权（中国农业科学院科技文献信息中心）
副 理 事 长： 张玉香（农业部市场与信息司）
沈佐铣（中国农业大学西校区图书馆）
贾善刚（中国农业科学院科技文献信息中心）
常 务 理 事（按姓氏笔画排列）：
于信文（大连水产学院图书馆）
王治国（农业部市场与信息司）
王翠娥（河南省农业科学院图书馆）
冯　凤（西北农业大学图书馆）
刘笃慧（武功农研中心）
刘清水（中国农业大学东校区图书馆）
许耀才（华中农业大学图书馆）
沈佐铣（中国农业大学西校区图书馆）
张玉香（农业部市场与信息司）
张敬尊（农业部教育司高教处）
陈宝瑢（沈阳农业大学图书馆）
林　湃（华南农业大学图书馆）
罗　芸（安徽省农业科学院情报所）
周　海（天津市农业科技图书馆）

赵华英（中国农业科学院科技文献信息中心）
赵继海（浙江农业大学图书馆）
姜玉梅（吉林省农业科学院情报研究所）
骆云中（西南农业大学图书馆）
贾善刚（中国农业科学院科技文献信息中心）
梅方权（中国农业科学院科技文献信息中心）
程极益（南京农业大学图书馆）

秘 书 长：贾善刚（中国农业科学院科技文献信息中心）

副秘书长：潘淑春（中国农业科学院科技文献信息中心）
张　权（中国农业大学西校区图书馆）

荣誉理事（按姓氏笔画排列）：

马英才　王东海　刘顾先　江乃武　李润身
杨直民　杨秉芳　陈启华　郭殿瑞　黄建南
谢承桂

中国农学会农业图书馆分会专业委员会名单

农业文献资源建设专业委员会

主 任 委 员：张　权
副主任委员：蔡　捷　　姜玉梅
委　　　员：宛章齐　　奚澄中　　苏帕莎　　曹　臻　　钟维贵
杨长平　　黎　煜　　何建新

农业信息加工与利用专业委员会

主 任 委 员：冯　风
副主任委员：王翠娥　　韩丹棠
委　　　员：陈宝瑢　　董毅士　　王士威　　曹小兵　　林保暖
熊树威　　亢成业　　于书洁

农业图书馆自动化与网络专业委员会

主 任 委 员：程极益
副主任委员：赵继海　　王滨铸
委　　　员：谢坤生　　潘淑春　　王治国　　韩明杰　　查贵庭
苏延科　　李其圣

青年农业信息学者委员会

主 任 委 员：翁永卫
副主任委员：李　晓　　包　平
委　　　员：金　晨　　宋姬芳　　刘　锋　　蒋媛媛　　吴红雁
张士朝　　颜玉怀　　刘长江

中国农学会农业图书馆分会六大区协作委员会主任委员名单

华北区

周　海（天津市农业科技图书馆）

东北区

姜玉梅（吉林省农业科学院图书馆）

陈宝瑢（沈阳农业大学图书馆）

于信文（大连水产学院图书馆）

华东区

程极益（南京农业大学图书馆）

罗　芸（安徽省农业科学院图书馆）

赵继海（浙江农业大学图书馆）

中南区

许耀才（华中农业大学图书馆）

林　湃（华南农业大学图书馆）

王翠娥（河南省农业科学院图书馆）

西南区

骆云中（西南农业大学图书馆）

西北区

刘笃慧（武功农研中心）

中国农学会农业图书馆分会第五届常务理事会名单

（二〇〇一年九月十八日选举产生）

名誉理事长：梅方权（中国农业科学院科技文献信息中心）
理　事　长：贾善刚（中国农业科学院科技文献信息中心）
副理事长：张玉香（农业部市场与经济信息司）
张　权（中国农业大学西校区图书馆）
邢永华（西北农林科技大学图书馆）
林聚家（中国农业科学技术出版社）
高荣华（南京农业大学图书馆）
姜玉梅（吉林省农业科学院科技文献信息中心）
彭志良（贵州省农业科学院情报研究所）
张亚兴（新疆农垦科学院科技信息研究所）

常务理事（按姓氏笔画排列）：
于信文（大连水产学院图书馆）
叶　勤（华中农业大学图书馆）
叶静华（华南农业大学图书馆）
邢永华（西北农林科技大学图书馆）
邢燕丽（北京市农林科学院图书馆）
刘　炼（农业部环保所图书馆）
刘学勋（河南省农业科学院图书馆）
刘清水（中国农业大学东校区图书馆）
苏延科（西南农业大学图书馆）
吴秀兰（安徽省农业科学院图书馆）

宋淑敏（国家出入境检验检疫局动植检所图书馆）
张　权（中国农业大学西校区图书馆）
张玉香（农业部市场与经济信息司）
张兴亚（新疆农垦科学院科技信息研究所）
陈水阶（农业部乡企学院图书馆）
林聚家（中国农业科学技术出版社）
欧阳海鹰（中国水产科学研究院信息研究所）
赵立桢（沈阳农业大学图书馆）
赵继海（浙江大学图书馆）
姜玉梅（吉林省农业科学院科技文献信息中心）
贾善刚（中国农业科学院科技文献信息中心）
奚澄中（江苏省农业科学院图书馆）
高荣华（南京农业大学图书馆）
郭　彩（天津市农业科学院图书馆）
商　奎（河北农业大学图书馆）
彭志良（贵州省农业科学院情报研究所）
蔡　捷（中国农业科学院科技文献信息中心）
管伟康（上海水产大学图书馆）
缪小燕（北京农学院图书馆）
潘淑春（中国农业科学院科技文献信息中心）

秘 书 长：潘淑春（中国农业科学院科技文献信息中心）

副秘书长：刘清水（中国农业大学东校区图书馆）
缪小燕（北京农学院图书馆）
黄　海（中国热带农业科学院信息中心）
谢坤生（上海市农业科学院图书馆）
朱　遐（中国农业科学院科技文献信息中心）

荣誉理事（按姓氏笔画排列）：

王治国　王翠娥　冯　凤　刘笃慧　许耀才
沈佐铣　张敬尊　陈宝瑢　林　湃　罗　芸
周　海　赵华英　骆云中　程极益

中国农学会农业图书馆分会

专业委员会名单

农业文献资源建设与开发利用专业委员会

主任委员：刘清水

副主任委员：蔡　捷　潘　薇　赵献军　黄　海

委　　员：万红辉　叶　勤　朱　莉　闫险峰　刘　喜　杨兰伟　赵立桢　胡海涛　袁永翠　奚澄中　章云兰　续玉红

农业图书馆数字化与网络化专业委员会

主任委员：赵继海

副主任委员：韩明杰　李运景　包　平　邵长磊

委　　员：卢　凡　史国祥　刘善文　安　东　苏延科　杜春光　李其圣　查贵庭　夏继明　盛玲玉　谢坤生

中国农学会农业图书馆分会六大区协作委员会主任委员名单

华北区

缪小燕（北京农学院图书馆）

吴宝华（天津农学院图书馆）

商　奎（河北农业大学图书馆）

亢成业（山西农业大学图书馆）

闫险峰（内蒙古畜牧科学院图书馆）

东北区

姜玉梅（吉林省农业科学院科技文献信息中心）

王滨铸（东北农业大学图书馆）

于信文（大连水产学院图书馆）

赵海泓（辽宁省农业科学院科技情报研究所）

华东区

高荣华（南京农业大学图书馆）

徐　同（浙江大学图书馆）

谢坤生（上海市农业科学院信息研究所）

朱　莉（山东农业大学图书馆）

中南区

叶　勤（华中农业大学图书馆）

刘学勋（河南省农业科学院图书馆）

叶静华（华南农业大学图书馆）

西南区

苏延科（西南农业大学图书馆）

万红辉（云南省农业科学院情报研究所）

杨长平（四川农业大学图书馆）

西北区

邢永华（西北农林科技大学图书馆）

刘　喜（甘肃农业大学图书馆）

马建荣（新疆农业科学院经济科技信息研究所）

郭凤琴（宁夏农学院图书馆）

中国农学会农业图书馆分会
全国农业科研系统图书馆协作委员会名单

主 任 委 员：潘淑春（中国农业科学院科技文献信息中心）

副主任委员（按姓氏笔画排列）：

万红辉（云南省农业科学院情报研究所）

邢燕丽（北京市农林科学院图书馆）

刘学勋（河南省农业科学院图书馆）

赵献军（西北农林科技大学图书馆）

姜玉梅（吉林省农业科学院科技文献信息中心）

奚澄中（江苏省农业科学院图书馆）

秘 书 长：朱　遐（中国农业科学院科技文献信息中心）

中国农学会农业图书馆分会
全国农业高校系统图书馆协作委员会名单

主任委员：张　权（中国农业大学西校区图书馆）

副主任委员（按姓氏笔画排列）：

王滨铸（东北农业大学图书馆）

叶　勤（华中农业大学图书馆）

邢永华（西北农林科技大学图书馆）

刘清水（中国农业大学东校区图书馆）

苏延科（西南农业大学图书馆）

高荣华（南京农业大学图书馆）

秘书长：李晨英（中国农业大学西校区图书馆）

中国农学会农业图书馆分会
第六届常务理事会名单

（二〇〇八年六月十二日选举产生）

名誉理事长：梅方权（中国农业科学院农业信息研究所）
许世卫（中国农业科学院农业信息研究所）
贾善刚（中国农业科学院农业信息研究所）
理　事　长：孟宪学（中国农业科学院农业信息研究所）
副理事长：何秀荣（中国农业大学图书馆）
胥耀平（西北农林科技大学图书馆）
董英山（吉林农业科学院）
赵瑞雪（中国农业科学院农业信息研究所）
包　平（南京农业大学图书馆）
商　奎（河北农业大学图书馆）
赵继海（浙江大学图书馆）
潘淑春（中国农业科学院农业信息研究所）
刘学勋（河南省农业科学院经信中心、图书馆）
张先岐（山东农业大学图书馆）
常务理事（按姓氏笔画排列）：
马　飞（中国农业科学院农业经济与发展研究所）
王世富（沈阳农业大学图书馆）
王忠明（中国林业科学研究院林业科技信息研究所）
王糯兴（中国水稻研究所图书馆）
牛细婷（河北省农业科学院农业信息与经济研究所）
乌　恩（内蒙古农业大学图书馆）

亢成业（山西省农业大学图书馆）
艾尼瓦尔·艾山（新疆农业大学图书馆）
叶　勤（华中农业大学图书馆）
包　平（南京农业大学图书馆）
皮介郑（中国农业科学院农业信息研究所）
刘　喜（甘肃农业大学图书馆）
刘　锋（华南农业大学图书馆）
刘学勋（河南省农业科学院农经与信息中心、图书馆）
杨长平（四川农业大学图书馆）
李景岭（山东省农业科学院科技信息工程技术研究中心）
吴宝华（天津农学院图书馆）
何秀荣（中国农业大学图书馆）
张　健（上海水产大学图书馆）
张乐苹（青岛农业大学图书馆）
张先岐（山东农业大学图书馆）
陈益忠（中国农业科学院农业信息研究所）
林聚家（中国农业科学技术出版社）
欧阳海鹰（中国水产科学研究院信息与经济研究中心）
郑怀国（北京市农林科学院农业科技信息研究所）
孟宪学（中国农业科学院农业信息研究所）
赵继海（浙江大学图书馆）
赵瑞雪（中国农业科学院农业信息研究所）
胥耀平（西北农林科技大学图书馆）
袁学志（中国农业科学院北京畜牧医兽研究所）
袁晓东（东北农业大学图书馆）
贾宝红（天津市农业科学院信息研究所）
顾江洪（海南大学图书馆）
高　飞（北京农学院图书馆）
商　奎（河北农业大学图书馆）
董英山（吉林省农业科学院）
曾　路（新疆农垦科学院科技信息研究所）
曾晓明（中国水产科学研究院黄海水产研究所）

缪小燕（北京农学院图书馆）
颜　蕴（中国农业科学院农业信息研究所）
潘　薇（中国农业大学图书馆）
潘淑春（中国农业科学院农业信息研究所）
魏　毅（江西农业大学图书馆）

秘书长： 陈益忠（中国农业科学院农业信息研究所）

副秘书长： 皮介郑（中国农业科学院农业信息研究所）
潘　薇（中国农业大学图书馆）
缪小燕（北京农学院图书馆）
李景岭（山东省农业科学院科技信息工程技术研究中心）
颜　蕴（中国农业科学院农业信息研究所）
江洪涛（上海市农业科学院农业科技信息研究所）
欧阳海鹰（中国水产科学研究院信息与经济研究中心）

荣誉理事（按姓氏笔画排列）：

叶静华　邢永华　张　权　赵立桢　奚澄中
高荣华　蔡　捷　管伟康

中国农学会农业图书馆分会专业与协作委员会名单

文献资源建设专业委员会

主 任 委 员：潘　薇

副主任委员：颜　蕴　王糯兴　杨长平　王世富　牛细婷　李景岭

数字图书馆专业委员会

主 任 委 员：赵瑞雪

副主任委员：刘　锋　袁晓东　张学福　关　彪　魏　毅　胡定金

文献信息服务专业委员会

主 任 委 员：包　平

副主任委员：皮介郑　张　健　欧阳海鹰　刘　喜　张乐萃　王克奇

全国农业科研系统图书馆协作委员会

主 任 委 员：潘淑春

副主任委员（按姓氏笔画排列）：

刘红葵　刘学勋　江洪涛　杨兰伟　郑怀国
赵巧岩　贾宝红　高安娜　冀宪武　穆　青

秘　书　长：皮介郑

全国农业高校系统图书馆协作委员会

主 任 委 员：何秀荣

副主任委员（按姓氏笔画排列）：

王克奇　　牛根义　　亢成业　　艾尼瓦尔·艾山

叶　勤　　吴智勇　　张乐萃　　张先岐　　胥耀平

商　奎

秘　书　长：潘　薇

中国农学会农业图书馆分会第七届常务理事会名单

（二〇一三年十一月十九日选举产生）

名誉理事长：梅方权（中国农业科学院农业信息研究所）
　　　　　　许世卫（中国农业科学院农业信息研究所）
　　　　　　贾善刚（中国农业科学院农业信息研究所）
名誉副理事长：胥耀平（西北农林科技大学图书馆）
　　　　　　赵继海（浙江大学图书馆）
　　　　　　潘淑春（中国农业科学院农业信息研究所）
　　　　　　张先岐（山东农业大学图书馆）
理　事　长：孟宪学（中国农业科学院农业信息研究所）
副理事长：何秀荣（中国农业大学图书馆）
　　　　　　颜玉怀（西北农林科技大学图书馆）
　　　　　　董英山（吉林农业科学院）
　　　　　　赵瑞雪（中国农业科学院农业信息研究所）
　　　　　　包　平（南京农业大学图书馆）
　　　　　　商　奎（河北农业大学图书馆）
　　　　　　郑江平（浙江大学图书馆）
　　　　　　张学福（中国农业科学院农业信息研究所）
　　　　　　刘学勋（河南省农业科学院农业经济与信息研究所）
　　　　　　王树迎（山东农业大学图书馆）
　　　　　　王世富（沈阳农业大学图书馆）
　　　　　　龙　方（湖南农业大学图书馆）
　　　　　　李玉兰（西南大学图书馆）

常务理事（按姓氏笔画排列）：

王　茹（华南农业大学图书馆）
王世富（沈阳农业大学图书馆）
王生林（甘肃农业大学图书馆）
王树迎（山东农业大学图书馆）
王糯兴（中国水稻研究所图书馆）
牛细婷（河北省农业科学院农业信息与经济研究所）
乌　恩（内蒙古农业大学图书馆）
艾力·斯木吐拉（新疆农业大学图书馆）
龙　方（湖南农业大学图书馆）
史　伟（北京农学院图书馆）
包　平（南京农业大学图书馆）
皮介郑（中国农业科学院农业信息研究所）
刘世英（东北农业大学图书馆）
刘学勋（河南省农业科学院农业经济与信息研究所）
孙小满（中国林业科学研究图书馆）
李玉兰（西南大学图书馆）
李景岭（山东省农业科学院科技信息研究所）
杨长平（四川农业大学图书馆）
吴宝华（天津农学院图书馆）
何秀荣（中国农业大学图书馆）
宋庆平（新疆农垦科学院科技信息研究所）
张乐萃（青岛农业大学图书馆）
张玉娥（山西农业大学图书馆）
张学福（中国农业科学院农业信息研究所）
陈　华（江苏省农业科学院农业经济与信息研究所）
陈文勇（吉林农业大学图书馆）
欧阳海鹰（中国水产科学研究院信息与经济研究中心）
周　迪（华中农业大学图书馆）
郑江平（浙江大学图书馆）
郑怀国（北京市农林科学院农业科技信息研究所）
孟宪学（中国农业科学院农业信息研究所）

赵瑞雪（中国农业科学院农业信息研究所）
胡国良（江西农业大学图书馆）
姜新耀（上海海洋大学图书馆）
骆建忠（中国农业科学技术出版社）
贾宝红（天津市农业科学院信息研究所）
商　奎（河北农业大学图书馆）
董英山（吉林省农业科学院）
曾晓明（中国水产科学研究院黄海水产研究所）
熊本海（中国农业科学院北京畜牧兽医研究所）
颜　蕴（中国农业科学院农业信息研究所）
颜玉怀（西北农林科技大学图书馆）
潘　薇（中国农业大学图书馆）
魏　虹（中国农业科学院农业信息研究所）

变更增补常务理事名单：

刘文奎（沈阳农业大学图书馆）
刘　刚（山东农业大学图书馆）
崔太昌（山东省农业科学院科技信息研究所）
陈国秀（河南农业大学图书馆）
倪　峰（南京农业大学图书馆）
陆学文（江苏省农业科学院农业信息研究所）
刘信洪（华南农业大学图书馆）

秘　书　长：皮介郑（中国农业科学院农业信息研究所）

副 秘 书 长：潘　薇（中国农业大学图书馆）
颜　蕴（中国农业科学院农业信息研究所）
周　迪（华中农业大学图书馆）
王　茹（华南农业大学图书馆）
欧阳海鹰（中国水产科学研究院信息与经济研究中心）
李景岭（山东省农业科学院科技信息研究所）
江洪涛（上海市农业科学院农业科技信息研究所）
刘世英（东北农业大学图书馆）
艾力・斯木吐拉（新疆农业大学图书馆）
赖　毅（云南农业大学图书馆）

胡国良（江西农业大学图书馆）

魏　虹（中国农业科学院农业信息研究所）

名誉理事（按姓氏笔画排序）：

亢成业	叶　勤	叶静华	邢永华	刘　喜
刘　锋	张　权	张　健	陈益忠	林聚家
赵立桢	袁晓东	顾江洪	奚澄中	高荣华
曾　路	蔡　捷	管伟康	缪小燕	魏　毅

第三部分

中国农学会农业图书馆分会
主要成绩和荣誉

中国农学会农业图书馆分会作为农业图书情报界的群众性学术团体，自 1983 年成立以来，在中国农学会的直接领导下，在农业农村部等有关部门和单位的指导下，在挂靠单位中国农业科学院农业信息研究所和各省、市、自治区农（牧）业科学院以及全国高等农业院校图书馆的大力支持下，分会紧紧依靠团结各单位会员和广大农业图书情报工作者，充分发挥作为群众性学术团体沟通、交流、桥梁和纽带的功能与作用，围绕我国农业与农村经济发展、农业图书情报事业发展、农业图书馆学科体系建设和农业信息科技创新发展等重大问题，以及图书情报理论、农业科技文献资源布局、农业图书分类、信息网络化、图书馆自动化、数据库与信息资源建设、学科与学术水平评价、数字化图书馆建设、文献资源共建共享、科研数据信息共享、农业知识经济、农业信息管理与技术、农业信息科技前沿技术等重要专业领域和方向，积极组织开展决策咨询、学术交流、科技创新、学科建设、共建共享、国内外合作、期刊管理、教育培训、人才培养、成果推广、举荐表彰等活动。为繁荣和发展我国农业图书情报和农业图书馆事业做出了积极贡献，有力地推动了我国农业图书馆学科建设和发展。

分会先后组织全国性重大影响力学术研讨会、工作交流会等会议 64 次，举办各类专业培训班、研讨班 42 次，编印、汇集、交流学术论文 2 800 余篇；组织会员参加国外专题讲座和学术研讨会 20 余次、学术报告会 10 余次；组织编辑出版各种著作及工具书 20 余部，编辑出版学刊 251 期，组稿近 4 万篇，发稿 1 万多篇，4 500 多万字；发展团体会员单位 82 个，会员 2 000 多人；先后进行各类表彰 300 多人次；编辑学会工作简讯 62 期，60 多万字。

一、面向农业农村经济建设主战场，助力科技信息转化生产力

以科教兴农和农业与农村经济可持续发展战略为目标，围绕农业与农村经济发展的重大问题，促进农业科学技术的普及和推广是分会工作的宗旨。面向农业与农村经济建设主战场，分会充分发挥跨学科、跨地区、跨部门、技术密集、人才荟萃的优势，积极组织开展学术研讨与交流活动，为各级领导部门决策服务，为现代农业发展、新农村建设和新型职业农民服务，助力农业科技信息转化生产力。

1. 为贯彻落实“经济建设必须依靠科学技术，科学技术必须面向经济建设”的方针和《关于进一步加强农业和农村工作的决定》的精神，1990 年 12 月，分会在北京组织召开了“中国农学会农业图书馆分会服务效果调查经验交流会”，用调查报告的形式、生动的事例反映和宣传农业图书馆界深入生产、科研、教学一线开展课题跟踪服务、科研立题查重、科技成果查新、计算机检索和国际联机检索服务，配合当地

生产需要编印小报、科技资料，举办各种实用技术培训班和科技兴农图书资料以及下乡开展科技图书为农民服务。

2. 1994 年 5 月，分会在上海组织召开了“农业信息转化为生产力研讨会暨信息发布会”，总结了农业图书馆界更新观念、转变思路、创新机制，走出院门为“星火计划”“丰收计划”等开展农业信息服务以及大力开发农业信息资源，促进农业科技信息转化为生产力的经验、途径、模式和潜力，探讨了农业图书馆在服务于农业农村经济建设主战场、服务于农业科教兴农战略的重要作用和地位，并在取得经济价值的同时，实现农业图书馆的社会价值。

3. 为深入贯彻全国技术创新大会精神，促进农业信息产业的形成与发展。1999 年 10 月，分会在河北承德组织召开了“全国农业信息机构体制改革与农业信息企业建设研讨会”，路明副部长在开幕式上作了《关于中国农业科技体制改革的思路》的主题报告，从国民经济发展的大背景下，从技术创新本质、技术创新重点领域、技术创新主体等方面，详细介绍了全国技术创新大会精神和有关政策要点，并对涉及农业信息机构体制改革和发展的有关问题作了重点阐述。通过交流与研讨，明确了农业信息机构的定位、改革目标和任务以及改革原则、内容、途径和措施，并向上级部门提出了关于农业信息机构改革和发展的相关建议。

4. 为全面贯彻落实中共中央、国务院《关于推进社会主义新农村建设的若干意见》以及“全国农业科技创新工作会议”精神，2006 年 7 月、9 月，分会先后在贵州贵阳、海南海口分别组织了“信息技术与新农村建设”“全国农业信息化与新农村建设”两次学术研讨会。就加强农业信息服务体系建设，做好信息系统服务，积极推进农业信息化建设，促进农业增效、农民增收等方面开展工作交流和学术研讨，探讨了新农村建设中的科研信息机构作用和服务策略，并展示了新农村建设中的农业科技信息服务新技术、新产品、新成果、新思路。

二、适应农业图书馆事业发展需要，开展工作研讨和经验交流

适应不同时期农业图书馆发展建设需要，组织农业图书馆馆长、农业图书馆分会理事、农业图书馆工作人员等开展工作研讨和经验交流活动，并组织相关人员开展联合目录编制和工具书、农业图书情报理论著作的编辑出版，不断促进农业图书馆事业持续健康发展。

1. 为满足广大科研和教学人员对农业文献需求不断增长的需要，确保农业科技文献资源协调布局和共建共享，分会组织成员单位开展期刊联合目录编制工作，两次召开“外文期刊协调会”（1989 年上海、1990 年北京），先后编制了《1983 年预订

外文及港台报刊联合目录》《1989 年外文农业期刊预订联合目录》《外文农业新书联合目录》《全国农业西文图书目录》《全国农业系统图书馆外文农业新书目录》《全国西文农业图书联合目录》《1993 年预订外国及港台报刊联合目录》《全国农业系统图书馆外文农业新书联合目录（1993—1995 年）》等，为全国文献资源布局和采购提供了依据。

2. 文献资源协调与共享是国家科委“八五”计划中的重点工作，分会在 1990 年制定工作计划后，经过 2 年多的努力争取，“农业文献资源调查与布局课题”1992 年立题研究。在分会的组织下，107 个团体会员单位参加，经过 4 年多的调查、统计、分析和两次“全国农业文献资源调查与布局研讨会”的讨论交流，摸清了我国农业系统文献资源学科、文种、地区分布的基本状况以及文献资源分布的学科优势和地域特色，撰写了 10 多篇系列研究报告和馆藏资源评估报告，并在此基础上提出了《全国农业系统文献布局和资源共享方案》。

3. 1997—1999 年，由中国农业科学院科技文献信息中心主持，分会联合中国农业大学、南京农业大学、上海市农业科学院图书馆等 8 个成员馆单位开展《农业专业分类表》课题研究及编表工作，并被纳入《中国图书馆图书分类法》（下简称《中图法》）专业分类表系列。1996 年 5 月，为使《中图法》的修订适合农业图书馆的需要，分会在北京举办了“农业文献分类表与标引问题研讨会”，对《中图法》的编制技巧、农业各学科未来发展，实现自动分类与标引以及农业类表下位类目进行了研讨。上述研讨会，促进了我国农业文献资源分类标引工作，推动了我国农业情报分类检索语言理论与实践的发展。

4. 1997 年 11 月，分会在北京组织召开了“全国农业科技信息与文献工作会议”，会议在认真总结经验的基础上，研讨了农业科技文献信息工作面临的新形势和新任务，探讨如何主动适应社会主义市场经济发展的需要，制定农业科技信息与文献工作跨世纪战略，开创面向 21 世纪的农业科技信息事业重大问题，决定重点抓好农业信息化与信息科技体制改革、信息网络化与图书馆自动化建设、数据库与信息资源建设、现代农业信息科学研究与人才培养教育、拓展信息咨询服务领域与发展信息产业 5 个方面的工作。

5. 为适应不同时期农业图书馆发展建设需要，加快农业图书馆建设，繁荣和发展我国农业图书馆事业，分会先后组织举办了 2 次“中国农学会图书馆协会委员会馆会”、两次“东北三省四院农业科技信息网络协作会”、两次“CAAS 国外数据库引进集团工作会议”以及“全国农业专科学术图书馆经验交流会”“中国农学会农业图书馆分会中南地区协调会”“全国农业图书馆馆长工作交流会”“中国农学会农业图书馆分会理事工作会议”“全国农业科教系统数字图书馆工作研讨会”等活动，就农业图书馆事业发展中的重大问题进行研讨和工作交流，有力地促进和推动了我国农业图书馆事业的发展。

6. 为加强全国农业图书情报界青年学者相互学习和交流，加快青年学者人才的培养和发展，分会于 1996 年成立了“青年农业信息学者委员会”，并于 1997 年、1999 年两次举办“全国青年农业信息学者学术研讨会”，畅谈新时期农业科技信息工作的热点问题，交流经验和体会。在此基础上，青年农业信息学者委员会联合广东省农业科学院科技情报研究所、中国农业科学院科技文献信息中心等单位 15 位青年农业信息学者，成立了“中国农业学术水平计量分析与预测研究”课题组，对全国 48 所高等农业院校、31 个省级农业科学院和中国农业科学院 34 个研究所共计 113 个农业系统单位 15 年的学术水平进行统计评价和预测分析。成果荣获 2000 年度四川省科技进步三等奖。

7. 协助开展国家农业研究信息系统（ARIS）建设的研究与调研。在 1998 年中国农业科学院科技文献信息中心前期工作的基础上，1999 年，分会面向全国各省、市、自治农业科学院信息研究所和 60 多所农业大学图书馆，组织开展了图书馆馆藏资源状况的问卷调查，包括数据库建设情况、中外文期刊品种、人员结构、网络基础、计算机配备和用户情况等。问卷调查反映了农业系统基本情况和主要发展现状与特点，在此基础上，结合后期实地调研工作，提出了建立国家农业研究信息系统（ARIS）的战略规划。

8. 加强农业图书情报理论建设，组织编辑出版农业理论著作及工具书。分会先后支持、组织编辑出版了《情报研究成果评价标准和评价方法研究报告》（1986）、《农业情报研究与预测》（薛紫华，1990）、《国际农业情报管理水平研讨会文集》（1990）、《农业信息 · 情报理论与实践》（王贤甫等，1993）、《农业文献数据库与计算机检索》（刘源甫，1991）、《农业信息检索指南》（赵华英，1995）、《农业信息工程技术》（梅方权）、《中国农业科技信息事业跨世纪的选择》（梅方权）、《走向 21 世纪的农业科技信息》（梅方权）、《农业专业分类表》（蔡捷）、《中国农业学术水平计量分析与预测研究》（李晓）、《中国农业研究信息系统网络化发展战略研究》（贾善刚）、《国家农业文献信息资源系统分析与设计》（潘淑春）、《中国农业科技数据库建设研究》（孟宪学）以及《农业信息管理与技术探讨》（2004）、《农业文献检索与利用》《生物学文献检索与利用》等著作。组织编印了《全国农业机构名录》《学会工作手册》等工具书。

三、围绕农业图书馆学科建设，组织开展学术研讨与交流

围绕农业图书馆学科体系建设和创新发展，顺应我国农业图书情报发展潮流和时代要求，与时俱进，开拓创新，组织举办系列学术研讨和交流活动，引领我国农业图书馆建设和图书情报技术创新发展方向，促进和推动我国农业图书馆学科建设和发展。

1. 适应我国农业图书馆发展由传统向自动化发展趋势的要求，分会于1987年在北京组织召开了“农业院校图书馆现代化管理和自动化业务工作研讨会”（1987），随后在辽宁大连（1989年）、北京（1991年）、浙江杭州（1993年）、云南昆明（1995年）、江苏南京（1997年）先后5次召开了“农业图书馆自动化系统发展与应用研讨会”，分别就微机在农业图书馆应用前景、书目记录数据结构标准化、数据交换格式标准化、图书馆软件开发、农业数据库建设、农业图书馆自动化技术应用、农业网络化技术、联机编目、资源共享、农业图书馆电子化、网络化建设与发展等主题开展了学术研讨和交流，有力地促进和推动了我国农业图书馆自动化、网络化建设和发展。

2. 为促进全国农业信息资源网络化、数字化建设与发展，适应信息技术迅猛发展的需要，2000年10月，分会在北京组织召开了“全国农业科技信息网络化和数字化工作会议暨学术研讨会和信息技术展示会”。会议重点研讨了中国农业科教网络系统建设方案、农业科技信息资源数字化建设方案、农业信息学科发展建议、翻译系统合作开发建议、期刊发展建议、情报研究合作方案、农业专家系统开发和多媒体产品开发等九个专题报告，从国家队的角度提出了“十五”期间进一步发展全国农业科技信息事业的思路。

3. 抓住机遇，促进在网络化、数字化环境下农业文献资源共建共享工作。分会先后在云南昆明（2002年）、新疆乌鲁木齐（2003年）、山东济南（2005年）、北京（2016年）分别举办了“WTO环境下全国农业文献信息资源共建共享对策研讨会”“全国农业信息管理与共享服务高层研讨会”“全国农业信息创新体系建设与信息共享研讨会”“开放数据与农业技术共享研讨会”。就网络化、数字化环境下农业信息资源标准化加工、数字图书馆建设、信息资源与数据库建设与开发利用、农业信息资源共享服务平台研制、共享服务机制建立以及信息资源共建共享服务于国家WTO战略、农业信息创新体系建设、国内外农业科学数据开放共享、科学数据共享实践和未来发展、农业网络化技术、数字化技术等重点、热点问题进行了学术研讨与交流，有力地推动了我国农业信息资源共建共享工作全面发展。

4. 为加强数字图书馆信息资源建设，加快数字图书馆信息技术应用与农业图书

馆学科发展，促进数字图书馆服务创新和信息资源共建共享利用，分会先后在江苏南京（2007 年）、陕西杨凌（2009 年）、江西南昌（2010 年）、湖南长沙（2011 年）举办“数字图书馆资源建设与发展学术研讨会”“数字图书馆资源建设与管理学术研讨会”“数字图书馆创新与发展学术研讨会”“全国农业图书馆学科建设与管理服务创新研讨会”。会议以学术报告和交流论文的形式多方面展示了我国农业数字图书馆资源建设、服务和创新以及农业图书馆学科建设的研究成果和最新进展，总结分析了我国农业数字图书馆资源建设、服务和创新以及学科建设中存在的问题并提出了新的发展思路，有力地推动和促进了我国农业图书馆数字化建设和学科发展。

5. 为促进我国农业科研数据 / 信息共享体系 CIARD RING China 的发展，建立良好的国际合作机制，加强我国农业科研信息知识库建设，开放获取更多、更权威的农业信息和科技成果，为我国农业科研用户提供有效服务。分会在 2011 年 6 月合作承办“建立全球农业数据和信息共享体系框架国际专家磋商会”的基础上，于 2012 年在浙江杭州（5 月）、云南昆明（10 月）连续两次举办“全国农业数据 / 信息共享体系发展专题研讨会”，就 CIARD 活动宣传、CIARD 在中国的发展、建立共享机制和措施、设置管理规则等方面进行了讨论。推动了 CIARD 在中国的发展进程，有利于帮助信息管理者和技术人员在未来信息共享环境下对资源和服务的利用，对我国农业数据建设和信息共享体系 CIARD RING 的建设与发展将产生重大意义。

6. 随着农业知识经济和现代农业信息技术的快速发展以及大数据时代的到来，传统农业信息服务正面临着知识经济和信息环境的双重冲击和挑战。为促进和加快推动我国农业信息服务向农业知识服务、农业大数据知识服务的发展转变，适应现代农业知识经济对农业知识服务的发展要求，分会先后在贵州贵阳（2014 年）、山西太原（2015 年）组织召开了“农业知识服务模式与创新研讨会”“大数据环境下农业知识服务与创新研讨会”。研讨会以大数据时代农业知识服务为主题，围绕农业知识服务内涵、特征、内容、模式、创新、成功案例等方面开展学术交流与研讨，会议的成功召开，对于促进和加快推动我国农业信息服务向农业知识服务的发展转变，适应农业知识经济对农业知识服务的要求将产生积极的意义。

7. 围绕农业文献管理与服务、信息管理与技术、图书情报管理、信息科技创新、创新体系建设、农业信息学科、农业图书馆学科、全球农业数据等主题，分会与中国农学会科技情报分会等兄弟学会共同举办了“农业文献管理与检索服务研讨会”（辽宁兴城，1987 年）、“全国农业信息管理与技术学术研讨会”（四川成都，2004 年）、“全国农业信息创新体系建设与信息共享研讨会”（山东济南，2005 年）、“中国农业信息科技创新与学科发展大会”（北京，2007 年）、“全国农业信息科技创新研讨会”

（北京，2013 年）等学术研讨与交流活动。

四、开展业务研讨和培训活动，培育造就新型图书情报人才

为提高农业图书馆的学术水平、管理水平和服务水平，适应我国农业图书馆事业和学科发展不同时期的特点和需要，分会先后组织举办各种研讨培训活动 42 期，培训各类农业图书情报人员 3 000 多人。

1. 1983—1987 年，分会组织开展图书管理、文献检索等业务培训，先后举办 4 期“农业文献检索与利用培训班”、两期“农业文献管理培训班”、两期“农业高校图书馆管理研讨班”、两期“图书馆现代化管理技术设备研讨班”“农业主题标引学习班”“农业文献检索短期培训班”“联机检索培训班”“全国高等农业院校图书馆管理研讨班”“中等农业学校图书馆管理讲习班”等活动，培训各类农业图书情报人员 600 多人，培训农业图书馆馆长 100 多人。

2. 1988—1996 年，分会组织开展农业情报研究预测、科技查新、情报用户等培训活动，先后举办“农业情报研究与预测培训班”、两期“农业科研实用文献情报检索培训班”“中文图书计算机编目培训班”“参考咨询师资培训班”“农业图书情报现代化管理高层研讨班”“农业部第一批科研成果查新检索单位查新人员培训班”等活动，培训农业图书情报人员 250 多人。同时，围绕提高用户信息意识，提高文献信息资源利用率和收集分析能力，分会组织举办了两期“农业情报用户培训研讨班”，培训各类管理和科研人员 60 多人。

3. 1997—2008 年，分会组织开展高端信息管理人才、国际合作管理、信息资源利用等培训活动，先后举办“中美农业信息管理技术与发展高级研讨班”、3 期“国际农业信息高级管理研讨班”“全国农业信息资源建设与利用培训班”“全国农业信息研究与图书馆资源利用培训班”等活动，培训各类管理和科研人员 200 多人。

4. 2009—2016 年，分会组织开展农业电子资源、农业数据 / 信息共享体系等培训，先后举办 4 期“全国农业系统电子资源建设、服务、共建共享等方面的研讨培训班”、6 期“中国农业研究与发展信息共享体系（CIARD）建设与发展培训班”“CAB Abstract 数据库使用与服务培训”“农科联盟科研竞争力评价课题学术研讨培训”等活动。

五、积极开展国际交流与合作，拓展农业信息共享新领域

自 1986 年农业系统邀请美国国家农业图书馆馆长访华以来，30 多年间，世界一些国际组织如 FAO、CABI、ISNAR、IRRI、ICRISAT、CIP 的官员以及美国、加拿

大、俄罗斯、英国、荷兰、德国、意大利、日本、韩国、菲律宾、印度、马来西亚等国家的图书馆专家先后来华，对我国农业信息系统图书馆进行访问和学术交流，期间分会组织专题讲座和研讨会达 20 余次，学术报告会 10 余次，通过国际交流与合作，增进了我国同世界其他国家图书馆界朋友的友谊，加强了双边和多边合作，提高了我国对国外图书馆学、情报学研究的水平，极大地拓展了我国农业信息共享新领域，促进了我国农业图书馆事业的发展。

1. 1986 年、1997 年，美国国家农业图书馆两届馆长分别来华讲学访问，并于 1997 年 7 月在北京举办了“中美农业信息管理技术与发展高级研讨班”，分会组织全国农业信息管理和技术骨干 40 多人参加了此次高级研讨会。

2. 1986—1997 年，分会组织各省、市、自治区农业科研单位图书馆、农业大学图书馆的负责人和业务骨干数百人，先后参加了在国内举办的国际农业信息资源开发与共享、国际电子通讯网络的应用及发展趋势、农业图书馆自动化管理、国际农业情报管理新水平、信息社会图书馆职责和功能、中国与国际电子信息资源接轨现状与前景等多次学术研讨活动或会议。

3. 1998—2000 年，分会组织会员参加了由 IAALD 支持，CABI、FAO、中国农业科学院科技文献信息中心、中国农业大学图书馆和中欧联盟农业技术中心在北京、承德、杭州联合主办的三期“国际农业信息管理高级研讨班”。国外专家 12 人次，全国各省、市、自治区 110 多名代表参加高级研讨，就文献传递、资源共享、用户需求、信息机构改革、信息产业化和信息服务产品、网络环境下信息服务以及中国 ARIS 建设等主题进行了专题报告与热烈讨论，加深了会员对国外图书情报工作动态的了解。

4. 2000—2004 年，分会组织部分会员参加了在塞内加尔举办的“第十届国际农业信息专家代表大会”、在韩国举办的“第二届亚洲农业信息技术研讨会”、在乌克兰举行的“第九届国际图联克里米亚（Crimea）大会”、在巴西举办的“信息技术研讨会”、在南非举办的“首届非洲数字化联合共建大会”等会议；组织学会会员参加在北京举办的“第三届亚洲农业信息技术与信息管理大会”和由中国—欧盟农业技术中心、中国农业科学院科技文献信息中心、中国农业大学图书馆联合举办的“国际农业信息管理、技术与市场发展研讨会”，两次在北京召开的学术研讨会，国内参会代表 140 多人，并与 30 多个国家的 100 多名国外专家进行了学术研讨与交流。

5. 2011—2015 年，分会组织学会会员参加了由农业研究与发展信息共享体系 (CIARD) 和中国农业科学院联合组织“建立全球农业数据和信息共享体系框架国际专家磋商会”，磋商会以“加强国家和区域农业科研机构合作，促进农业研究与发展数据和信息共享以及农业系统互操作，为广大农业用户发现、获取和利用农业科研成果信息提供更加全面、准确、便捷的服务”为主题，在充分讨论的基础上，初步制定了全面、具体的CIARD数据和信息共享行动框架。随后几年，分会分别在长沙、杭州、昆明、宁夏、福建、海南等地组织召开或举办了“全国农业数据/信息共享体系专题发展研讨会或培训班”，有力地推进了“全球农业数据/信息共享体系”在我国的建设与发展，为我国农业数据/信息共享体系建设与发展发挥了重要的促进和推动作用。

六、加强学会会刊管理建设，传播农业图书情报理论知识

1. 1983年创刊《农业图书馆》，1986年正式对外公开发行，出版16期，刊登学术论文、工作经验交流和国内外农业图书情报现状及新技术文章400多篇，同时还刊登图书馆业务知识、书刊评价、农业文献信息等，并成为农业图书馆协会成员单位共同探讨学术问题、交流工作经验、互通信息、培养人才的重要园地。

2. 1989年，《农业图书馆》《农业科技情报工作》合并改名《农业图书情报学刊》（下简称《学刊》），明确了以“促进农业图书情报领域学术交流，报道国内外最新研究成果，引领农业信息学科发展、服务我国农业图书情报事业”为宗旨，在学术交流、促进学科发展、人才培养等方面发挥了积极作用，深受广大会员和农业图书情报工作者的厚爱和支持。

3. 根据办刊宗旨，《学刊》十分重视服务于农业与农村经济建设主战场，服务科教兴农战略，学刊特辟“科教兴农”“改革论坛”“基层经验”等专栏，报到基层图书馆创办科技信息服务中心、联络站、信息网、农业科技信息刊物，开展中介服务、跟踪服务、参与科技市场等多种形式服务于“星火计划”“丰收计划”“农业区域开发”“老少边穷脱贫致富”等国家战略。同时，围绕农业图书情报、农业科技信息等重大问题、热点问题，开辟了理论探讨、理论研究、实践研究、工作研究、改革论坛、经验介绍等栏目。

4. 自1989年《学刊》改版以来，始终以探讨农业图书情报领域新理论、新技术、新方法，宣传报道国内外农业图书情报事业发展进展，交流农业科技情报工作经验，传播农业科技情报知识、培养农业科技情报人员为己任，充分发挥编辑、编委和专家的作用，努力加大组稿、约稿和审稿力度，经过多次改版、增容（栏目、内容等）和标准化、规范化建设，以及在学术风气、读者服务等方面采取新举措，促使学刊学术水平逐年提升、学术影响力逐步扩大。《学刊》已入《中国学术期刊（光盘版）》《万方数据网》《维普资讯网》，是中国核心期刊遴选数据库和中国学术期刊综合评价数据库来源期刊。

5. 近年来,《学刊》加强了自身建设和管理力度。2009—2012年,《学刊》引进学术不端检测系统，以促进行业学术风气建设。2013年，开通了学刊官方微博，以扩大刊物影响力，并自2013年起，编辑部每期对会员、核心作者群及读者群进行文章推送服务。2014年，通过开通网站、不断充实网页功能、使用期刊稿件远程处理系统、采用双色印刷以及引入DOI提高刊物标准化（学刊已成为国际DOI中国出版物注册与服务中心学术期刊会员）和对发稿的摘要规范、计量单位、图表以及文献引用规范等可控的细节制定统一标准等措施，学刊的来稿质量和数量都有了大幅提高。截至2015年年底,《学刊》发刊251期，组稿4万多篇，发稿1万多篇，稿件水平和基金论文的百分比明显提升，学科排序由34位跃升至25位，刊物阅读舒适度、刊物声誉、作者群和学术影响力明显提高。

七、加强学会组织建设与管理，提高学会服务能力和凝聚力

1. 农业图书馆分会成立35年以来，一直自觉遵循民政部社团管理和中国科协、中国农学会相关规章制度的要求，自觉接受中国科协、中国农学会管理和指导，不断健全和完善管理制度和机制，按期向中国农学会提交年度工作总结和计划，主动汇报学会工作业务情况，促使学会工作管理机制日趋规范化、制度化、科学化。

2. 倡导民主办会、坚持集体议事的原则。分会基本形成了年初有计划、年中有检查、年末有总结的运行方式，每年年初召开在京常务理事扩大会，总结上年工作，讨论研究当年工作计划。对于学术活动、理事会改选等重要决策活动，积极征求学会常务理事、理事、会员等各方面的意见，提高会员参与学会事务的积极性。

3. 积极发展团体会员单位，不断完善学会组织体系。自分会成立以来，分会历经进行了七次理事会换届工作，按照中国农学会章程、农业图书馆分会章程要求，认真做好会员的申请以及理事和常务理事的推荐、变更、增补等工作，截至2017年年底，学会现有团体会员单位85个，常务理事45人，理事105人，会员2 000多人。

4. 积极组织开展“学会活动积极分子”“全国优秀农业图书情报工作者”“先进团体会员单位”“优秀学会干部”“先进学会工作者”等表彰活动。自2000年首次开展相关评选表彰活动以来，分会先后于2001年、2003年、2008年、2012年、2013年等分别组织了6次评选活动，通过组织开展表彰活动，极大地激发了广大农业图书情报工作献身国家农业图书馆事业的热情，展示学会风采，增强学会活力。

5. 始终坚持服务至上的工作理念，充分发挥学会桥梁和纽带作用，加强会员单位信息交流与沟通，不断提升学会凝聚力和影响力。自2003年开始，分会组织编辑电子版《学会工作简讯》，充分利用互联网方便、快捷的优势，及时将学会工作信息

通过电子邮件传送给各位理事、常务理事、团体会员单位和会员，截至 2015 年，分会组织编辑《学会工作简讯》62 期，60 多万字，并与时俱进的完善服务手段和服务方式，通过建立学会联系人制度、联系人 QQ 群和微信群，及时向会员提供会议资讯、海外农业观察、国际农业要闻跟踪、中国农业问题报告与分析、农业科技前沿与政策咨询快报等信息，不断提升学会服务能力和水平，努力增强学会凝聚力和影响力。

6. 组织倡导学会成员向西藏农牧学院图书馆赠书。党中央提出西部大开发战略，分会积极组织农业图书馆界支援西部边疆图书馆建设，发起向西藏农牧学院图书馆捐赠 10 本自然科学书籍的活动，得到了全国广大农业信息机构、农业图书馆的热烈响应和大力支持。全国 50 多家单位以及香港中文大学图书馆、联合国粮农组织等单位和个人捐赠图书 1 540 种、2 496 册，扩大了学会的影响力。

主要出版物

会员之家（2013 年）

第四部分

中国农学会农业图书馆分会
学会情怀

农业科技进步的阶梯

——中国农学会农业图书馆分会成立三十五周年纪念

崔太昌
（山东省农业科学院科技信息研究所）

你是人类智慧的结晶，
思想交流、技术传播的载体；
你是科学知识的宝藏，
人类文明进步的阶梯。
架起通往诗与远方的桥梁，
在这里找到内心的安详与静谧。

给农业插上科技的翅膀，
图书文献就是科技的羽翼。
通向科技创新彼岸的舟楫，
农业科技工作者的足迹记忆。
翱翔吧，朋友！
让思想的光芒熠熠生辉；
深耕吧，朋友！
农业图书馆就是您辛勤耕耘的肥沃土地。

2018 年 5 月 5 日农历立夏
2018 年 6 月 22 日修改

农业图书馆感悟
——中国农学会农业图书馆分会成立三十五周年纪念

崔太昌
（山东省农业科学院科技信息研究所）

河出图，洛出书，圣人则之。
图书是人类智慧的结晶，
思想交流、技术传播的载体；
图书馆是知识的宝藏，
人类文明进步的阶梯。
读者有其书，
书有其读者；
精神家园、文化阵地、天下公器。

给农业插上科技的翅膀，
农业图书馆就是科技的羽翼。
通向农业科技创新彼岸的舟楫，
农业科技工作者的足迹记忆。
翱翔吧，朋友！
让思想的光芒熠熠生辉；
深耕吧，朋友！
农业图书馆就是您辛勤耕耘的沃土。

2018 年 5 月 5 日农历立夏

农业图书馆记

崔太昌
（山东省农业科学院科技信息研究所）

馆不在大，典籍为充；书不在多，贵在阅读。虽是专馆，文献丰富。攀峰此为梯，科海来作舟；咨询问专家，术业有师承；可以查数据，做研究，有阅读之快乐，无课负之劳形，科研工作者，农业新主体，搞创新，有赖此处。

初夏的五月

——贺中国农学会农业图书馆分会成立三十五周年

白 磊
（中国农业科学院农业信息研究所）

转眼 35 年过去了，回想 1982 年胡耀邦同志在党第十二次代表大会上指出“实现我国经济建设的战略目标，最重要的是解决好农业问题……”。中国农业科学院图书馆的首要任务是做好为农业科研服务。我当时在图书馆担任业务秘书工作。如何发挥农业文献的作用，直接为农业科研、生产服务，提到了工作议事日程。为此我根据农业系统图书馆的共同要求：各馆必须组织起来，发挥资源共享……的业务问题向馆长提出建议。作为全国农业中心图书馆，我们要带头将全系统组织起来，发挥集体力量，响应胡耀邦同志提出的农业发展战略目标。提议得到了领导的支持。在组建协会的过程中做了如下工作。

一、调查研究

由于“文革”，各馆情况各不相同。在 1982 年 1 月初向全系统的农业高校，省级农业科学院，中国农业科学院直属各研究所及与农业相关的林业、水产、水利等 100 多个单位发出书面调查问卷。最后收到 123 个单位的反馈意见。所有的调查问卷均明确表态、一致表示农业系统图书管必须组织起来，发挥集体力量，做好工作。

据此我馆决定由我和贾善刚同志于 1982 年 9 月 4—28 日到东北、西南、西北、华中、华东五大区 19 个单位进行了实地调研考察。

二、调研的内容

调研前的问卷所提要求与问题，我整理了一份调查提纲。每到一处根据该单位的大小、从事的专业范围、人员结构情况、所开展的业务问题一一座谈、调查、访问。

认真做好调查笔记。因为馆里要求我必须在国庆节前赶回北京，在时间紧、任务重的情况下，每到一处边了解、边调查，同时请他们帮助买好下一站的火车票，以便衔接下一单位的调研考察。对调研内容，利用在火车上的时间加以整理，回到北京后，将整理好的 10 个问题向领导汇报。

这 10 个问题是：

1. 各馆一致要求尽快将协会成立起来，发挥共同的文献优势，尽早实现资源共享，开创农业系统图书馆事业的新局面。

2. 由于“文革”，专业人员匮乏，急需进行业务交流、业务培训，特别对基层图书馆更需进行业务辅导，在专业培训上提出了“建立农业系统图书馆专业”的倡议。

3. 由于没有互通的渠道，对各级馆藏的经典、专业期刊没有发挥作用，要求协会成立后，编辑出版本系统的书（刊）联合目录。

4. 在编制联合书（刊）目录基础上，各馆相互调剂各自馆藏满足各农业科研院所及农业高校科研与教学的需要。

5. 各馆所使用的分类法不同，目录体系不统一藏书标准不一样，这些因素都影响了馆际间的互借，不能形成资源共享。

6. 有了业务上的标准、规范，为加强人员上的交流亦急需创建人才交流、培训。资源上的共享，要有我们自己的交流平台 —— 创建农业图书馆学术刊物。

7. 由于历史上的原因，图书情报工作有分歧已影响了工作的开展，希望能解决分歧，减少摩擦与碰撞。

8. 时值改革开放的大好局面，大家摩拳擦掌，希望在协会的统一协调下，开展为全国重点科研项目共同发挥力量，为重点课题服务的活动。

9. 协会成立后要产生有协调的领导机构，以便开展工作。

10. 大家一致要求待协会成立后要制定农业图书馆系统发展的长远规划。

上述 10 项内容回到北京后整理成文件上报院务会议。当时我清楚地记得，能为图书馆的工作，专门召开院务会议几乎不曾有过。会议由时任院长卢良恕同志亲自主持。会议经与会领导的讨论当即批准了我写的报告，并批示上报农业部。至此，筹建协会的工作拉开了序幕。从 1982 年 9 月调研至 1982 年 11 月，部里批准成立协会仅用 2 个多月时间，经馆长主持，全馆协作于 1982 年 11 月 19—23 日在北京召开了创建中国农业图书馆协会筹备会议（记得当时为是协会还是学会的建制曾讨论过，我当时提出建协会，因为当时全系统图书馆力量十分薄弱，为此先将大家组织起来进行协作，在协会基础上提升我们人才、业务的水平，再向学术性发展提高一步），大家同意了我的意见，提议建立协会。

在筹备会议上，24名科研、高校及其相关学科代表进行了热烈的学习、讨论，并对由赵华英同志起草的筹备报告及相关事宜均提出许多宝贵的、建设性的建议与意见。经过协商对所提协会章程（草案）、协会近期活动计划（草案）及相关文件形成一致意见并予以通过。

三、筹备会议通过的四项决议

1. 尽快成立协会，发挥各馆馆藏作用，实现资源共享，形成馆际协作网。

2. 明确定位协会，要为农业科研、农业生产和高等农业教育服务。配合全国及各级省、地、市农业单位的科研攻关，发挥各成员馆的特长共同协作配合，开展切实有效的农业文献服务工作。

3. 鉴于我系统专业人才匮乏，青黄不接，深感培养专业人才的紧迫性。会议决定要向上级领导机关对有条件的农业高校创建农业图书情报专业，力争早成立、早招生、多培养以满足当时专业人才的严重匮乏。

4. 当时因为各大农业科研工作者对利用图书馆，提高文献检索能力，缺乏专业知识，在辅导读者进行专业的业务培训，辅导发展多种形式的课程讲座亦势在必行。

四、依据筹备会议决定落实的五件事

1. 会议责成由中国农业科学院图书馆及北京农业大学图书馆，承办协会成立的各项筹备事宜。

2. 由西北农学院、吉林农业大学、沈阳农学院、华南农学院、浙江农业大学五院校图书馆承担编写《农业文献检索与利用》教材，为协会成立与举办检索培训作教学准备。

3. 为资源共享，会议决定由中国农业科学院图书馆编辑1983年外文期刊及港台期刊联合目录。由邢志义同志主编出版。

4. 由协会秘书处编写《中国农业图书馆协会筹备会议专集》。

5. 以协会名义组织为全国农业重点科研课题服务。

五、在协会成立召开的日子里

经过深入的调查研究及周密协商，协会定于1983年5月23日在北京举行成立大会。来自全国省级科研单位、地、市级等农业科研单位与全国高校农业院校的图书馆工作者齐聚一堂，共商农业系统图书馆事业发展大计。

会议地点定于北京西山脚下。

时任农牧渔业部副部长朱荣同志（原定何康部长，因故临时缺席）亲临会议并发表重要讲话。他说："首先代表农牧渔业部对中国农业图书馆协会成立表示热烈祝贺，并对在比较困难条件下辛勤工作，甘当无名英雄，对农业做出贡献的农业图书馆工作者表示钦佩，同时充分肯定农业图书馆作为农业科研、教学的三大支柱之一的重要作用"。他指出，农业科研和教学两个方面的图书馆要进行规划与协调，以便更好、有效地为农业生产、科研、教学和技术推广服务。

出席大会的还有中国农业科学院院长、中国农学会理事长卢良恕同志，中国农业科学院副院长、党组副书记何光文同志以及中国图书馆学会副秘书长刘德元同志，中央国家机关和科研系统图书馆学会秘书长辛希孟同志应邀出席大会并作分组发言。可以这样说，1983 年 5 月 23 日是全国农业系统图书馆界工作者的盛大节日。这一天是与会代表 107 位与部领导、各兄弟单位领导共商农业系统图书馆发展大事的一天。为初夏 5 月增添了光彩。必将永远地载入中国农业图书馆协会的发展史册。

六、关于创办《农业图书馆》会刊的前情后事

在我们调查五大区 23 个农业图书馆的过程中，共同的呼声就是：当协会成立后，一定要办一个我们自己的刊物。为此，在协会成立后，即创办了名为《农业图书馆》的试刊。由于编辑部王永厚同志的努力，刊物内容丰富，专业性强。各方同仁的支持，在这份刊物上可以尽情的发挥我们的专业特长、工作体会、批评、建议……总之，大家心情舒畅，找到了娘家人。带着这份同仁们的热切期许，在刊物创办 3 期试刊后，我即着手整理打报告、办手续，争取公开出版。但在改革开放初期，大家还在沿袭旧制，一个正式刊物能出版谈何容易？！大半年的时间我都在写申请、打报告，跑出版局、找出版社……均无果。但我没有放弃，作为协会的秘书长，我一定要不辜负大家的重托。最后我只身"闯入"中共中央宣传部出版局，见到了时任出版局局长边春光同志。见面后，我直呼其名，并自我介绍说明来意，而在我的陈述中只有三点：其一，农业图书馆协会的成立是我们农业界的大事。我们的何康部长亲自批准并予以关注。其二，组织起来后的协会，同志们感到有了娘家人，而刊物就是我们的窗口、我们的平台。它不仅是我们交流工作的工具，更是我们农业图书馆系统评定职称的重要依据。其三，为刊物的公开出版，我已跑了大半年，但均无果。我想，当我向他陈述了我们的理由后，他会理解我们的需求，更能热情的支持。我的陈述打动了边春光局长，他当即表示我们再研究一下，让我先回去等候通知，事过后没多久，批准同意正式出版，我们当时的喜悦可以想象，后续抓紧办，到北京市新闻出版署办理正式出版手续。在正式出版后，当时情报所刊物加入，两刊合并改名为现在的《农业图

书情报学刊》。

七、建立农业图书情报专业并率先开展计算机文献检索工作

依据筹备会议通过的四项决议的决定，协会成立后经与各高校协商，最后确定南京农学院条件较好，馆长王希贤同志积极支持，经该校努力，经一段时间筹备，农业图书情报专业建成了，培养学制为四年。我们终于有了自己培养出本专业的专门人才。

随着改革开放，国际交流增多，中国农业科学院主任委员馆于 20 世纪 80 年代末接受了美国农业部图书馆、联合国粮农组织图书馆及英国农业部分别赠送的 AgricoLa、Agris 和 CAB Abstracts（并称世界农业三大数据库）。为将这些先进的文献数据为我国提供农业服务，协会克服了语言上、技术上的难题。经一年多的时间学习、掌握，很快开展了全系统的计算机文献检索。这在当时的中国也是为数不多的。为图书馆事业率先利用先进技术插上了腾飞的翅膀。

上述点滴，凝聚了我们上一代图书馆人的心血与精神。今天中国农业图书馆协会正沿着坚定的步伐，为农业、农村、农民“三农”服务和为我国农业发展、乡村振兴贡献更大力量。

纪念中国农学会农业图书馆分会成立三十五周年

贵淑婷
（江苏省农业科学院农业信息研究所）

三十五年的风雨兼程，
农业图书馆分会如池中荷花愈发娇艳，
朝气蓬勃，奋发有为，历久弥坚。
三十五年的参天大树，
丰硕的果实透着诱人的香甜，
漫长的征程，越过了无数的坎坷与艰难。

如今中国农学会农业图书馆分会枝繁叶茂，
缘于把全国的农业图书馆组织起来的初衷，
缘于为农业决策科教生产推广服务的决心，
缘于农业图书馆分会历届领导的开阔眼界，
缘于各省市区农业专业图书馆的共建共享。

今天，木已成林，林茂成森，
迎来了你三十五岁华诞。
中国农学会农业图书馆分会，
把你的名字，
吟成诗。
三十五行的平平仄仄，
每一次聚首，

每一次交流，
都是农图会砥砺前行的供养。

今天，坎坷成脊，艰难筑血，
相聚于你三十五岁生辰。
中国农学会农业图书馆分会，
把你的名字，
绘成河。
三十五年的奔流不息，
每一次碰撞，
每一次研讨，
都是农图会不懈耕耘的见证。

共建共享、学科服务，
我们从希望走向新的希望。
馆员培训、学刊建设，
我们从茁壮走向新的茁壮。
三十五载后更有新的三十五载，
愿中国农学会农业图书馆分会继续铸造新的辉煌。

随　想

陈　华
（江苏省农业科学院图书馆）

岁月匆匆，光阴荏苒，转眼间您已走过了三十五年，
您是一位伟大的母亲，任岁月挥飞，任儿女腾跃，
用爱的乳汁哺育着您的儿女，用青春年华谱写一曲曲壮歌。
您的美丽在长空中划过，永远隽刻在儿女们的心间，
聆听您不倦的教诲，感受到您慈母般的温暖。

不曾忘您温暖的怀抱，不曾忘您林间小憩时喃喃私语，
感受到您慈母般的关爱和呵护，感受到您无尽的叮咛。
那遥远希冀的目光，激励着你羽翼下的儿女，成为美丽家园的骄子。

您是我们心里的家，无论在前进中多么迷茫困惑，
您的心灯照亮指引着您的儿女，让我们充满信心和希望，
让我们健康快活地成长。

岁月里流淌的是您曾经的艰辛，您将智慧和汗水播撒在心灵的家园，
流淌的是您不舍的情怀，儿女辛勤耕耘的果实，充满智慧和才华，
滋润着我们美丽的家园，让人流连往返，不再有彷徨，不再有失落。

您为儿女们撑起的永远是雄伟般的坚毅，大海般的豪放宽宥，
奔腾不息的是您灵魂炽热的字眼，您填补着荒凉的空白朴实无华，

为我们谱写一幅幅美丽的画卷和五彩斑斓的篇章。
您的付出和艰辛，给我们力量，使我们成长，
您的谆谆教诲和无私奉献永远铭记在我们心里。

人生是一本书

唐　研
（山东省农业科学院科技信息研究所图书馆）

人生是一本书，
有苦有乐有波折起伏，
沉浸得失之中，则斤斤计较，左右为难；
远离喧嚣，则天地开阔，豁然开朗。

人生是一本书，
曾经的迷失都是修炼之苦，
过去的桥段都是人生篇章。

郁结会大喊大叫，
兴奋会击掌相庆，
低回婉转时，在暗中踌躇；
伤心悲愤时，无语怼苍天。

回头望，来时路，
曾打动自己的那本书，
是否还有深情依旧？

书之深涩，面对的是未懂之人；
相敬如宾，才能举案齐眉；

温茶一杯，是书墨飘香；
手之舞之足之蹈之，是高山流水知音之庆。

你与我，
如影随形却又难相见，
心意相通但却未谋面；
相见不如怀念。

我只愿，是一本书，
你从未看过，
打开了阅读，
就不愿再放下……

此生与书结缘

唐　研
（山东省农业科学院科技信息研究所图书馆）

世界上有没有一种职业，叫作“阅读”？

不知从什么时候开始，我喜欢上了读书。小的时候，我曾经在心里许愿：将来有了工作，自己有了钱，我要拿出一半来买书！那是一种怎样的对书的渴望？

中学时写作文《我的理想》：“我的理想是开一家书店，读者可以喝着咖啡，听着音乐，坐着摇椅，看自己喜欢的书。”语文老师也是刚出校门不久，颇有同感，他在评语中写道：“你的书店什么时候开业？我辞职去打工！”

后来参加了工作，业余时间我经常去大明湖路的山东省图书馆借书，差不多每两个星期去借还一次图书，坚持了五六年，直至省图搬家。从我家到省图，骑自行车需要 40 分钟。夏天，骄阳似火；冬天，寒风刺骨，其实每次去的路上我都是很犹豫的。而每当走进了图书馆，心情顿时就会愉快起来，舒畅起来，那么多我想看的书，有书多好啊！真是来对了！追求的过程也许是痛苦的，但结果却是快乐的。在阅览室，我像是饥饿的人扑在面包上那样饥渴地阅读，那么多优秀的文化、精彩的故事、辉煌的人生、另类的思维，像细流绵绵不绝，滋润着我空虚干涸的精神世界……下班了要关门了，我才走在回家的路上，一路上都是默默无语慢慢蹬着车子。其实每个人都有两个声音，一个是唇齿之间的声音，另一个是心里的寂静之声，一个响起来，另一个就会关闭。我还沉浸在刚刚读过的书中人物的悲喜人生中，全然不顾身边的车水马龙与繁华人世。

后来省图书馆搬至二环东路，离我家更近了。尽管工作日渐繁忙，做课题、找项目、加班写材料，业余生活中也少不了爬山、逛街、吃饭、唱歌、听讲座、做义工等等活动，但始终放不下的还是读书，到图书馆借书、还书。

粗略的算来，我每年都要阅读五六十本图书。业务书籍我看，这让我了解行业的发展趋势；小说也一直在看，这让我闭塞的心灵充满生活的热情；其他旅游、生活艺术、理财的书也都看。在貌似多彩的生活背后，其实每个人都很孤独。渐渐地，我越来越喜欢看人物传记了。看大人物的悲哀与小人物的精彩，如何在苦涩中找到微笑？看那些成王败寇者人生中的一次次选择，如何书写人生成为他自己？掩卷沉思，我，又该如何成为我自己？

转眼从事图书馆工作已经 20 多年了，多年的职业生涯，肯定不是一帆风顺。痛苦中的辗转反侧，失误中的迂回曲折，选择中的彷徨犹豫，失落中的无语落泪，只是成功的微笑太少又太短暂。有时我觉得我是一个很容易满足的女人，粗茶淡饭，有几本书就可以安之若素，终其一生。有时我又觉得自己是一个很难满足的女人，锦衣玉食、高朋满座、游山玩水、夜夜笙歌，亦不能满心灵的需求。书，只有我喜欢的书，会让漂泊的心有个停泊的港湾，会让游走的灵魂找到安放的家园。只有精神的力量，可以支持一个人走过艰难困顿的人生；也只有精神的力量，可以在物质丰富的诱惑面前保持冷静的思考，追寻生命的质量。

没有那些挑灯夜读、对书流泪的感动时刻，没有那些孤独求索、亦张亦狂的徬徨思索，就没有现在沉静安详的我。

此生注定与书结缘。

第五部分

中国农学会农业图书馆分会
学会活动照片

1983 年，中国农业图书馆协会成立大会全体代表合影

1988 年，中国农业图书馆协会第二次全国代表大会暨学术研讨会

1988 年，中国农业图书馆协会第二次全国代表大会暨学术研讨会代表合影

1990 年，中国农业图书馆协会第二次理事会暨服务效果调查经验交流会

1990 年，中国农业图书馆协会第二次理事会暨服务效果调查经验交流会领导讲话

1990 年，中国农业图书馆协会第二次理事会暨服务效果调查经验交流会会议代表

1993 年，全国农业图书馆自动化学术研讨会合影

1996 年，农业图书情报现代化管理高层研讨班部领导作报告

1996 年，农业图书情报现代化管理高层研讨班院领导讲话

1996 年，农业图书情报现代化管理高层研讨班中心领导讲话

1996 年，农业图书情报现代化管理高层研讨班参会代表讨论会

1996 年，农业图书情报现代化管理高层研讨班合影

1996 年，农业文献分类表与标引问题研讨会

1996 年，农业文献分类表与标引问题研讨会合影

1997 年，中美农业信息管理技术与发展研讨班

1997 年，中美农业信息管理技术与发展研讨班会场

1997 年，中美农业信息管理技术与发展研讨班文献中心主任梅方权向 Andre 女士发聘书

1997 年，中美农业信息管理技术与发展研讨班合影

1997 年，第一次全国青年农业信息工作者学术研讨会合影

1997 年，第一次全国青年农业信息工作者学术研讨会合影

1998 年，中国农学会农业图书馆分会年会暨农业文献资源建设学术研讨会

1998 年，中国农学会农业图书馆分会年会暨农业文献资源建设学术研讨会部领导讲话

1998 年，中国农学会农业图书馆分会年会暨农业文献资源建设学术研讨会中国农业大学校长讲话

1998 年，农业文献资源建设学术研讨会德国霍恩海姆大学图书馆馆长马丁大会交流

1998 年，中国农学会农业图书馆分会年会暨农业文献资源建设学术研讨会会场

1999 年，全国农业信息机构体制改革与农业信息企业建设研讨会会场

1999 年，全国农业信息机构体制改革与农业信息企业建设研讨会合影

2004 年，全国农业信息管理与技术学术研讨会合影

2005 年，全国农业信息创新体系建设与信息共享研讨会照片

2006 年，全国农业图书馆馆长工作交流会合影

2006 年，全国农业信息化与新农村建设学术研讨会合影

2006 年，全国农业信息研究所所长工作交流会合影

2007 年，数字图书馆资源建设与发展学术研讨暨理事工作大会合影

2009 年，全国农业科技系统数字图书馆工作研讨会合影

2011 年，全国农业图书馆学科建设与管理服务创新研讨会合影

2011 年，建立全球农业数据和信息共享体系框架国际专家磋商会会场（北京）

2011 年，建立全球农业数据和信息共享体系框架国际专家磋商会会场（北京）

2011 年，建立全球农业数据和信息共享体系框架国际专家磋商会合影（北京）

2012 年，全国农业信息数据共享体系发展专题研讨会杭州会议

2012 年，全国农业信息数据共享体系发展专题研讨会昆明会议

2013 年，全国农业信息科技创新研讨会暨国家农业图书馆新馆首展活动会场

2013 年，全国农业信息科技创新研讨会暨国家农业图书馆新馆首展活动会场

2013 年，中国农学会农业图书馆分会第七次全国会员代表大会

2013 年，中国农学会授予中国农业科学院农业信息研究所“学会之家”光荣称号

2013 年，全国农业信息科技创新研讨会暨国家农业图书馆新馆首展活动合影

2013 年，国家农业图书馆电子文献资源培训

2013 年，国家农业图书馆电子文献资源培训

2013 年，中国农业科技信息共享体系（CIARD CN）建设研讨会

2014 年，“农科联盟”科研竞争力评价课题学术讨论与培训

2014 年，“农科联盟”科研竞争力评价课题学术讨论与培训

2014 年，农业科技图书期刊管理创新研讨会

2014 年，农业科技图书期刊管理创新研讨会

2014 年，农业图书馆分会学术年会暨农业知识服务模式与创新研讨会

2014 年，农业信息开放获取研讨会暨农业信息共享体系技术培训会

2014 年，农业信息开放获取研讨会暨农业信息共享体系技术培训会孟宪学所长做报告

2014 年，农业信息开放获取研讨会暨农业信息共享体系技术培训会 Ajit Maru 做报告

2015 年，第六届农业科研系统电子资源建设与服务联盟学术研讨会

2015 年，农业图书馆分会学术年会暨大数据环境下农业知识服务与创新研讨会

2015 年，农业图书馆分会学术年会暨大数据环境下农业知识服务与创新研讨会

2016 年，农业科研系统电子资源共建共享新模式研讨会暨第七届电子资源培训会

2016 年，第七届农业科研系统电子资源共建共享新模式研讨会暨电子资源培训会

2016 年，农业图书馆分会学术年会暨开放数据与农业技术共享研讨会

2016 年，农业图书馆分会学术年会暨开放数据与农业技术共享研讨会

第六部分

中国农学会农业图书馆分会
学会发展大事记

时　间	大　事　记
1983 年	
5 月 23~28 日	经过近一年的协商、筹备，“中国农业图书馆协会”成立大会在北京召开，标示着我国农业系统图书馆事业进入新的发展阶段，全国高等农业院校和省以上农业科研单位图书馆的 107 名代表参加了此次大会，成立了由主任委员馆、副主任委员馆、委员馆、秘书长和《农业图书馆》编委会组成的协会组织机构
下半年	组织编制《1983 年预订外文及港台报刊联合目录》
1984 年	
全年	西北农业大学图书馆和武功农业科研中心连续举办 4 期“农业文献检索与利用”培训班，参加培训学员 150 多人
全年	河南农业大学、河南农业科学院、郑州牧业专科学校联合举办“农业文献管理培训班”，参加培训人员 30 多人
全年	在协会的协调下，组织西北农业大学、吉林农业大学、沈阳农业大学、浙江农业大学、华南农业大学、中国农业科学院图书馆等有一定学术水平和丰富实践经验的同志编写了 44 万字的农业系统第一部《农业文献检索与利用》教材
5 月 16 日至 6 月 29 日	南京农业大学图书馆组织的“第一期全国高等农业院校图书馆管理研讨班”在江苏南京举办，28 个农业院校图书馆的 33 名馆长及负责同志参加本期研讨班
5 月	中国农业科学院图书馆举办了“农业主题标引学习班”，来自全国高等院校和科研单位图书馆的 70 名代表参加学习
5 月 31 日至 6 月 5 日	“全国农业专科学校图书馆第一次经验交流会”在河南郑州召开，全国 9 所农业专科学校图书馆及河南中等农校图书馆的 25 名代表参加了会议
6 月 6 日	根据“中国农业图书馆协会”申请加入中国农学会的要求，经中国科协和中国农学会批准，同意“中国农业图书馆协会”为中国农学会二级学会
1985 年	
全年	南京农业大学图书馆举办两期“农业高校图书馆管理研讨班”；普及图书馆学、情报学的基本知识
全年	河南农业大学、河南农业科学院、郑州牧业专科学校联合举办“农业文献管理培训班”，参加培训学员 30 多人
11 月 15—18 日	“中国农学会农业图书馆协会委员馆会”北京召开，会议讨论了《农业图书馆工作条例》等工作，21 个委员馆代表和部分协会刊物编委出席了会议

（续表）

时　间	大　事　记
1986 年	
全年	北京农业大学图书馆举办“联机检索培训班”，50 多个农业及有关单位图书馆的人员参加培训活动；同时还举办了两期“图书馆现代化管理技术设备研讨班”（1986 年、1987 年各举办 1 期），16 个部属院校和 30 个其他院校、科研单位图书馆参加活动
全年	四川省农业科学院图书馆举办“农业文献检索短期培训班”
4 月 21 日至 5 月 27 日	长沙农校组织的“第一期中等农业学校图书馆管理讲习班”在湖南长沙举办，20 个省市自治区的 42 所农校图书馆馆长和负责人参加了本期讲习班
1987 年	
8 月 21—24 日	“农业文献管理与检索服务研讨会”在辽宁兴城召开，参会代表 49 人，交流学术论文 44 篇
9 月 12—30 日	北京农业大学图书馆在北京组织召开了“农业院校图书馆现代化管理和自动化业务工作研讨会”
12 月 22—24 日	“中国农学会农业图书馆协会委员馆会”在北京召开，会议回顾了 1986 年以来的工作，讨论了 1988 年协会活动计划以及协会的组织建设和会费缴纳问题。交流学术论文 40 多篇
1988 年	
5 月 26~30 日	“中国农学会农业图书馆协会第二次代表大会暨学术讨论会”在四川成都召开。来自各成员馆的代表 135 人参加了此次大会，交流学术论文 120 篇。大会选举产生了由名誉理事长、理事长、副理事长、秘书长组成的学会第二届常务理事会以及三个专业委员会
1989 年	
全年	组织编印《1989 年外文农业期刊预订联合目录》《外文农业新书联合目录》，委托浙江农业大学图书馆主编了《全国农业西文图书目录（1977—1989）》
5 月 9—12 日	“外文期刊协调会”在上海召开，订外文原版期刊 50 种以上的农业图书馆负责外文期刊 40 位同志参加了会议
8 月 14—18 日	“第一次农业图书馆自动化系统发展与应用研讨会”在辽宁大连召开，参会代表 30 人，交流论文 6 篇
9 月 22—25 日	“农业情报用户培训研讨会”在吉林长春召开，参会代表 31 人，交流学术论文 25 篇

（续表）

时 间	大 事 记
1990 年	
全年	组织编印《全国农业机构名录》工具书，发行 4 000 余册
全年	组织委托浙江农业大学薛紫华老师编著出版《农业情报研究与预测》专著，1990 年 5 月由农业出版社出版
全年	组织编印《全国农业系统图书馆外文农业新书联合目录》3 本（1989—1991 年每年一本）
3 月	"农业分类与主题标引研讨会"在江苏南京召开。参加培训学员 30 人
3 月 13—16 日	组织会员参加由中国农业科学院科技文献信息中心组织、加拿大国际发展研究中心（IDRC）资助的"农业情报管理新水平国际研讨会"，10 个国家和 4 个国际组织的中外情报专家、学者共 76 人参加此次会议。会后出版了《国际农业情报管理新水平研讨会论文集》
5 月 9—12 日	"第二次外文期刊协调会"在北京召开
12 月 13—16 日	"中国农学会农业图书馆协会第二次理事会暨服务效果调查经验交流会"在北京召开，协会理事、正副秘书长、专业委员会主任和部分副主任、服务效果调查报告作者及特邀代表 70 多人参加了会议，交流调查报告 32 篇
1991 年	
1990—1991 年	《学刊》编辑部组织刘源甫老师撰写农业文献计算机检索业务讲座（连载），在增补内容的基础上，出版了《农业文献数据库与计算机检索》一书
全年	编辑完成《全国西文农业图书联合目录》
1 月 8—15 日	河南省农业科学院情报所组织举办"农业情报研究与预测培训班"，参加培训学员 46 人
10 月 16—18 日	"第二次农业情报用户培训研讨会"在辽宁沈阳召开。参会代表 32 人，交流学术论文 26 篇
10 月 8—14 日	"第二次农业图书馆自动化研讨会暨专业委员会年会"在北京召开。参会代表 34 人
1992 年	
4 月 7—14 日	"第一期农业科研实用文献情报检索培训班"在北京举办，参加培训学员 43 人
9 月 6—12 日	"中文图书计算机编目培训班"在北京举办，参加培训学员 23 人

（续表）

时 间	大 事 记
10 月	“参考咨询师资培训班”在江苏南京举办，参加培训学员 35 人
11 月 13—16 日	“第一次全国农业文献资源调查与布局研讨会”在湖南大庸召开。参会代表 30 人，交流会议材料 29 份
11 月 22—27 日	“中国农学会农业图书馆分会第三次代表大会暨学术研讨会”在广西南宁和桂林召开，参会代表 67 人，交流学术论文 60 篇。大会选举产生了由名誉理事长、名誉理事、理事长、副理事长、秘书长组成的学会第三届常务理事会以及三个专业委员会
1993 年	
全年	组织编印《学会工作手册》工具书，发行 2 000 余册
1990—1993 年	1990 年学会决定由理事长王贤甫任主编，黄达益、马益康任副主编，组织部分专家学者编辑撰写《农业信息—情报理论与实践》专著，1993 年 9 月由中国农业科技出版社出版
1992—1993 年	组织 107 个团体会员单位开展“全国农业文献资源调查与布局“课题研究，通过大规模调研，摸清了农业系统文献资源学科、文种、地区分布状况及学科优势、地域特色，制定了“全国农业系统文献布局和资源共享方案”
3 月 18—28 日	“第二期农业科研实用情报检索培训班”在北京举办，参加培训人员 35 人
5 月	编印《外文农业新书联合目录》
6 月 14—17 日	“第二次全国农业文献资源调查与布局研讨会”在江西庐山召开。参会代表 43 人，交流会议材料 34 份
9 月	编印出版《1993 年预订外国及港台报刊联合目录》
10 月 6—9 日	“第三次农业图书馆自动化研讨会”在浙江杭州召开。参会代表 25 人，交流学术论文 14 篇
1994 年	
全年	编印《外文农业新书联合目录》
5 月 24—27 日	“农业信息转化为生产力研讨会暨信息发布会”在上海召开，参会代表 35 人，交流学术论文 40 篇
1995 年	
全年	编印《外文农业新书联合目录》
1994—1995 年	组织编辑出版《农业信息检索指南》著作，1995 年 7 月由中国农业科技出版社出版

（续表）

时　间	大　事　记
10 月 24—28 日	“第四次农业图书馆自动化研讨会”在云南昆明召开。参会代表 23 人，交流学术论文 29 篇
1996 年	
3 月 13—21 日	“农业图书情报现代化管理高层研讨班”在北京举办。参加研讨培训学员 26 人
4 月 16—22 日	协助科技文献中心举办“农业部第一批科研成果查新检索单位查新人员培训班”，参加培训学员 42 人
5 月 21—23 日	“农业文献分类表与标引问题研讨会”在北京召开，参会代表 47 人，交流学术论文 24 篇
10 月 28 日至 11 月 2 日	“中国农学会农业图书馆分会第四次会员代表大会暨学术研讨会”在安徽黄山召开。参会代表 75 人，交流学术论文 60 篇。大会选举产生了由名誉理事长、名誉理事、理事长、副理事长、秘书长组成的学会第四届常务理事会以及四个专业委员会、六个大区协作委员会
1997 年	
7 月 21—25 日	“中美农业信息管理技术与发展高级研讨班”在北京举办。参加研讨培训业务骨干 24 人，旁听学员 40 人
10 月 13—16 日	农业图书馆分会中南地区协调委员会组织的“中南地区农业图书馆协调委员会年会暨华中农业大学图书馆第二届学术研讨会”在湖北武汉召开，参会代表 50 多人
10 月 29 日至 11 月 2 日	“第五次农业图书馆网络与自动化学术研讨会”在江苏南京召开。参会代表 40 人，交流学术论文 41 篇
11 月 25—28 日	协助科技文献信息中心在北京召开“第七次全国农业科技信息与文献工作会议”，来自全国各省（市、区）的农业科学院、高等院校、中国农业科学院和农业部有关部门共计 114 人参加会议，交流学术论文 165 篇
12 月 2—5 日	“第一次全国青年农业信息工作者学术研讨会”在广东广州召开。参会代表 38 人，交流学术论文 58 篇
1998 年	
9 月 3—5 日	“东北三省四院第六次农业科技信息网协作会议暨农业信息产业发展学术研讨会”在吉林召开，参会代表 23 人
10 月	“国际农业信息高级管理研讨班”在北京举办，参加培训学员 30 人
10 月 15—19 日	“中国农学会农业图书馆年会暨文献资源建设学术研讨会”在北京召开，参会代表 68 人，交流学术论文 70 篇

（续表）

时 间	大 事 记
1999 年	
1997—1999 年	组织联合 38 个成员馆，共同协作完成《农业专业分类表》课题研究及编表工作
1997—1999 年	编辑出版《农业专业分类表》，被纳入《中国图书馆图书分类法》专业分类表系列
8 月 16—22 日	“第二届青年学者专业委员会工作暨学术研讨会”在四川成都召开。参会代表 15 人
10 月 30 日至 11 月 2 日	“全国农业信息机构体制改革与农业信息企业建设研讨会”在河北承德召开。参会代表 150 人，交流学术论文 120 篇
11 月 2—6 日	“国际农业信息管理高级研讨班”在河北承德举办，参加培训研讨人员 40 人
11 月	与中国农业科学院科技文献信息中心国际合作开发处共同筹备成立了国家农业信息专家协会中国分会，拟定了协会章程和组织机构名单位
2000 年	
1 月	组织学会代表参加在塞内加尔召开的“第十届 LAALD 国际农业信息专家代表大会”
6 月	组织学会代表参加在韩国召开的“第二届亚洲农业信息技术研讨会”，参会代表 16 人
9 月	“国际农业信息管理高级研讨班”在浙江杭州举办，参加培训研讨人员 40 人
10 月 28—30 日	“全国农业科技信息网络化和数字化工作会议暨学术研讨会和信息技术展示会”在北京召开。30 个省市自治区农业科研单位和高等院校、120 余人参加了会议
2001 年	
全年	组织学会代表参加在北京召开的“国家农业信息管理、技术与市场发展研讨会”，参会代表 40 多人
9 月 17—21 日	“中国农学会农业图书馆分会第五次会员代表大会暨学术研讨会”在福建厦门召开。参会代表 89 人，交流论文 40 余篇。大会选举产生了由名誉理事长、名誉理事、理事长、副理事长、秘书长组成的学会第四届常务理事会以及两个专业委员会、八个协作委员会
2002 年	
1997—2002 年	与国际组织密切合作，建立中国国家农业研究信息系统
全年	组织部分会员参加了美国农业工程师学会在巴西举办的“信息技术研讨会”，学习了国外新的信息技术

（续表）

时　间	大　事　记
1 月 10—12 日	“东北三省四院第七次农业科技信息网协作会议暨农业信息产业发展学术研讨会”在吉林长春召开，参会代表 30 人
5 月 13—17 日	“WTO 环境下全国农业文献信息资源共建共享对策研讨会”在云南昆明召开，参会代表 63 人
6 月	组织部分会员参加了在乌克兰举行的“第九届国际图联克里米亚（Crimea）大会”，并顺访了俄罗斯主要图书馆
10 月 26—28 日	“第三届亚洲农业信息技术大会”在北京召开，学会协助单位承办了此次大会，并组织会员参加会议，30 多个国家和地区、200 多名代表参加了此次大会
2003 年	
9 月 11—14 日	“全国农业信息管理与共享服务高层研讨会”在新疆乌鲁木齐召开。28 个省市自治区、120 余名代表参加了会议，交流学术论文 81 篇。会议围绕农业信息管理学科发展与服务创新开展了研讨，举行了庆祝中国农学会农业图书馆分会成立 20 周年活动
2004 年	
1 月 7—12 日	组织部分会员参加“首届非洲数字化联合共建大会”。大会研讨主题“在一致的网络平台上开放资源、开放知识。”会议期间，与南非西开普顿大学、南非大学、金山大学图书馆有关人员进行了合作交流等方面的探讨
9 月 22—24 日	“全国农业信息管理与技术学术研讨会”在四川成都召开。31 个省市自治区、143 名代表参加了会议，会议收到学术论文 102 篇，其中 26 篇被评为优秀论文
2005 年	
5 月 9—10 日	“全国农业信息资源建设与利用培训班”在北京举办。18 个省市自治区 29 个单位、40 多人参加培训活动
9 月 12—13 日	“全国农业信息创新体系建设与信息共享研讨会”在山东济南召开。30 个省市自治区、180 多人参加会议。收到学术论文 70 余篇，交流学术论文 46 篇
2006 年	
4 月 24—27 日	“全国农业信息研究与图书馆资源利用培训班”在北京昌平举办。12 个省市、19 个单位、30 多人参加培训
5 月 18—21 日	“农业信息技术与图书馆发展学术研讨会暨全国农业图书馆馆长工作交流会”在河北保定召开。19 个省市自治区、120 多人参加会议

（续表）

时　间	大　事　记
7月12—16日	“信息技术与新农村建设暨全国农业信息研究所所长工作交流会”在贵州贵阳召开。26个省市自治区农业科学院信息研究所所长以及100多位代表参加会议
9月13—18日	“全国农业信息化与新农村建设学术研讨会”在海南海口召开。20多个省市自治区、120多人参加会议
2007年	
7月10—11日	“国外网络版电子资源引进研讨会暨CAAS国外数据库引进集团用户交流会”在北京召开，参会代表50多人
9月24—26日	“数字图书馆资源建设与发展学术研讨会暨中国农学会农业图书馆分会理事工作会议”在江苏南京召开。参会代表80多人，交流学术论文18篇
10月19—20日	“中国农业信息科技创新与学科发展大会”在北京召开。30个省市自治区以及FAO、加拿大曼尼托巴大学、CABI等国外研究教育单位和国际机构代表300多人参加了大会。交流学术论文53篇。以此会议为契机共同庆祝中国农业科学院农业信息研究所建所50周年华诞
2008年	
6月9—13日	“中国农学会农业图书馆分会第六次全国会员代表大会暨学术研讨会”在河南郑州召开。参会代表150多人。大会选举产生了由名誉理事长、荣誉理事、理事长、副理事长、秘书长组成的学会第六届常务理事会以及三个专业委员会和两个协作委员会。对10个先进团体会员、37名优秀学会干部、73名先进学会工作者进行了表彰并颁发证书
2009年	
4月8—10	“农业科研系统电子资源建设与服务研讨会暨CAAS国外数据库引进集团工作会议”在浙江杭州召开，参会代表60余人，交流学术论文10余篇
6月26—29日	“全国农业科教系统数字图书馆工作研讨会”在陕西杨凌召开，来自全国农业科教系统农业信息机构和高校图书馆50余人参加了会议，交流学术论文12篇
2010年	
8月2—4日	“第三届农业科研系统电子资源建设与服务学术研讨会暨CAAS数据库引进集团工作会议”在吉林长春召开，40多家农业科研单位图书馆和数据库商代表100余人参加会议
10月25—27日	“2010年会暨数字图书馆创新与发展学术研讨会”在江西南昌召开，20多个省市的农业科研信息机构和农业高等院校图书馆领域的专家、学者共80多人参加了会议

（续表）

时　间	大　事　记
2011 年	
6 月 20—23 日	在北京联合承办“建立全球农业数据和信息共享体系框架国际专家磋商会”。来自联合国粮农组织，国际应用生物科学中心（CABI）等 24 个国家和地区的代表以及中国农业科学院农业信息研究所、中国农业大学等 22 个农业科研机构、高等院校的 100 多名专家学者参加会议
6 月 27—29 日	“CAB Abstract 数据库使用与服务培训活动”在西藏拉萨举办，来自全国 22 家省级以上农业科研信息机构的领导和图书馆员共 52 位代表参加了培训
10 月 25—26 日	“全国农业图书馆学科建设与管理服务创新研讨会”在湖南长沙召开，20 多家图书信息机构领导和业务骨干 70 多人参加会议。会议期间特别举办了“CIARD 专题研讨会”
2012 年	
5 月 8—10 日	“全国农业数据 / 信息共享体系 CIARD RING China 发展专题研讨会”在浙江杭州召开，部分省市自治区农业科学院农业信息机构和农业高校的 CIARD 代表参加了会议
7 月 9—10 日	“中国农业研究与发展信息共享体系第二期培训暨国家农业科学数据共享中心推广服务会”在吉林长春举办，黑吉辽三省农业科学院农业信息机构的 CIARD 代表参加了会议
7 月 25—26 日	“第四届农业科研系统电子资源建设与服务联盟学术研讨会”在山东青岛召开，30 多个单位相关人员、部分国内外数据库出版商及代理商共 110 多人参加了本次会议
10 月 20—22 日	“2012 全国农业信息 / 数据共享体系发展专题研讨会”在云南昆明召开，20 多个省市自治区农业科研机构和高校图书馆的 110 多位专家学者参加了会议
2013 年	
9 月 9—13 日	“第四期中国农业研究与发展信息共享体系建设与发展培训活动”在宁夏银川举办，部分省市自治区农业科学院农业信息科研机构的 20 多位信息管理与技术专家参加
11 月 18—19 日	“全国农业信息科技创新研讨会”在北京召开。30 个省市自治区的 300 多人参加会议。同期召开了农业图书馆分会第七次全国会员代表大会并完成了换届工作，选举产生了第七届常务理事会。对评 20 个先进团体会员单位和 47 名优秀学会工作者进行了表彰并颁发证书
11 月 19 日	中国农学会授予中国农业科学院农业信息研究所“会员之家”揭牌活动在北京国家农业图书馆举行

（续表）

时　间	大　事　记
11 月 19—20 日	“国家农业图书馆电子文献资源培训活动”在北京举办，中国农业科学院京内所科研人员和研究生、省级农业科学院图书情报机构代表及数据库出版代理商 300 多人参加培训活动
2014 年	
5 月 12—14 日	“农科联盟科研竞争力评价课题学术讨论与培训”在北京举办，23 个省（市）农业科研信息机构的图书馆长、课题负责人等 60 余位代表参加了培训
6 月 20—21 日	“农业科技图书期刊管理创新研讨会”在新疆乌鲁木齐市召开。从事农业图书期刊工作的 80 多位代表以及哈萨克斯坦国立农业大学乔汉先生应邀参加了此次学术研讨会
10 月 30—31 日	“2014 农业图书馆分会学术年会暨农业知识服务模式与创新研讨会”在贵州贵阳市召开，参会代表 90 多人
11 月 13—14 日	“农业信息开放获取研讨会暨 CIARD & AgINFRA 农业信息共享体系技术培训”在福建福州举行。参加培训人员 20 多人，全球农业研究论坛(GFAR) 官员 Ajit　Maru 应邀出席参加了此次研讨培训会议
2015 年	
5 月 7 日	“第六届农业科研系统电子资源建设与服务联盟学术研讨会”在重庆成功召开。30 余家农业信息机构和 9 家国外出版（代理）机构等单位的 110 余位代表参加了会议
10 月 22—23 日	“2015 农业图书馆分会学术年会暨大数据环境下农业知识服务与创新研讨会”在山西太原召开。130 多位专家、学者参加了此次学术研讨会
2016 年	
8 月 24—25 日	第七届农业科研系统电子资源共建共享新模式研讨会暨电子资源培训在青海西宁举办。来自全国 27 个省、市、自治区，36 家机构的 120 余名代表参加了会议
11 月 10—11 日	“2016 中国农学会农业图书馆分会学术年会暨开放数据与农业技术共享研讨会”在北京中国农业科学院国家农业图书馆召开。120 多位专家、学者参加了此次学术研讨会

第七部分

中国农学会农业图书馆分会
院所发展征文

中国农业科学院国家农业图书馆

一、发展概况

作为国家唯一重点支持的国家级农业图书馆，中国农业科学院国家农业图书馆始建于 1957 年，拥有全国最丰富的农业科技文献信息资源，面向广大的农业领域学者、基层农业科技工作者及农业系统管理决策部门提供公益性文献信息保障服务。2000 年成为国家科技图书文献信息中心（NSTL）的农业分馆，承担着国内外农业科技文献资源战略保障体系建设。2013 年新馆投入使用后大力提升了图书馆的现代化服务水平，为我国农业科技创新、管理决策和科技成果推广等提供了强有力支撑。

1. 人员与机构设置

国家农业图书馆现有在编职工 73 人。其中，博士、硕士共 44 人；正高 7 人，副高 24 人。

下设 4 个部门：数字图书馆建设部、文献资源发展部、文献信息服务部、学科咨询服务部。

2. 主要业务和职能

（1）农业信息资源建设与服务　组织开展农业科学院电子资源共建共享及电子文献资源保障体系建设；承担国家科技图书文献中心（以下简称 NSTL）农业相关学科科技文献、开放获取文献遴选评价与采集管理，牵头全国农业科研系统电子资源集团采购及培训服务；承担馆藏书目数据库建设、海外农业文献数据的知识化加工任务；针对院内外科技竞争力、学科评价等情报服务需求，组织完成面向科研管理定制情报分析报告及面向科研一线的情报分析报告。

（2）农业馆藏资源与服务　负责国家农业图书馆各类型馆藏文献资源的保存管理和信息共享空间的运营管理，并立足中国农业科学院，面向全国农业科技、教育、管理及相关领域的广大信息用户，提供多层次的高效便捷的农业科技文献信息服务。同时积极开展信息服务相关理论和技术研究，追踪国内外发展前沿，增进与业内同行的合作交流，加强信息服务团队建设，不断提升服务能力，为我国农业科技创新提供信息支撑。设有中外文报刊阅览室、图书阅览室、参考工具书阅览室、农业古籍阅览室、典藏书库、IC空间等，向用户开展丰富完善的到馆服务和方便快捷的网络化服务，这些服务包括：馆藏书刊借阅复制，文献检索，原文传递，馆际代查代借，网络信息导航，论文收录和引用检索，动态信息提供，用户培训，IC空间预约服务等。随着信息环境和用户需求的不断发展变化，积极探索和开展学科化、个性化知识服务。

（3）学科咨询服务　以国家科技平台NSTL和国家农业图书馆以及地方各类文献信息资源为基础，面向全国农业科研院所、高等院校、社会企业等用户群体，开展科技查新服务、学科知识服务、定题推送服务、发展规划咨询等业务工作，为农业科技创新和管理决策提供基于农业大数据下的专业化、学科化、知识化咨询服务支撑，并同时承担国家农业大数据与海外农业研究创新联盟和中国农学会科技情报分会、农业图书馆分会的相关业务活动。具体包括：面向农业科研院所、优势学科、创新团队、课题组、知名专家，通过“融入一线、嵌入过程”的服务方式和运行机制，开展学科发展态势分析、前沿技术分析、竞争力分析、研究热点跟踪、专利技术分析、科研产出分析、课题（项目）前期调研、国内外研究动态与进展（综述）等嵌入科研过程中的、全方位、个性化、专业化的学科知识服务；充分发挥研究所具有科技部认证的国家一级科技查新咨询资质优势，为各类用户群体科研项目开题、立项，科技计划、基金项目、新产品开发计划、科学技术奖励申报以及科研成果的验收、鉴定、评估、转化等方面提供科技查新检索服务；开展国家部委和地方政府委托的农业综合发展规划、农业行业规划、农业产业规划、农业园区建设规划、农业建设项目可行性研究报告、项目建议书编制以及农业工程建设项目策划、项目实施方案设计、项目评估等规划业务。

（4）农业知识组织与知识服务技术研究与系统平台建设　紧密结合农业科技创新主体和国家重大战略需求，重点开展国家农业数字图书馆发展战略、创新理论、方法、关键技术和应用系统研究与实践，组织和引导国家农业图书馆的信息化、网络化和自动化建设工作，承担国家科技图书文献中心（NSTL）外文文献数字化加工及相关专项任务，为农业科技创新和管理决策提供农业科技大数据资源保障和专业化知识服务支撑。主要研究和成果包括：数字图书馆理论、方法和关键技术研究与应用实践，国家农业数字图书馆建设规划；信息资源描述、知识组织、知识服务和关联数据等关键技术研究与实践，农业知识组织体系建设与应用；国家农业图书馆网络化信息服务平台及在线服务；国家科技图书文献中心（NSTL）文献数字化加工和相关研究；中国农业科学院院所及农业联盟机构知识库建设及运维；国家农业科技创新联盟农业科技信息资源共建共享平台建设与运维；中国工程科技知识中心农业分中心系统建设与运维服务；国家农业科学数据共享中心资源维护及服务。

3. 条件和环境

国家农业图书馆新馆于 2009 年 11 月 18 日动工兴建，于 2013 年年底重新开馆，历时 4 年建成。2013 年 11 月 18 日，国家农业图书馆举办了新馆首展活动，标志着国家农业图书馆新馆的正式启用。新馆建筑面积 3.19 万平方米，图书馆大楼具有公益服务、科技创新、学术交流三大主体功能，是亚洲第一大、世界第三大农业图书馆。新馆藏书面积 7 000 多平方米，包括 1~4 层 14 个馆藏区域，其中开架区域约 4 000 平方米，约占总面积的 60%。开架区域包括 3 层西 / 北借阅区、2~3 层中央书库南北区，共 2 层 6 个馆藏区域。闭架区域包括 1 层中央书库、2 层古籍书库 / 古籍阅览室、2~4 层东密集书库、4 层中央书库南北区，共 4 层 8 个馆藏区域。此外，新馆引进了国外先进的图书馆自动化集成管理系统和资源统一发现与获取系统，装备了 150TB 的高端磁盘阵列、虚拟磁带库等相关软硬件设备近 200 台套，健全了到馆服务、现场一线服务和网络化服务协同发展的综合服务保障体系。新馆的正式启用，将为建设世界一流的现代科研院所，提供强大的条件支撑。同时它将以一流的服务，迎接国内外农业科技界的朋友们，在此开展科技创新，学术交流，知识传播，努力建设成为全国农业图书资源战略保障中心、全国农业信息科技研究中心以及国际农业信息交流与服务中心，为我国的现代农业发展与“四化同步”提供强劲的动力。

二、发展历程

1956 年 7 月，中国农业科学院筹备组设立了 16 人组成的情报外联组和图书资料组。

1957 年 3 月，中国农业科学院成立，与此同时中国农业科学院图书馆正式诞生，接管了原华北农业科学研究所图书室。建馆初期藏书 10 万余册，工作人员 14 人。

1957 年 9 月 6 日，国务院全体会议第 57 次会议批准的《全国图书协调方案》中确定，中国农业科学院图书馆为全国第一中心图书馆委员会成员馆，要求承担全国农业中心图书馆任务，向全国科技工作者开放。

1958 年 10 月，中国农业科学院科技情报资料科成立。

1959 年 11 月，中国农业科学院科技情报资料室成立。

20 世纪 60 年代初期至“文革”前，图书馆发展较快，藏书达 21 万册，工作人员达 29 人。

“文革”期间，由于各研究所（室）下放外迁，一度要求分割图书馆的书刊，经留守人员和相关领导的积极工作，所有书刊得以完整保留，但进馆量却处于大幅度下降趋势，外文原版期刊的订购由原来的 422 种急剧下降到 97 种。

1971 年在中国农业科学院和中国林业科学院合并的同时，成立中国农林科学院科技情报研究所。

1978 年 5 月中国农林科学院分为农林两院，科技情报所也相应分为中国农业科学院科技情报研究所和中国林业科学院科技情报研究所。

在图书馆和情报所发展的过程中，两部门曾经历了分开与合并的多次调整。1969 年，图书馆与情报室（1971 年建立情报所）合并。1976 年又根据发展需要分开为两个独立单位。

1979 年，中国农业科学院图书馆恢复独立建制。同年 12 月，国务院副总理纪登奎、陈永贵等领导批示同意建设中国农业科学院图书馆楼的报告。截至 1980 年，图书馆外文期刊恢复到 1 550 种。

1985 年，经国家科委批准，中国农业科学院情报研究所同时加挂农牧渔业部情报所的牌子，明确了其全国农业情报业务协调的职能作用。

1986 年年底，图书馆工作人员达 69 人，馆舍面积 2 167 平方米。

1987 年，中国农业科学院图书馆大楼落成，馆舍面积 11 000 平方米。

1987 年 7 月，为整合农业信息科学研究和公益服务力量，根据中共中央、国务院关于科技体制改革的若干文件规定和机构编制要精简、统一、效能的原则，经国家科学技术委员会批准，中国农业科学院科技情报研究所、中国农业科学院图书馆、中国农业科技出版社合并，成立中国农业科学院科技文献信息中心，集成相关单位的文献、设备、人才等优势，为逐步扩大农业文献信息研究和服务范围创造了条件。

自图书馆成立以来，围绕着图书文献资源的建设和高效利用，开展了各种文献数据库建设、远程文献信息网络提供、电子资源建设等研究工作。1957 年，图书馆开展了“CABI/AGRIS 文献磁带建库试验”。1988 年，开始计算机图书编目的前处理工作，并从传统的手工方式向机器编目方式转变。1989 年，开始编制《全国图书联合目录》，以实现全国农业系统图书情报单位之间文献资源合理布局和实现文献资源的共享。1990 年，完成“农业文献数据库的建立、编辑、排版一体化计算机工程”。1991 年，初步完成“图书编目自动化管理软件”。1992 年，计算机编目子系统开始运行。1994 年，《农业科学叙词表》完成并出版。1995 年，研制成功“农业科学叙词表与农业叙词库系统”；引进世界著名的 CAB Abstracts、Agris、AgricoLa、FSTA 等农业和食品科技光盘数据库。1996年，原文献加工部并入采集部组建为采编部，业务范围随之扩大，包括书刊资料的采集、中外文献期刊资料加工登记、各类二次文献目录的编辑出版等。1996年，完成“中文农业科技文献自动标引系统”。1997年，开始“中国农业科技文献数据库”的建库，利用金盘系统建设回溯库，开发了“国外农业科技资料目录”电子产品。1998年，中外文图书与期刊的采集、加工和流通等各项业务工作全面采用金盘系统，自动化水平明显提高；完成“农业文献资源调查与合理布局”。1999年，在全国率先引进了CNKI系列全文网络数据库。2001年，研制成功“农业信息自动翻译系统”。2002年起，开始“农业科学数据共享中心研究建设”。2004年开始，大量引进中外文网路数据库。

2005年，自主研发建成开通了目前国内最大的农业科技文献信息平台“中国农业科技文献信息与服务平台”，为用户提供“一站式”网络服务；完成“农业古籍珍藏及全文数字化研究与建设”。

2005年1月，中国农业科学院科技文献信息中心更名为中国农业科学院科技信息研究所。

2005年，中国农业科学院正式向农业部、国家发改委申报了“国家农业图书馆改扩建工程”项目。

2007年，图书馆开始承担国家科技图书文献中心(NSTL)引文数据加工工作。

2007年5月，国家发改委正式批复了农业信息研究所申报的“国家农业图书馆改扩建工程”项目，批准建设30 800平方米的新的图书馆舍。

2009年11月18日，国家农业图书馆工程开工建设。

2011年8月，图书馆在新浪网注册开通国家农业图书馆官方微博，为广大地方乡镇农业局、农技推广站、动植物疫病防控站、种植养殖企业或个人等快速提供中文农业实用技术文献查询和网络传递服务。

2013年8月16日，新馆搬迁工作正式启动。

2013年11月18日，国家农业图书馆新馆正式启用。新馆建筑面积3.19万平方米，具有公益服务、科技创新、学术交流三大主体功能，是亚洲第一大、世界第三大农业图书馆。新馆拥有丰富的文献资源，藏书210万余册，33万余种，拥有40多种中外文全文、文摘数据库，其中的古籍图书是新馆特色馆藏资源，目前有宋、元、明、清代古籍万余种，特别是《齐民要术》等为国内珍贵孤本。

2014年11月，国家农业图书馆开通官方微信服务，提供本馆介绍、服务公告、农业学术搜索、馆藏书刊目录、电子期刊导航、网上咨询、教育培训、专题信息等，以便更好地宣传和推广图书馆资源与服务。

2016 年 11 月 16 日，全球农业大数据与信息服务联盟成立大会在北京召开，发布了国家农业科技创新联盟科技文献信息资源共建共享平台。

2016 年，中国农业科学院农业信息研究所完成了全所综合改革和全员竞聘工作，成立了“农业发展研究、大数据与网络、农业信息技术、国家农业图书馆、农业传播与期刊出版”五大事业部，其中，国家农业图书馆事业部下设数字图书馆建设部、文献资源发展部、文献信息服务部和学科咨询服务部（新设），通过优化资源采集、构建系统平台、创新服务模式和以丰硕的科研成果作支撑，不断提升国家农业图书馆的品质和质量。

三、主要成效

1. 文献资源保障体系建设成效显著

国家农业图书馆是我国唯一的国家级农业专业图书馆，也是全国农业中心图书馆和国家科技图书文献中心（NSTL）的农业分馆，担负着为全国农业科研创新提供文献信息支撑的重要职能。经过多年的建设与发展，国家农业图书馆已成为全国农业科技文献信息保障、情报研究和知识服务中心。

国家农业图书馆完整系统地收集、保存了农业及农业相关学科的文献信息资源，学科范围涵盖生物、农学、植物保护、园艺、畜牧、兽医、农业资源环境、农业工程、农业经济、农业信息等全部农业学科领域。目前，共拥有馆藏印本文献 238 万余册，其中包括印本图书 30 万余种 38 万余册，宋、元、明、清代古籍 1.2 万余种 1.3 万余册，印本期刊 1.2 万余种 200 万余册，外文印本现刊 1 888 余种。

近年来，在国家科技图书文献中心、中国农业科学院及直属机构的大力支持下，国家农业图书馆采取自主引进、借助国家平台引进、全院直属机构共建等方式，快速推进了电子文献资源建设，引进的资源包括检索型数据库、电子期刊数据库、电子图书数据库、电子工具书数据库、分析工具型数据库、数值及分析报告数据库等类型。截止到 2017 年年底，共引进网络版数据库近 80 余种，包括中文数据库 9 个，外文数据库 68 个，涵盖了中文全文期刊 10 000 余种，外文全文期刊 7 000 余种，全院电子文献下载量从 2014 年的 350 万篇增加到 2017 年的 599 万篇，增长了 71%，国外文献保障率从不足 60% 提升至超过 85%，提高了 25 个百分点。

2. 信息服务多元化

（1）资源共享平台建设丰富多样　搭建“中国农业科技文献与信息服务平台”（http://www.nais.net.cn），整合了农业学术搜索、馆藏书刊目录、网络数据库、电子期刊导航、农业专利文献、网络开发资源、机构知识仓储、特色古籍资源、随书光盘系统和网络资源推介等资源，并向用户提供原文传递与馆际互借、参考咨询、定题服务、科技查新与论文收引检索和学科咨询等多元化、学科化、个性化的知识服务。

搭建“国家农业科技创新联盟农业科技信息资源共建共享平台”（http://www.agrisearch.cn），充分发挥了国家和地方、科研院所和高等院校以及企事业单位等多方面的资源优势，实现了全国农业科技信息资源和大数据的共知、共建和共享。

搭建“农业专业知识服务系统”平台（http://agri.ckcest.cn），汇聚整合了大量重要的农业专业领域科技资源，形成了综合知识资源体系，提供了知识发现式普惠服务、深度挖掘的知识分析服务以及科技前沿战略咨询服务；在关键技术研发如多源异构、知识关联、动态图表等方面取得了阶段性的成果。

搭建“中国农业科学院机构知识库 CAAS-IR”平台（http://ir.nais.net.cn），实现了全院知识资产（论文、专著、研究报告、演示报告、专利、成果、科研数据等智力成果）的存缴、保存、共享和利用的自动化综合管理和网络化服务，支持全院科研产出统计和科研评价的信息化，为加快中国农业科学院现代院所建设步伐、推进全院科研信息化提供重要支撑。

搭建了基于 ORCID 的农业科学家在线系统 eScientist（http://www.escientist.cn），协助农业专家学者研究者创建和管理唯一的科研身份证号，该系统支持科研人员建立个人科研成果管理和展示空间，可广泛汇聚、关联和展示科研人员的创新成果，支持科研人员科研履历服务、科研人员学术主页服务和科研人员学术成果分析服务。同时，该系统支持与基金项目申报管理系统、期刊投稿系统、文献检索系统、机构仓储等第三方系统无缝集成，深度融入科研立项、论文投稿、科研成果管理等科研工作流。

搭建了创新团队学术关系网络系统（http://itarn.aginfra.cn），面向农业科学院创新团队，构建突出展示学术团队的创新成果、促进学科之间学术交流的学术关系网络系统。

搭建了全国农业科研机构知识产出管理与分析系统（农业机构知识库联盟，http://www.agriir.cn/），基于农业综合科技知识资源仓储，采用云架构，实现农业科研机构知识资产的存缴、检索、浏览、原文获取、可视化分析，实现机构知识资产的长期保存与共享应用。同时支持农业科研机构快速构建本机构的知识管理系统平台，目前已在山东省农业科学院、湖南省农业科学院开始推广应用。

（2）学科咨询服务维度广、层次深　为适应研究所未来发展需要，国家农业图书馆事业部新组建了学科咨询服务部，面向农业科研院所、优势学科、创新团队、课题组、知名专家，以满足用户群的信息需求为目标，综合运用各种工具、技术和服务手段，通过“融入一线、嵌入过程”的服务方式和运行机制，开展学科发展态势分析、前沿技术分析、竞争力分析、研究热点跟踪、专利技术分析、科研产出分析、课题（项目）前期调研、查新检索、国内外研究动态与进展（综述）等嵌入科研过程的学科知识服务及在开题报告、课题申请、科研评价和论文发表过程中的查新引证分析、结题评审报奖等信息支撑服务；同时，开展了国家部委和地方政府委托的农业综合发展规划、农业行业规划、农业产业规划、农业园区建设规划、农业建设项目可行性研究报告、项目建议书编制以及农业工程建设项目策划、项目实施方案设计、项目评估等规划服务，为农业科技创新和管理决策提供了基于农业大数据的专业化、学科化、个性化的信息服务支撑。

（3）对外培训与交流常态化　“十一五”以来，国家农业图书馆已累计主办“农业科研系统电子资源建设与服务联盟电子资源培训会”等学术研讨会九届，并多次开展了专题培训。自国家农业科技创新联盟农业科技文献信息资源共建共享平台建立以来，多次赴京外联盟成员单位举行了“国家农业科技创新联盟农业科技信息资源共建共享平台”系列培训与交流活动。参加培训的人员包括全国涉农科研机构的研究人员、文献服务人员及数据库出版机构代表等数千人次，为我国农业科研系统（非高校）文献信息资源共建共享工作和学术交流活动起到了积极的推动作用。

3. 开展深入研究取得丰硕的成果

多年来，国家农业图书馆通过主持和参加国家“863”、科技支撑、科技基础专项、农业部以及单位委托等一系列项目，重点开展了农业科技信息资源的采集、加工、保存、管理和应用服务，研究了多源异构农业科技资源智能处理、知识组织、关联融合等关键技术，构建了农业综合科技数字知识仓储；开展了下一代数字图书馆、语义搜索、知识发现和知识服务等关键技术研究，建立了大数据驱动的多层次知识服务体系，成果丰硕，获中华农业科技奖、北京市科技进步奖、中国农业科学院科技成果奖、中国商业联合会全国商业科技进步奖等奖项 15 项，出版专著 9 部，登记计算机软件著作权 72 项，开发专题数据库 / 系统平台 45 个，编辑出版咨询快报产品 18 个，得到应用于农业科研创新和科技管理服务第一线的信息化产品 9 个。针对院内外科技竞争力、学科评价等情报服务需求，开展了面向科研管理的定制情报分析及面向科研一线的情报分析，共撰写各类情报分析报告 16 份。这些成果在科技创新和管理决策方面极大地发挥了资源保障和服务支撑作用。

四、未来发展设想

总结过去，展望未来，国家农业图书馆将在现有工作基础上，通过优化农业信息资源的采集与评价、强化知识服务系统的构建与应用、细化知识服务产品的产出与推广，积极做好农业信息科技创新和公益服务等两大主体任务。

在当前科技创新对信息需求呈现数字化、网络化、协同化、专业化和共享化新态势下，将面向农业科技创新主体和国家重大战略需求，通过“知识组织”+“语义发现”关键技术双轮驱动，实现农业综合科技数字知识资源大数据全面汇聚、知识组织和关联融合，建立大数据驱动的多层次知识服务体系，打造“空间+网络+现场”的图书馆一体化协同服务能力，为农业科技创新和管理决策提供农业科技大数据资源保障和专业化知识服务支撑。

附表

表 1　出版的著作

序号	书名	出版社	出版时间
1	中国工程科技知识中心元数据规范（I）	中国农业科学技术出版社	2017
2	基于知识图谱的学科主题识别方法研究	中国农业科学技术出版社	2017.3
3	世界农业科技产出比对研究	中国农业科学技术出版社	2016.10
4	2008—2015 年中国农业科学院科技奖励获奖成果信息分析	中国农业科学技术出版社	2016.10
5	中国农业科研机构导览	中国农业科学技术出版社	2014.10
6	中国农业科学院科研产出及学术影响力评价——基于论文、专利产出的分析	中国农业科学技术出版社	2014.4
7	农业科技多维语义关联数据构建研究	中国农业科学技术出版社	2013
8	农业科学数据核心元数据	中国农业科学技术出版社	2008
9	简易水法养殖（译著）	中国农业出版社	2007

表 2　专利 / 软件著作权

序号	名称	类型	授权时间
1	农业科技信息资源共建共享平台	软件著作权	2017
2	农业科学家在线系统	软件著作权	2017
3	数字科研平台	软件著作权	2017
4	农业数据资源开放平台	软件著作权	2017
5	科技文献数据加工进度监控系统 V1.0	软件著作权	2017
6	粮食和食物安全专题服务平台 V1.0	软件著作权	2017
7	农产品国际贸易复杂网络分析系统 V1.0	软件著作权	2017
8	专题信息推送数据管理与发布系统 V1.0	软件著作权	2017
9	专题服务平台构建工具 V1.0	软件著作权	2017
10	范畴体系协同构建辅助软件 V1.0	软件著作权	2015
11	农业专业百科系统 V1.0	软件著作权	2015
12	开放获取期刊集成检索系统 V1.0	软件著作权	2015
13	特色资源管理与发布系统 V1.0	软件著作权	2015
14	专家与机构数据归一系统 V1.0	软件著作权	2015
15	转基因专题信息服务平台 V1.0	软件著作权	2015
16	农业学科评价系统	软件著作权	2015.8
17	农业科技产出监测系统	软件著作权	2015.9
18	农业科学数据元数据采集与共享系统 V1.0	软件著作权	2014

（续表）

序号	名称	类型	授权时间
19	科学数据审核工作平台软件 V1.0	软件著作权	2014
20	农业科技文摘智能检索系统 V1.0	软件著作权	2014
21	图书馆短信服务系统 V1.0	软件著作权	2014
22	分布式农业科学数据库管理系统 V1.0	软件著作权	2014
23	农业专业知识服务系统 V1.0	软件著作权	2014
24	移动图书馆终端软件系统 V1.0	软件著作权	2014
25	图书馆个性化服务系统 V1.0	软件著作权	2013
26	范畴体系协同构建与管理系统 V1.0	软件著作权	2013
27	专题文献全文检索系统 V1.0	软件著作权	2013
28	资源调度知识库系统 V1.0	软件著作权	2013
29	农业科学叙词表向关联数据转化系统 V1.0	软件著作权	2013
30	文献加工数据质量检查网络协同工作系统 V1.0	软件著作权	2013
31	农业科研文献共享系统 V1.0	软件著作权	2013
32	外文科技期刊数字化协同加工系统 V1.0	软件著作权	2013
33	图书馆网络化服务在线支付系统 V1.0	软件著作权	2013
34	E-only 文献资源数据管理系统	软件著作权	2013
35	农业科学数据加工整合系统 V1.0	软件著作权	2012
36	中文农业科学引文数据系统 V1.0	软件著作权	2012
37	参考咨询系统 V1.0	软件著作权	2012
38	资源管理与存储系统 V1.0	软件著作权	2012
39	互联网 Web 服务监控系统 V1.0	软件著作权	2012
40	农业科技文献数字化整合系统 V1.0	软件著作权	2012
41	互联网资源加工整合系统 V1.0	软件著作权	2012
42	领域知识服务系统 V1.0	软件著作权	2012
43	科研项目管理与科研协作平台 V1.0	软件著作权	2012
44	农业科研系统馆藏资源集成揭示系统 V1.0	软件著作权	2011
45	中国农业科学院机构仓储系统 V1.0	软件著作权	2010
46	学科团队知识管理系统 V1.0	软件著作权	2010
47	专业知识导航系统 V1.0	软件著作权	2010
48	面向专业研究所的数字图书馆系统 所级数字图书馆 V1.0	软件著作权	2010
49	获奖科技成果管理系统 V 1.0	软件著作权	2010
50	农林学科研究生教育动态数据库平台 V 1.0	软件著作权	2010
51	农业科学叙词表本体转化系统 V 1.0	软件著作权	2010
52	农产品市场供求分析与预测系统 V1.0	软件著作权	2009
53	外文期刊引文数据自动化批量拆分系统 V1.0	软件著作权	2009
54	饲料科技成果定价系统 V1.0	软件著作权	2009

（续表）

序号	名称	类型	授权时间
55	农业科学数据元数据汇交管理系统 V1.0	软件著作权	2009
56	实时咨询系统 V1.0	软件著作权	2008
57	科研交流系统 V1.0	软件著作权	2008
58	网络参考咨询系统 V1.0	软件著作权	2006
59	文献传递与服务系统 V1.0	软件著作权	2006
60	文献资源管理与发布系统 V1.0	软件著作权	2006
61	信息订阅与推送系统 V1.0	软件著作权	2006
62	文献信息扩展服务系统 V1.0	软件著作权	2006
63	集成检索系统 V1.0	软件著作权	2006
64	农产品质量安全数据平台软 V1.0	软件著作权	2005
65	农业企业信息管理平台软件 V1.0	软件著作权	2005
66	B/S 结构下鸡舍环境数据实时监控插件软件 V1.0	软件著作权	2005
67	商品鸡精细养殖技术平台软件 V1.0	软件著作权	2005
68	水肥耦合优化决策系统软件 V1.0	软件著作权	2005
69	节水高效农作制度及技术堆积发布系统软件 V1.0	软件著作权	2005
70	区域节水高效种植结构优化评估系统软件 V1.0	软件著作权	2005
71	区域节水高效农作制度评估系统软件 V1.0	软件著作权	2005
72	基于多模型的综合评估决策系统软件 V1.0	软件著作权	2005

表 3　情报报告

报告类型	题名
科技情报类	全球基因组领域发展态势研究报告（2006—2015）
	世界主要国家农业科技产出比对研究
	基于 incoPat- 土壤耕作与秸秆还田对盐碱地改良专利分析
	基于文献计量的土壤耕作与秸秆还田对盐碱土改良利用研究发展态势分析
	全球植绥螨领域科研发展态势分析
	草地监测评价全球发展现状报告
决策支持类	NSTL 文献保障分析研究——与国外机构对比分析
	NSTL 开放资源遴选与评价方法研究
产业情报类	国外 STM 学术出版趋势研究
	甘肃肉牛全产业链生态循环经济研究报告
科技评价类	中国农业科学院作物科学竞争力分析
	中国农业科学院畜牧学科发展报告（2011—2015）
	中国农业科学院兽医学科发展报告（2011—2015）
	中国农业科学院园艺学科发展报告（2012—2016）
	中国农业科学院农业资源环境学科发展报告（2012—2016）
	山东省农业科学院竞争力分析

表 4　资讯快报产品

序号	产品名称
1	农业信息专题
2	粮食和食物安全专题
3	蔬菜育种专题
4	茶学研究专题
5	动物营养专题
6	农业与资源环境信息工程专题
7	农业生物技术专题
8	农牧业信息化专题
9	一带一路农业专题
10	西藏专题简报
11	新疆专题简报
12	小麦遗传育种专题快报
13	中国农业发展战略研究专题快报
14	“一带一路”战略背景下中国农业国际合作发展战略研究专题快报
15	农业立体污染防治专题快报
16	转基因生物新品种培育专题快报
17	转基因专项简报
18	棉花分子育种动态简报

表 5　专题数据库 / 系统平台

序号	数据库 / 平台名称
1	国家农业科技创新联盟农业科技信息资源共建共享平台
2	中国农业科技文献与信息服务平台
3	农业专业知识服务系统
4	农业机构知识库联盟平台
5	中国农业科学院机构知识库系统
6	eScientist 农业科学家在线系统
7	中国农业科学院创新团队学术关系网络系统
8	数字科研平台
9	农业数据资源开放平台
10	农业专业百科系统
11	粮食和食物安全专题服务平台
12	援疆援藏专题服务平台

（续表）

序号	数据库 / 平台名称
13	农产品国际贸易复杂网络分析系统
14	专题信息推送数据管理与发布系统
15	科技文献数据加工进度监控系统
16	开放获取期刊集成检索系统
17	特色资源管理与发布系统
18	专家与机构数据归一系统
19	转基因专题信息服务平台
20	农业科学数据元数据采集与共享系统
21	科学数据审核工作平台
22	农业科技文摘智能检索系统
23	图书馆短信服务系统
24	分布式农业科学数据库管理系统
25	领域知识服务系统
26	图书馆个性化服务系统
27	范畴体系协同构建与管理系统
28	专题文献全文检索系统
29	资源调度知识库系统
30	农业科学叙词表向关联数据转化系统
31	文献加工数据质量检查网络协同工作系统
32	农业科研文献共享系统
33	外文科技期刊数字化协同加工系统
34	图书馆网络化服务在线支付系统
35	农业科学数据加工整合系统
36	中文农业科学引文数据系统
37	参考咨询系统
38	资源管理与存储系统
39	互联网 Web 服务监控系统
40	农业科技文献数字化整合系统
41	互联网资源加工整合系统
42	科研项目管理与科研协作平台
43	海外农业数据加工与管理平台
44	海外农业信息库
45	农业科技产出与学科评价系统

表 6　信息化产品

序号	产品名称
1	机构知识库平台软件
2	资源集成与知识发现系统
3	知识大数据仓储系统
4	用户行为追踪与画像构建平台
5	范畴体系协同构建辅助软件
6	专题服务平台构建工具
7	科学数据审核工作平台软件
8	移动图书馆终端软件
9	农 E 通

表 7　获奖情况

序号	项目名称	奖励名称	奖励等级	获得时间
1	农业科学数据共享平台构建与应用服务	中国农业科学院科技成果	二等奖	2014.6
2	面向农业科技创新的信息服务关键技术与集成应用	中国商业联合会全国商业科技进步奖	二等奖	2013.12
3	面向农业科技创新的信息服务关键技术与集成应用	中华农业科技奖	三等奖	2013.11
4	面向农业科技创新的信息服务关键技术与集成应用	中国农业科学院科技成果奖	二等奖	2013.8
5	食物安全信息共享与公共管理体系研究	中国农业科学院科技成果奖	二等奖	2008.5
6	商品鸡数字养殖技术平台	中国农业科学院科技成果奖	二等奖	2007.5
7	农业本体论的研究及其在农业知识组织中的应用	中国农业科学院科技成果奖	二等奖	2005.5
8	农业企业生产经营管理信息技术应用网络平台	北京市科技进步奖	三等奖	2005.2
9	农产品市场信息分析预测网络化平台	北京市科技进步奖	三等奖	2004.3
10	农产品市场信息分析预测网络化平台	中国农业科学院科技成果奖	二等奖	2003.5
11	农业信息自动翻译系统	中国农业科学院科技成果奖	一等奖	2001.6
12	农业生产经营管理信息系统	中国农业科学院科技成果奖	二等奖	2000.12
13	农业生产经营管理信息系统	北京市科技进步奖	三等奖	2000.5
14	中国农业科学院（及后备）干部评估体系及计算机管理系统研究与应用	中国农业科学院科技成果奖	二等奖	1998.12
15	计算机在国有农场现代化企业管理中的应用	中国农业科学院科技成果奖	二等奖	1994.12

北京市农林科学院图书馆

一、发展概况

北京市农林科学院图书馆始建于1981年，多年来，秉承“资源立馆、服务兴馆”的建馆宗旨，以为首都农业科技创新提供信息支撑、为北京新农村建设提供信息源头为己任，现已建成一所集印刷型、电子型、多媒体型、网络型信息资源于一身，融文献检索、信息咨询、科技查新、情报服务于一体的现代化农业专业图书馆，实现了由传统图书馆向现代图书馆、由收藏型图书馆向服务型图书馆、由内部图书馆向开放型图书馆的历史性转变。

1. 人员与机构设置

北京市农林科学院图书馆现有在编职工12人，外聘职工6人，共计18人。其中，博士3人、硕士7人；正高1人，副高3人。建成了一支由农业相关学科、情报学科、农业经济学科、计算机学科、英语学科等专业背景人才组成的高素质知识管理与情报研究团队，2013年被北京市农林科学院授予所级创新团队称号。

下设4个部门：情报研究与服务部、信息资源建设部、参考咨询与读者服务部、院档案室。

2. 主要业务和职能

（1）农业信息资源建设与服务　整合中外文期刊、图书、博硕士论文、会议论文、报纸、年鉴、工具书、专利、标准、视频报告等数字化资源，建立“北京农业数字图书馆”，面向科研用户提供文献检索、科技查新、情报咨询、定题服务等多元化的服务，为农业科研创新提供强有力的支撑。

在服务农业科研的同时，面向京郊农村提供信息资源共享服务。汇集院、市及全国优良品种和先进技术，以信息平台和终端产品为介质，推动农业科技成果的推广应用。建成了覆盖京郊的信息资源共享服务网络，开展了集信息查询、技术培训、专家咨询为一体的信息服务。研发的“U农”系列产品、“农人学堂App”，成为北京市全科农技员开展农技服务的得力“助手”。

（2）农业科技情报研究与服务　以北京市政府部门、科研管理部门、农业科研人员的情报需求为中心，建立农业领域情报监测体系和农业科技情报资源库，采用先进的情报分析方法和技术手段，在农业领域发展态势分析、农业科研机构学术影响力评价、农业产业发展态势分析、农业宏观政策分析等方面开展深入研究，为北京市政府部门制定农业相关政策、发展规划，超前部署农业前沿技术和基础研究提供决策参考；为本院明确发展定位、科研方向和产业布局提供情报支撑；为相关学科领域农业科研人员选题、立项、研究提供前瞻性信息和可借鉴的经验。

（3）档案管理与服务　北京市农林科学院档案室由农业信息与经济研究所代管，设在图书馆下，承担了本院 1963 年至今的所有档案（不含人事档案）的接收、整理、编目、录入、上架及日常管理。同时，负责对全院各所（中心）的档案工作进行监督与指导。

2010 年年底，实施了档案数字化工程，建成以院为中心，下辖 13 个研究所（中心），集网络化管理和信息化服务于一体的数字化管理体系，使北京市农林科学院档案管理利用的整体水平达到了新的高度。

3. 条件和环境

信息与经济所建有独立的办公楼，建筑面积达到 4 700 平方米。其中，图书馆约占 800 平方米，拥有阅览室、电子培训教室、档案阅览室和图书、期刊以及档案库房。

在网络平台建设方面，信息与经济所机房 240 平方米，现有网络带宽 600Mbps，其中包括政务网带宽 300Mbps、科教网 100Mbps 和联通 200Mbps，具备较完善的宽带网络设施条件；在计算机硬件方面，信息与经济所拥有服务器 210 台，网络设备 30 台（包括交换机、链路 F5 等设备），安全设备 11 台（包括漏扫、流控、防火墙、IPS 等），信息资源存储设备容量达 380T，为相关信息化工作的开展提供了设备保障。

二、发展历程

1958 年，北京市农林科学院建院，同年，院办公室下设立资料组，负责调研以及农业资料、文献的收集和整理工作，成为北京市农林科学院图书馆的前身。

1963 年，资料组改称情报资料组，进一步收集和保管国内外科技期刊和图书，形成了图书馆的雏形。

1975 年 10 月，院成立情报资料室，直属院领导。

1980 年年底，图书馆楼竣工。1981 年，北京市农林科学院图书馆正式成立并投入使用。下设图书采编、图书流通、读者培训、读者服务等部门，改由农业信息与经济研究所（1996 年前称农业科技情报研究所，2017 年前称农业科技信息研究所）直接领导。

2000 年开始，图书馆进入了由传统图书馆向现代图书馆转变的新时期。在北京市科委“北京农业电子图书馆建设”项目的支持下，开始建设图书馆文献信息管理系统，对馆藏书目进行数字化，实现了图书馆采访、编目、典藏、流通、期刊管理、读者检索等业务的计算机管理，并建成标准化馆藏书目数据库，大大提高了服务水平和读者获取馆藏信息的便捷程度。与此同时，开始引进国内外权威的数据库资源，如：维普科技期刊全文数据库以及 Agricola、Agris 和 CAB Abstracts 三大文献数据库。

2001 年起，图书馆又开始了由内部图书馆向开放型图书馆的历史性转变，把信息资源服务的范围延伸到了京郊农村。在图书馆丰富的馆藏资源的基础上，开始倾力打造面向基层农村用户提供信息共享服务的“北京农业数字信息资源中心”。经过 10 余年的建设，“北京农业数字信息资源中心”已成为立足北京，服务全国的现代农业科技信息资源门户。

2005 年起，通过实施“北京农业数字图书馆分馆建设”和“北京农业数字信息资源郊区共享工程”等项目，建立了覆盖京郊 13 个区县 100% 乡镇、400 余个村和 706 个示范基地的资源共享体系，通过平台开展了的技术培训、图书浏览、信息查询、技术推广、文化娱乐等服务，实现了农业数字信息资源的进村入户，受益人数达 500 万，促进了农业科技成果的转化。

2007—2010 年，将农业科普工作纳入职责范围。2007 年启动了“北京农业数字博物馆建设（一期）种植业展厅”项目，建成一个面向公众全景展示农业历史文化和知识的网络科普平台。其间，开发制作了“情景互动式虚拟生态农庄”“南瓜城堡”“快乐樱桃园”“快乐葡萄园”“中华金鱼”和“食以安为先——食品安全系列科普动漫”等科普产品，为以喜闻乐见的方式传播农业知识，提升公众的科学素养提供了平台与资源。

2011 年起，图书馆将工作中心转移到情报研究上，引进农业相关学科和情报学科人才，组建了情报研究部，从围绕院、所的需求开展定题服务到围绕北京农业重点领域和产业开展态势分析、技术预见和政策分析研究，一步步向研究型图书馆和提供深层次情报服务转变。农业发展战略和科技情报学科列入“北京市农林科学院‘十三五’事业发展规划”重点发展的学科方向。

三、主要成效

1. 建立了满足农业科研需求的文献资源保障体系

以支撑科研人员的创新性研究和农业技术推广为宗旨，图书馆不断加大文献资源建设投入的力度，引进优质数字资源，丰富馆藏。

目前，图书馆引进中文数据库 8 个；外文文摘、引文和工具型数据库 5 个；外文全文数据库 8 个，已拥有电子图书、期刊、博硕会议论文、报纸、专利、标准、工具书、统计资料、多媒体专题报告、自建农业专题数据库等多种形式的数字资源，已建立满足农业科研需求的文献资源保障体系。近年来，图书馆中外文文献电子资源年下载量在 70 万篇左右，本院科研人员（按 1 000 人计算）电子文献利用率年人均达到 700 篇左右。用户对图书馆的依存度和满意度不断提升。

2017 年，为了进一步拓宽本院的信息获取渠道，实现资源的共建共享，加入了“国家农业大数据与信息服务创新联盟”，作为联盟成员能够共享到中国农业科学院中外文期刊资源 2 000 多万篇，还有 600 多个农业科学数据集，并且获得 Web 端和手机端的“即查即得 + 原文传递 1 小时获取”的免费服务。

2. 开展了满足不同层次需求的多元化信息服务

（1）搭建平台，提供资源共享服务　建立“北京农业数字图书馆”平台（http://www.agrilib.ac.cn），整合中外文期刊、图书、博硕士论文、会议论文、报纸、年鉴、工具书、专利、标准、视频报告等数字化资源，面向科研用户提供文献检索、科技查新、情报咨询、定题服务等多元化的服务，为农业科研创新提供强有力的支撑。

建立“北京农业数字资源中心”（http://www.agridata.ac.cn）平台，运用知识底层融合技术，以专业的信息资源建设队伍、强大的农业专家顾问阵容、打造高品质的现代农业科技信息资源门户，汇集农业基础信息、农业科技信息、农业实用技术信息、宏观政策信息、农产品市场信息、农业统计数据等，建成 200 余个专题数据库，为“三农”提供科技信息资源共享服务，成为北京地区实施各类重大信息化项目的信息源头。

建立“北京市农林科学院移动图书馆”服务平台，使用户不受时间、地点的约束，随时随地获取图书馆提供的服务。读者通过一部具备上网功能的手机、平板电脑等移动终端，可搜索和阅读图书、期刊、报纸等数字化信息资源；可自助查询、借阅馆藏图书；可获取实时资讯和多媒体资源，使科研人员享受无处不在的图书馆服务。

（2）情报服务，支撑科研与决策　开展北京农业战略研究与咨询、重点领域发展态势监测与分析、产业链关键节点技术预见与产业发展规划、科研规划管理与科研竞争力评价等方面的情报研究，以研究报告、快讯简报、内参、系列图书等类型的情报产品服务于决策和科研。使北京市农林科学院情报研究团队逐步成为北京农业科技智库，为北京科技创新中心建设、北京国家现代农业科技城建设、北京国家现代种业示范区建设等北京市重点工作和本院“十三五”重点学科领域的科研工作提供情报支撑。

3. 开展深入研究取得丰硕的成果

多年来，图书馆将信息管理科学、情报科学、计算机科学的先进技术综合应用于农业知识管理和农业科技情报研究与服务的实践，通过承担一系列省市级、院级科研项目，重点开展了农业信息融合共享技术和农业情报分析方法的研究，取得了可喜的成绩。

研究制定的《农业信息资源数据集核心元数据》标准作为北京市地标颁布；研究农业领域本体的构建方法和动态建模技术，构建了农业知识网格，实现了多源异构数据融合，将技术成果运用于实践，搭建了“北京农业数字信息资源中心”“北京农业数字图书馆”等平台，提高了知识发现的效率，为基于数据的情报分析奠定了基础；研究学科领域前沿动态监测、技术发展趋势预测、发展态势可视化描绘等情报分析方法，开展了科技竞争力评价、学科态势分析、技术预见等情报研究，撰写各类情报分析报告 20 余份，出版专著 5 部；研究信息监测与抓取技术，建立了农业科技情报监测系统，对全球农业科技动态进行实时扫描；研究资源建设与知识组织技术，建立了农业科技情报数据中心，为情报研究提供数据支撑。图书馆已逐步成为“智库型”研究单位，担负起为北京市科委、农委等政府部门和农业科研提供决策支持的任务。

获得北京市农业技术推广奖、北京市金桥工程优秀项目等奖项、中华农业科技奖等奖项 6 项。

四、未来发展设想

图书馆将在原有的工作基础上，不断开拓进取，着力将情报学科打造成优势学科，逐步构建包括情报资源体系、方法体系、技术体系和服务体系在内的农业科技情报体系。将面向北京农业高端产业发展的重点领域和我院的重点学科方向，整合各类数据资源、科技文献、情报监测信息、富媒体等资源，构建“北京农业情报数据中心”，在知识组织、知识发现、数据挖掘等研究领域开展研究，并取得重大进展。

将以“事实型数据 + 工具方法 + 专家智慧”的情报方法，开展重点领域情报研究，在学科发展态势分析、科研竞争力评价、农业高端产业经济研究等方面走在全国的前列。将联合政府型、科研型、中介型情报机构，共同打造“北京农业智库”，为北京农业政策的制定、产业的布局、科技的发展提供决策参考，为农业科研和农业产业发展提供情报支持。

附表

表 1　出版的著作

序号	书名	出版社	出版时间
1	植物分子育种领域发展态势分析	中国农业科学技术出版社	2015.9
2	土壤污染修复领域发展态势分析	中国农业科学技术出版社	2015.9
3	作物育种国际发展态势分析	中国农业科学技术出版社	2016.11
4	生物肥料行业发展态势分析	中国农业科学技术出版社	2016.11
5	北京涉农专利分析	中国农业科学技术出版社	2017.9

表 2　情报报告

报告类型	题名
科技情报类	作物育种国际发展态势分析
	番茄分子育种领域科技研发态势分析报告
	全球水产遗传育种领域发展态势分析
	微生物快速检测技术发展态势分析
	微生物毒素快速检测技术发展态势分析
	农业机器人研发态势分析
	农用传感器研发态势分析
决策支持类	北京种业发展对策建议
	北京水产种业发展现状分析与对策建议
	北京农业用水结构演变与调控对策
	北京节水农业现状及未来研发重点
	基于节水的北京农业结构调整研究报告
	调转节背景下水肥一体化现状与发展趋势
	调转节背景下北京市畜牧业发展对策研究
	北京生态畜牧业发展现状及趋势调研报告
	“一带一路”背景下首都农业对外合作研究
	电子商务模式下农产品质量安全监管状况调研及对策建议
	北京农业科技服务网格化管理研究报告
	北京涉农专利现状分析及转化对策研究
产业情报类	生物肥料行业发展报告
	北京观赏鱼种业发展报告
	北京鲑鳟鱼种业发展报告
	北京鲟鳇鱼种业发展报告

（续表）

报告类型	题名
科技评价类	北京市农林科学院 2003—2012 年论文产出分析
	六省市农业科学院科技论文产出及其影响力对比分析
	北京市农林科学院专利产出分析
	六省市农业科学院专利产出对比分析报告
	北京市农林科学院专利价值及态势分析

表 3　资讯快报产品

序号	产品名称
1	三农资讯半月刊
2	生物育种国际动态
3	农业科技参考
4	农科智库微信公众号

表 4　信息化产品

序号	产品名称
1	U 农蔬菜通
2	U 农果树通
3	U 农花卉通
4	U 农家畜通
5	U 农家禽通
6	U 农养鸡通
7	U 农旅游通
8	农科通咨询一体机
9	农人学堂 APP

表 5　获奖情况

序号	项目名称	奖励名称	奖励等级	获得时间
1	“‘农人学堂 APP’在农业技术培训中的应用与推广”	北京市农业技术推广奖	三等奖	2016.10
2	“U 农”系列农业信息化产品推广与应用	北京市金桥工程优秀项目	三等奖	2016.2
3	基于便携式信息化产品——“U 农蔬菜通”的蔬菜适用技术推广与应用	北京市农业技术推广奖	二等奖	2014.2
4	农业科技巧应用	中华农业科技奖	科普奖	2011.10
5	惠农数字科普图书馆建设	北京市金桥工程优秀项目	三等奖	2008.12
6	北京农业数字信息资源郊区共享工程示范与推广	北京市农业技术推广奖	二等奖	2007.11

上海市农业科学院图书馆

一、图书馆现状

1. 资源建设

上海市农业科学院图书馆是上海地区唯一的综合性省市级农业专业图书馆，也是唯一拥有最完整农业资料的单位。

图书馆拥有丰富的纸质资源、电子信息资源以及开放服务平台，其中，馆藏图书 30 多万册，主要包括农业生物技术、生理生化、植物学、微生物学、土肥植保、作物遗传育种和栽培、园艺、林果、畜牧兽医、农业生态保护、农业经济、农产品储藏与加工等。电子资源有维普、中国知网、万方等中文电子资源和 Springer Link、ProQuest、CAB 、Elsevier SD 数据库等国外电子资源以及“超星”生物、农业类电子图书 41 000 册（2009 年 7 月 14 日）、“方正阿帕比”生物、农业、年鉴类电子图书 16 782 册（2009 年 7 月 24 日）。NSTL 回溯数据服务平台（外文网络期刊数据库）、国家科技文献中心（外文网络期刊数据库）。

另外，收藏有主要国家的大百科全书和日本的园艺大百科、花卉大百科类书以及中华人民共和国成立前的农业、食用菌资料、图谱和手册等。中外文相关农业的专业会议录数千册。上海农业科学院图书资料馆是全市仅有的两家收藏联合国粮农组织出版物（FAO）的图书馆之一，也是全市独家收藏国际水稻研究所（IRRI）出版物的单位。

2. 主要职能和任务

上海市农业科学院作为农业科研机构，主要的职能和任务是服务好“三农”，为农业科技人员、相关领导以及农民提供农业信息服务，满足他们在科研、决策以及生产生活中的需求。

（1）为科研人员提供信息服务　帮助科研人员充分利用图书馆的资源，利用各种查询软件、数据挖掘软件、数据处理软件、数据分析软件，抓取、收集、处理相关信息资源，从海量资源中分析、筛选、总结和归纳，为科研人员甄别、筛选真实有用的信息，确保信息质量的精准性、时效性。同时借助大数据平台，根据科研人员对资源信息的需求进行定向推荐，以保证研究人员能够快速获取所需的相关信息。

（2）为领导决策提供信息服务　通过对不同学科领域的学科发展、研究成果、科研竞争力等方面的分析，为领导进行学科发展规划与资源分配等决策提供依据。通过编制农业要闻、农业资料集、四新技术、实用技术、四季农事等信息推送服务，为乡村领导的生产规划与决策提供信息服务。

（3）为农民提供信息服务　通过农业远程教育以及网上农家书屋，向农民宣传科学种田的益处，发放本馆编制的农业技术手册，让农民获得更多的农业知识。开展农业专家咨询服务，随时解决农民遇到的科技难题。定期走访郊县，送科技下乡，组织农户进行教育培训，为农民与专家牵线搭桥，形成有问题找专家的互动学习机制，同时将专家研发出的农业新品种，该馆通过网络定期推送给农户。

（4）为职工提供书刊借阅服务　除了专业期刊外，本馆还订阅了一些文学类书刊，另外，与奉贤图书馆达成合作，每年进行一次少儿图书更换，为职工及其子女提供书刊借阅服务，丰富职工的业余生活。同时，还承接了上海图书馆的图书证办理和还书服务，为职工提供更便捷的服务。

3. 机构和人员

上海市农业科学院图书馆隶属于上海市农业科技信息研究所，图书馆馆员专业主要以图情专业人员为主，精通信息检索，既有扎实的专业理论知识，较强的信息组织能力，又有一定的实践经验，掌握信息传递、信息管理等知识，并能成功运用于信息服务的工作中。同时，也有农业领域专业的研究人员，这对学科信息服务、学科竞争力评价以及科研项目的申请等工作的顺利开展起到了积极的推动作用，另外，该馆邀请经验丰富的农业专家组成信息咨询参考团，及时解决农民的问题。

4. 条件和环境

上海市农业科学院2012年由闵行区华漕搬至奉贤区奉浦，奉浦院区以生态“绿龙”为骨架，串联不同院所、机关、食堂、活动室等各个功能区块，形成群落的递进合院式空间。“曲径通幽”的道路、山环水绕的景观和院落式的建筑，三者共同构成了园区的整体环境。园区建筑采用新历史主意风格，以简练质朴的建筑语言体现科研建筑舒展大气的开放性和文化性气质，色彩以红砖、石板为基调，体现含蓄内敛、古朴淡雅的气氛。图书馆位于信息大楼的1、2层，建筑面积800平方米，拥有报纸阅览室、现刊阅览室、中文工具书阅览室、联合国粮农组织资料阅览室、外文工具书阅览室和多媒体阅览室等6个阅览室，阅览座位55个，书库3个（中文书刊书库、西文期刊书库和日文书刊及西文图书库）。

另外，在华漕院区的老馆，建筑面积 2 600 平方米，其中，阅览室 300 平方米，阅览座位 45 个，书库 1 000 平方米（中文期刊库、中文图书库、外文书刊库，库容量 30 万册）。

二、发展历程

1958 年前，上海农业科技图书资料基本处于分散状态，无人专管。1959 年，上海市农业科学研究院建立图书资料室，图书资料较少，加工简单，采用流水编号法，出版《上海农行科学研究资料汇编》第 1、第 2 期。1960 年上海市农业科学院成立，农业图书资料得到重视和发展。编印《上海农业科学》共 8 期。1962 年，上海市农业科学院图书资料室人员增至 13 个，设外文情报资料组、中文情报资料组合图书资料组。拥有图书资料上万册，图书编目采用中国科学院图书分类法，资料仍按流水编号法，并逐步建立卡片目录检索系统，同时，加强新资料报道和为科研服务工作，编辑出版《译丛》和作物、园艺、土肥和植保等文摘。“文化大革命”期间，图书资料遭到破坏，基础工作陷于停顿状态。

1978 年，成立农业科学院情报资料室，同年，上海农业科技图书馆资料基础工作又得到恢复和加强。根据安红光农业科学院情报所分类法，结合上海地区农业科研、生产特点，编出一套资料分类法。设计了“三级半”内部期刊编号法。中外文图书分类改用中国图书分类法。先后收集外文图书资料 2 179 册，其中，联合国粮农组织图书资料 1 394 册，国家水稻研究所书刊 330 册。1982 年，上海市农业科学院图书馆开展定题服务，编制二次文献，出版《上海市农业科学院论文选》（1960—1980）1 卷、《上海市农业科学院成果汇编》（1960—1980）1 卷。1984 年成立上海市农业科学院科技情报研究所。1984—1987 年农业科学院新图书馆落成，同时加强了情报职能和目录体系建设，建立外文图书分类、书名及著者目录和中文图书分类和书名目录，完善了手工建设系统。

1986—1988 年，上海市农业科学院图书馆选送有针对性、内容新颖的科技文献上门服务，还结合送书到所，举办“食用菌书展”，编制和分发《食用菌馆藏目录》，深受科技人员欢迎。期间，还编辑出版了《上海市农业科学院论文选（1981—1985）》1 卷 5 期，《上海市农业科学院成果汇编（1981—1985）》1 卷，《全国农村适用技术成果选编》《“星火计划”情报服务目录》2 期以及《设施园艺馆藏书目》《农业生物技术馆藏书目》等专题目录。

1990 年，在“科技兴农”的号召下，上海市农业科学院图书馆组织“科技兴农服务队”，前往去昂“燎原计划”试点乡送书下乡展览，并联合上海市图书馆，参加青浦县、南汇县和江苏昆山市等图书馆举办“科技兴农图书资料展览”，展出科研成果和新产品，并放映录像，开展技术咨询，深受当地农民和干部赞扬。1991 年年底，上海农业科学院图书馆藏数量 12 万多册，与上海农学院图书馆，结合基础工作研究与实践，先后发表《试用汉语主题词表编制主题目录》《分类法和主题法比较初析》《藏书借阅频次的布氏分布及其作用初探》《农业图书馆为科研、生产服务的现状》《试论农业图书馆的人才管理》等论文 20 篇。

20 世纪 90 年代以后，加强了情报职能，开展定题服务、成果水平检索、申报发明专利，以及计算机检索联网和研制数据库等工作，同时建立和巩固上海市农牧业科技情报网。为了配合全市农业干部培训和科技人员出国进修考察，还收藏了一些有针对性的高等院校有关教材和语言文字等方面的书籍。此外，还收藏部分社会科学和知识性、常识性的图书。为了进一步方便读者，充分利用馆藏图书为科研服务，我们特从每一种图书中提取一本作为典藏图书，存放在小书库里（对外一律不出借），确保了广大科技人员上门查找资料之用。

2007 年依托院局域网优势，开展数字图书馆的基础性和初始准备工作，以竭诚为科技人员、为“三农”服务为宗旨，经过了数字图书馆的准备阶段（2007—2008）、数字图书馆的形成阶段（2009—2011）到数字图书馆的完善阶段（2012—2015）。

图书馆在自动化、数字图书馆、互联网和移动互联网的发展过程中，不断完善资源建设与服务体系，寻求与探索最符合客户需求的服务模式，推动上海农业科学院图书馆的创新发展，满足社会发展需求。

三、主要业务与成效

1. 图书馆服务

图书馆实行全开架服务。并从 1986 年起，主动为科研人员送书上门，开展定题检索服务。1986 年、1987 年、2009 年图书馆被评为所先进集体。1988 年，首次对郊县发放借书证，试行向社会开放，为郊区农口单位和专业户提供农业文献。1988 年建设“中文食用菌文献数据库”。

购置清华同方机构卡，为科技人员代为下载非农业、生物类资料，弥补了本院购置数据库的不足；为市民服务：增设“花鸟虫草”栏目；2007 年 7 月 4 日，与上海林科电脑有限公司签订合同，选购广州图创计算机软件开发有限公司 Interlib 图书馆自动化管理系统，开始图书馆自动化管理工程。当年实现新书编目和中外文现刊划到自动化，完成 1 万余册工具书、3 万余册中文期刊合订本数据入库。

2008 年 7 月 22 日，和万卷百城（北京）网络信息科技有限公司签订合同，完成

8 万册左右中文图书数据输入、图书加工，实现图书馆采、编自动化管理；图书馆大楼实现无线上网。5 月，完成华漕园区分馆阅览室装修。院图书馆首次获中国农学会图书馆分会先进团体会员称号。

2009 年，完成西文图书数据输入及加工 9 966 种；10 520 册，西文工具书 1 758 种，1 874 册；西文期刊数据输入及加工 457 种，12 210 册；日文图书数据输入及加工，2 340 种；2 452 册；日文期刊数据输入及加工 66 种；1 635 册（2011 年 8/18 补签合同）。实现图书馆采、编、流全过程自动化管理，制作新借阅证，本馆进入“卡时代”购置超星、阿帕比等农业生物类的电子图书上网，实现部分数字化；和“国家科技文献中心”签订资源共享协议；完成华漕园区分馆书库装修。同年，上海农业网“农业图书馆”栏目开通（① 农业资料咨询；② 馆藏书刊检索；③ 期刊目次检索等致富信息、科技信息、定题服务、科技查新服务）。

2010 年 11 月 11 日，院图书馆首次为新进研究生实训班进行培训，题为《走进上海农业科学院图书馆——文献检索》；完成“小而精”新馆方案，明确新馆工作方向：主动服务、信息分析。为科技人员服务：增设单点登录检索平台，科技人员在家和出差也能利用本院文献资源。

2011 年开始，与上海图书馆合作签订“文献传递服务合作协议”（2011 年 10 月 11 日）、“关于办理上图借书卡免普通外借押金的工作备忘”（2011 年 12 月 22 日）。

2012 年，完成奉浦园区新馆书刊、家具的搬迁、整理工作（13 车，8 090 捆，8 万余册）；完成历年中文期刊合订本 11，180 册的财产登记、数据输入、条形码粘贴；2012 上海市外文期刊采购协调会议在奉浦园区总馆召开。

2013 年，首次邀请上海图书馆读者服务中心为我院科技人员举办“怎样利用上图数字资源”培训讲座：2013 年 5 月 23 日（华漕园区）；2013 年 11 月 14 日（奉贤园区）；2013 年 12 月 6 日，上海图书馆协调处、网络中心、采访部、读者服务部来奉贤园区上门指导工作，协商签订合作意向书。

2014 年开始与上海农业科学院和上海图书馆建立“院馆合作”项目合作，为本院科技人员办理上海图书馆借书证（E 卡通），读者可到馆、在家和出差时免费利用上海图书馆 105 种数字资源。同时在农业科学院图书馆建立了“一卡通”服务点，方便农业科学院职工借书还书，实现通借通还。另外，农业科学院向上海图书馆推荐食品安全、阳台蔬菜、农业物联网、虚拟农业、转基因技术等领域专家充实上海图书馆服务读者的专家队伍。同时农业科学院及其试验基地向上海图书馆职工开放，提供农业科普教育、会议培训和休闲场所。

2015 年至今，通过增加电子信息资源、开通移动图书馆、加入农科联盟、进行文献传递以及增设开放服务平台等方式，扩大信息资源的获取资源与途径，满足不同学科领域科技人员的需求，同时，对我院重点学科领域的研究优势进行初步分析，为后续深入研究打下基础。

2. 课题研究等

1987 年图书馆接受市科委下达的咨询研究课题:《上海郊区农牧业现状和预测研究》，1988 年该课题通过鉴定，1989 年被评为院三等奖。

2001 年，“上海市农业文献信息资源建设的现状和展望”被评为《中国农学会农业图书馆分化第五届委员大会暨学术研讨会》优秀论文；出版了《科学技术的现在与未来（精准农业）》。

2003 年开始，与上海市农委信息中心签订合同“上海市农业科技信息咨询服务系统”，负责提供农业科技信息；经费从 0.7 万元，逐步增加到 1.5 万元（2004）、2 万元（2005—2011）、10 万元（2008）、32 万元（2010），3 万元（2012—2013），4 万元（2014），之后每年固定经费 5 万元至 2017 年。内容从提供本院 7 种期刊信息，到负责采集、编辑、上传上海农业网“世界农业四新技术”（新品种、新材料、新设备、新技术）、“实用技术”“论文精选”“花鸟虫草”、四季农事、农业资料集等 11 个栏目的信息收集和上网更新；

2006—2007 年，参加完成由青浦区金泽人民政府资助的软科学课题：新郊区新农村调查——青浦金泽镇（商榻地区）农业发展规划。

2012 年，完成农委信息中心子课题：“现代农业信息技术的推广应用：‘千村通工程’升级改造与应用推广（上海农业网‘农业图书馆’）”项目，为农民服务：“数字农家书屋”，点击率达到 213 427 人次（2011 年 11 月 28 日—2012 年 11 月 26 日）；“农业科技”和“农业图书馆”栏目排名统计：在上海农业网 29 个栏目中，稳定在 2、3、4 和 8、9、10 名（中上）。

建立上海市农业科技成果库、品种库、专利库，填补了本市空白。该项目获得 2012 年度上海市科技情报成果三等奖。

2017—2018 年主持 3 项上海科技情报研究所相关研究课题，完成虚拟现实在农业领域中的应用、国内外科技评价方法及应用现状综述、上海农业行业情报的发展历史、现状及趋势等相关研究报告及科技周展板宣传。

四、未来发展设想

随着大数据、云计算、物联网、移动互联网、人工智能等新一代信息技术波浪式的持续推进，图书馆的发展也将面临转型与创新，未来高度互联网化、智慧化、人工智能化以及大联盟、大融合将是图书馆的发展趋势。

1. 推动图书馆互联网的发展

把“互联网+”作为图书馆管理与服务转型的战略突破口，充分发挥“互联网+”在图书馆未来改革中的重要作用，从农科学院图书馆自身的特色与情况出发，在资源建设、信息管理、信息服务等方面构建互联网环境以及基于互联网的综合性网络服务平台，实现图书馆功能与互联网功能的有机结合，推动图书馆业务基于互联网的新发展。

目前，移动图书馆正在逐步推广，科技人员可以利用碎片时间去阅读电子书、电子期刊、图片、有声读物、视频、音乐等。同时，在现有的数字资源的基础上，不断丰富资源种类与内容，与云图书馆对接，进一步提高图书馆的信息获取能力及资源共享水平。

2. 推动智慧图书馆的发展

智慧图书馆是目前图书馆学的研究热点，其核心就是以人为本的智慧型服务，智慧图书馆的智慧化主要体现在技术、设备、资源、馆员、服务、管理等方面。技术因素是实现智慧图书馆的首要条件，作为以农业类图书馆，目前在 RFID 技术、Zigbee 技术、可穿戴技术、数据挖掘技术等方面还比较欠缺，相关技术的购买与应用还未正式开展，Wifi、“3D”虚拟现实技术、二维码等技术在图书馆已经开始应用，进行个性化服务体系的构建是实现智慧图书馆初步计划。

3. 建立智能导航平台

基于图书馆的三维建模，将图书馆的整体情况、周边环境在平台上整体展现出来。读者可以通过本系统的虚拟漫游、3D 视频、全景图片等方式全方位的了解图书馆的实体馆舍、图书馆藏、资源建设等情况，通过自动场景引导及自动讲解功能，让读者主动的在虚拟图书馆的环境中进行书刊查询、信息检索与书目浏览，推动图书馆的智慧型服务的快速发展。

4. 进一步发展学科评价服务

上海农业科学院图书馆在学科评价服务方面还处于起步阶段，随着大数据时代的到来，以往的服务很难满足用户深层次、多元化、个性化、系统化的需求，紧紧围绕科研人员之需、“三农”之需，站在学科的最前沿，追踪学科前沿动态，进行学科态势分析，了解学术研究的前沿问题、科技发展的最新动态，为科研人员提供更深层次的信息内容和数据产品，在学科预警分析、学科发展态势、学科竞争力方面提供相关的服务。从课题开题立项到鉴定成果，包括查收查引服务、科研课题咨询信息搜集、学科资源评估、学科信息门户建立等，图书馆全程跟踪并提供海量学科文献资源与配套学科信息服务。

重庆市农业科学院图书馆

一、基本概况

重庆市农业科学院图书馆成立于2011年，由院农业科技信息中心负责建设与管理，位于院部4楼，总面积约200平方米，现有馆藏纸本资源1.5万余册，订阅中国知网、读秀等中文电子文献资源数据库2种、期刊46种、年鉴20种。建立了图书馆图书管理系统和馆藏资源查询管理系统，可查询馆藏纸本资源，面向全院职工开放借阅。其主要职能有：负责院图书馆的规划与建设、文献资源的采购与订阅、科技查新与原文文献传递服务、图书馆纸本文献资源的借阅以及日常管理等。

二、建设情况

近几年，依托重庆市财政农发资金科技支撑平台运转保障项目，院图书馆建设成效显著。

1. 2012　2013年，经过两年时间，院图书馆初具雏形

主要开展的工作有：① 设计方案，合理规划图书馆空间布局。结合实际，制定了院图书馆资源建设实施方案。规划院部4楼3间房间为我院图书馆用房，分别是2间藏书室，1间阅览室，总面积约200平方米，其中阅览室面积约110平方米，采用开放式、多功能和借阅一体化的现代化图书馆布局模式，科学划分了藏书借阅区、期刊借阅区、阅读区、查询区以及管理区等区域。② 提升软硬件条件，采购和安装完成图书馆部分软硬件设备，进行了设备型号咨询、询价、实地考察等，制定了详细的采购方案。主要采购了鼎丰图书管理软件、书架、书柜、期刊架、报刊架、办公桌椅等图书馆软硬件设备。③ 整理图书，制定图书编目上架工作方案。结合我院图书特点，制定图书加工操作一般流程、图书上架具体步骤。按照中图分类法，经过扫描、贴条形码、盖馆藏章、贴书标等一系列入库操作流程，并按照学科门类进行上架。上架图书达到1万余册。④ 期刊加工，制定过刊综合处理方案。目前我院库存的期刊

全部为原果树所期刊，涵盖了果树、蔬菜、植保、生物、遗传等期刊，共计约 7 万余册。按照期刊的内容、年代以及保存情况，对照中国知网期刊数据库大全，对库存期刊资料进行分类、挑选等人工处理；以提高期刊使用效率为宗旨，对初选出的七大类资料提出了不同的整理方案。

2. 2014 年，院图书馆继续更新购买中国知网、读秀等数据库资源，方便职工获取中文文献资源

举办了中国知网与读秀专题培训会，提升我院职工文献检索技能与效率，同时开展图书馆文献咨询、原文文献传递等服务，畅通外文文献获取的渠道和方式，进一步提高图书馆服务职工的满意度。

3. 2015 年，院图书馆纸本资源建设初具成效

除继续更新中国知网、读秀等数据库资源外，主要开展的工作有：① 在全院范围内征集订阅了一批在农业科技研究领域具有代表性、权威性的中文学术期刊。② 按照中图分类法，经过扫描、贴条形码、盖馆藏章、贴书标等一系列入库操作流程，共计整理上架原蔬菜花卉所移交图书 1 500 余册，并按照学科门类进行上架。③ 按照期刊的内容、年代以及保存情况，对原果树所移交的英文外文期刊进行重新整理加工、入库等。④ 初步建成院图书馆查询 Web 管理系统，并可在院部局域网范围内在线检索图书资源条目，图书馆服务体系进一步完善。

4. 2016 年，院图书馆服务功能进一步完善

主要开展的工作有：① 对院蔬菜花卉所、办公室等部门移交的图书进行了入库、贴条形码、贴书标、盖馆藏章等相关加工，上架书刊 2 000 余册。② 为丰富图书馆藏，2016 年继续订阅了 22 种中文学术期刊，并在图书管理系统进行编目入库。③ 重新整理了院果树所移交的全部过刊，保存了部分有特色的资料，完成了过刊整理报告。④ 为拓宽我院职工获取外文文献资源的渠道，今年在院部新开通了 bioone、SringerLink、Annual Reviews、Science，Wiley 实验室指南等外文数据库的试用，同时还开通了维普学术、维普标准等中文数据库的试用。⑤收集全院科技人员信息，申请加入“联盟农业科技文献信息资源共建共享平台”，可 1 小时内免费获取文献信息资源，极大的拓宽了我院职工中外文文献信息资源的获取渠道。为更好的了解资源动态及技术成果等，举办了一次中国知网专题培训会，进一步了解了中国知网最新技术动态，为开展学科知识服务提供了参考和借鉴。

5. 2017 年，院图书馆正式对外开放

主要开展的工作有：① 继续更新中国知网数据库资源，同时为更好的服务我院职工，增加纸本馆藏资源，2017 年订阅了 27 种中文学术期刊、16 种农业专业年鉴，

19 种生活类期刊，并在图书管理系统进行编码入库。② 建设完成图书馆 Web 管理系统，制定了图书馆图书借阅管理制度，面向全院职工开放了院图书馆阅览室，院内职工可在线查询馆内纸本资源相关信息，同时可借阅相关资源。为拓宽我院职工获取文献资源的渠道，在院部新增开通了“智汇三农”数据库的试用。继续加入“联盟科技文献信息资源共建共享平台”，实现联盟平台内中外文文献资源的 1 小时免费文献传递服务。8 月，院图书馆举办了中国知网专题培训会暨首届“知网杯”知识竞赛活动，进一步了解了中国知网的最新技术动态，提高了科技人员信息获取与文献检索技能。

三、工作成效

1. 院纸本图书馆基本建成

经过图书馆前期的规划布局，图书馆软硬件设备的采购，图书的编目上架，期刊的综合处理、纸本资源的订购等一系列工作，目前已基本建成院纸本图书馆，入库并上架中英文图书、期刊等 1.5 万余册，院部局域网可在线查询图书馆藏情况，还开放提供阅览室阅览、借阅等相关服务，图书馆服务体系进一步完善。

2. 院数字图书馆资源建设持续更新

CNKI 中国知网院部镜像站数据目前已更新至 2017 年 12 月，增长近 1TB；两大专题、六个专辑的资源数据库全部继续投入使用，20 个资费子账户继续开通使用。

3. 开展学科知识服务研究

2016 年，与我院玉米所合作，建立了玉米专业知识服务平台，包括战略情报、玉米科技、科研服务、专业阅读 4 个主题。主要围绕玉米行业及科研需求，个性化定制，系统整合中国知识资源总库中相关的学术期刊、博硕士论文、会议论文、专利、年鉴、法律、标准等不同类型资源文献，为院玉米专业研究提供玉米行业动态、研究热点分析、育种技术创新、玉米行业标准以及玉米种植技术等全产业链知识服务，实时更新，为项目自主研发提供资源支持。

四、发展展望

1. 继续保障院图书馆资源的更新

主要包括中国知网数据库资源、期刊、年鉴等资源的订阅，同时加大对其他中文资源的订购。

2. 购买引进 1~2 个外文数据库资源

为更好的服务我院职工，畅通外文文献资源的获取渠道，院图书馆力争在近两年之内引进 1~2 个外文数据库。

3. 积极开展学科知识服务方向的课题研究

加强与院内产业所的合作交流，准确把握其在课题申报、科技查新、项目结题等方面对文献资源的需求，积极开展专业化学科知识服务等课题的研究。

吉林省农业科学院图书馆

吉林省农业科学院图书馆前身是1913年创建的“南满洲铁道株式会社产业实验场图书组”，经过几十年的发展建设，文献收藏总量已达30万册（份）。已建立起了以农业科学、生物科学、畜牧科学为主，以数理科学和化学、环境科学、农业机械等相关学科为辅，兼顾其他相邻学科的专博结合、上下贯通的藏书体系。经文化部1989年组织“全国文献资源调查评估”和中国农业科学院1992年组织的“全国农业文献资源调查与布局研究”，本馆的藏书已被确认为具有研究级水平。其藏书数量、质量的优化、完备程度和管理水平在国内同级同类图书馆中居于前列。馆内业务部门包括：采编室、期刊室、流通室、检索室、资料室。现拥有阅览面积622平方米，书库面积1 481平方米。书架长度8 000米。现就其发展历史进行简单回顾如下。

一、1945年以前

1913年4月1日，日本为了进一步实行对我国东北的经济侵略，在公主岭附属地建立了“南满洲铁道株式会社”产业试验场，同年4月在熊岳城建立分场，开始着手进行畜产、农作物等项试验；1918年1月15日改称公主岭农事试验场；1934年4月在辽阳设置棉花试验地。1935年4月增设农业经营科；1936年4月在兴安南省西科前旗押木营子（王爷庙北17千米）设置押木营子分场，进行蒙古牛及蒙古马改良试验；1937年4月，原来由“南满洲铁道株式会社”农林课所管的大榆树采种田以及凤凰城、海龙、敦化、海伦、洮南、钱家店的各个试作场移交给公主岭总场管理。

1938年4月1日，“满铁”附属地的行政权划归“伪满洲国”，满铁建立的各个农事试验场圃同时拨给“伪满洲国产业部”，公主岭农事试验场成为“伪满洲国国立农事试验场”，下设4个研究部10个科，农产部辖种艺科、病理科、昆虫科，畜产部辖家畜改良科、家畜卫生科、家畜化学科、饲料作物科，农艺化学部辖农艺化学科，农业经营部辖农业经营科、农业机械科。该场作为农事试验中枢机关，负有联络、指导、规划各地农事试验活动的任务。它在下面设立9个支场，即哈尔滨农事试验支场、熊岳城农事试验支场、锦州农事试验支场、安东农事试验支场、克山农事试验支场、佳木斯农事试验支场、王爷庙农事试验支场、辽阳农事试验支场和兴城农事试验支场。通过整合，形成了以公主岭农事试验总场为中枢的“国立”农事试验机构。

1913—1945 年，我院前身的名称时有变化，但主要的科研活动都是由日本人进行的，所以此时的图书也是以日文为主。在图书馆收藏的“满铁”资料里，除了钤有红色“产业试验场”“公主岭农事试验场图书之印”“南满洲铁道株式会社图书印”“国立农事试验场”“EXLIBRIS AGR EXP. STA KUNG CHU-LING”印外，还有蓝色的“假受”“赠阅”印章，注明了资料的来源。当时的满铁图书馆系统很发达，拥有十几万的藏书，虽分布于不同的地点，但凭借发达的铁路运输网络，读者的需求很容易得到满足。他们甚至拥有流动的书库，做到了快速及时的为读者服务。

二、1945—1959 年

1945 年 8 月 15 日，我国取得了抗日战争的胜利。1946 年中期，我院一度归解放军接管，1946 年 5 月解放军退出，1946 年 7 月，民国政府农林部东北特派员办事处派王金陵接收了公主岭农事试验场，改称为“农林部东北农事试验场”。1947 年 10 月，东北全境解放，首由公主岭办事处暂时接管；1948 年 6 月，由东北行政委员会农业部派人接管，改称为东北行政委员会农业部公主岭农事试验场；1950 年，称为东北人民政府农林部农业科学研究所；1953 年，称为东北行政委员会农业局东北农业科学研究所；1954 年，称为农业部东北农业科学研究所；1958 年，称为中国农业科学院东北农业科学研究所；1959 年被下放给吉林省，称为吉林省农业科学院。

“满铁”和“伪满洲国”时期，我院的藏书有相当的基础。后几经战乱的破坏，图书资料荡然无存。1949 年从废纸堆中挑选和从旧书摊上购买图书共有 2 845 册，另外从佳木斯农事试验场接收 3 423 册图书，共计 6 268 册。这是吉林省农业科学院图书馆的最早家底。 这些图书绝大部分是日伪时期的日文书刊，大多为油印本。至 20 世纪 50 年代末，图书馆藏书 30 442 册，其中中文 14 597 册，外文（英、日、俄）15 845 册，增加了 4 倍多。1959 年就购置科技图书 2 703 册，其中中文图书 1 395 册，俄文 632 册，英文 525 册，日文 118 册，社科图书 330 册。

为便于读者查找，1954—1957 年编印了三册书目，其中，包括中文与日文对照，中文与俄文对照的书目各一册。为了反映全国较大图书馆的馆藏情况，吉林省农业科学院图书馆参加了全国联合图书目录工作。为此，将我们馆藏的 3 万余册图书卡片与寄来的书目核对之后将我们馆应该补充进去的 9 300 余册图书详细制成卡片按时寄给全国联合目录委员会。

三、吉林省农业科学院成立以后

20 世纪 60 年代图书馆共购置中文图书 5 225 册，外文图书 4 178 册，合计 9 403 册。这期间经历了“文化大革命”的大动乱时期，图书采购停止了，但馆藏图书基本没受损失，只是一些文学艺术类书籍丢失一部分。70 年代新增图书 9 603 册，其中，中文图书 7 782 册，外文图书 1 821 册。馆藏图书达 49 448 册。1975—1985 年间是图书馆发展的快速时期，新购置中文图书 11 022 册，外文图书 3 850 册。

参照《中图法》和《科图法》，结合本馆藏书情况，于 1977 年自行编制了《吉林省农业科学院图书馆图书分类表》，从 1978 年开始使用自编分类表，并用一年多时间将馆藏图书和两套目录全部按新分类表按文种进行了改编。1988 年又增设了图书分类、书名两套目录，结束了读者目录、公务目录混用的局面，完善了馆藏目录体系。为使图书分编更科学合理并达到国家标准，从 1989 年开始，新购置图书和馆藏目录改用《中国图书分类法》分类。1983 年成立了由院领导和专家组成的图书馆委员会。1985 年吉林省人民政府拨专款修建图书馆大楼。购书经费由 60 年代的 3 万元增至 1989 年的 10 万元。此时馆藏图书、期刊及资料已达 20 万册。中文科技图书 27 180 册，英文科技图书 8 206 册，俄文科技图书 10 411 册，日文 6 290 册，社科图书 9 669 册。

“七五”期间图书馆接待读者 2.5 万人次，借阅科技图书、期刊 1.9 万册。在此期间每年都编辑出版《科技新书通报》和《科技新书简报》，每年编印 10 期，发送给各研究所科技人员，使科技人员及时了解新书到馆信息，方便读者借阅利用。为充实检索刊物阅览室，将各种工具书调到阅览室，为科技人员使用工具书提供方便。

鉴于图书大幅涨价，及时调整了文献采购原则，分两步实施了“舍书保刊”“舍外文保中文图书”的订购原则。图书馆广辟文献搜集渠道，于 1994 年主动与“美国亚洲基金会上海转运站”取得联系，争取到了亚基会的支持与援助，每年接受亚基会赠书 100~200 册，价值 10 万 ~15 万人民币。大大缓解了因进口图书价格太高而无力购入的局面，英文图书的入藏量明显上升。经过 50 多年的努力奋斗，吉林省农业科学院图书馆已经从最初的 6 000 余册图书发展至今馆藏量达到 30 万册。

图书馆非常注重工具书籍的收藏，对世界主要农业检索工具书收藏较齐全。如英联邦的农业局（CAB）文摘、美国的《化学文摘》（A），联合国粮农组织农业情报系统协调中心（AGRIS）编辑出版的《农业索引》等外文检索刊物，始终坚持了系统的收藏。国内检索工具书，如《全国报刊索引》《国外农业科技资料目录》《中文农业科技资料目录》《中国农业文摘》《管理科学文摘》《中国畜牧兽医文摘》《中国园艺学文摘》《中国生物学文摘》等多种检索工具书从始至今都系统的收藏。馆藏有关农业参考工具书也相当丰富，收藏有各国出版的有关农业的词典、字典、百科全书、手册、年鉴、年报、各种植物志、动物志、土壤志、品种志等志书。

科技期刊的收藏数量、质量、年限及连续性、完整性如何是衡量科技情报部门情报服务水平的重要标志。图书馆的科技期刊收藏工作具有收藏年限早、文种齐全、专业特色突出、地域特定鲜明等特点。本馆收藏最早的中文期刊是 1918 年出版的《吉林农报》，收藏最早的英文期刊是 1898 年的《Annuals of Botany》，最早的日文期刊是 1900 年的《昆虫世界》，最早的俄文期刊是 1916 年的《РУССКИЙ ЗООЛОГИЧЕСИЙ Ж УРНЛ》。

为更好的发挥期刊的信息交流作用，为科学研究服务，提高馆藏期刊的利用率。根据我院的专业设置、学科种类、开展的科研项目和重点攻关课题对馆藏中文农业期刊进行全面题录，选出 100 余种外文核心期刊进行题录，把这些外文期刊的所有文章题目都译出来，然后分类制成卡片，内部资料全部做了题录，这项工作从 1971 年开始，直到 1986 年又按国际标准著录格式进行著录。这项工作大大地提高了期刊的利用率，尤其是提高外文期刊的利用率。检索组工作人员又根据这些题录卡汇编出各专业的书本式专题目录索引，以题录快报形式及时报道给科技人员。1978 年开始编辑《中文期刊资料目录》，每年报道 6 期，并编辑了《防御低温冷害专题目录》《国内外免耕少耕》《水稻稻瘟病》《作物需水与灌溉指标》等一些专题目录，提供给有关科技人员。积累的 30 多万张题录卡片，为实现计算机检索打下了一定的基础。

图书馆从 20 世纪 60 年代开始就开展定题服务工作。坚持从中外文期刊中题录出与这些重点课题有关的论文资料，整理汇编后提供给这些课题，每年约检索 5 000 余条。

为了全面反映馆藏中外文期刊，方便读者利用，组织人力对馆藏的 1889—1998 年 110 年的中、英、俄、日文 3 000 余种，3 万多册合订期刊进行了整理，并将外刊刊名和英文期刊内容简介全部译成中文。然后，按国家标准编辑成书本式《百年馆藏期刊目录》。这本《目录》的出版成为第一本全面反应馆藏期刊的工具书，受到院内外读者的欢迎。

与“吉林省图书馆联盟”合作，利用“吉林省图书馆联盟”成员馆的文献资源为各个创新主体机构科技人员服务。近几年，图书馆工作转变观念、创新服务方式：变被动服务为主动服务、走出去服务、上门服务；借用外力、拓展资源渠道，加强我院文献资源建设与共享，提高文献服务质量。

四、东创中心成立以后

2004 年，吉林省和中国农业科学院签署协议，共建中国农业科技东北创新中心，同时挂吉林省农业科学院，合署办公。我院图书馆在此阶段也有了快速发展。

1. 电子文献数据库的采购

经图书馆的全体工作人员的努力，与网络部人员共同完成了馆藏中文期刊、图书数据库建设，实现了馆藏文献检索的自动化。在院里的大力支持下，购置了清华同方“全国中文期刊全文数据库”系统，并完成了该系统镜像站点的安装、调试程序，开展了检索服务工作。为了使广大科技人员更好地了解和正确使用《全国中文期刊全文数据库》，特举办了使用培训班。此项工作的开展，拉开了农业科学院文献检索自动化、网络化的序幕，大大方便了广大科技人员对文献的查阅利用。随后，又逐渐采购了 CAB Abstract、ProQuest 数据库、电子图书等，实现了全院文献的电子化，查阅的网络化。2016 年加入中国农业科技信息资源共建共享平台以后，科技人员的文献需求得到了根本的满足，每年外文全文传递达到 4 000 多篇。

2. 内部资料收集整理及加工利用

把院属各单位积存零散的科学技术资料统一收集起来，加以鉴定取舍和系统整理。科技资料的收集范围主要是：农牧业科学技术的方针、政策、法则；农牧业科研成果，试验研究总结，专题报告、高产典型，丰产经验，学位论文，各种会议资料，国内外农牧业科研和生产考察报告；农牧业生产，科学技术，农业气象，农业区划，自然资源等方面的统计资料；各种科学技术情报资料；各种内部刊物及目录索引；世界各国农牧业生产、贸易、加工利用等资料；国内外农牧业新技术、新方法、新经验等。

来源包括：第一是接受和搜集全国性情报部门，特别是中国农林科技情报部门的内部刊物及文献资料。第二是通过交换搜集到大量国内科技情报资料。第三是广泛收集农业科学院各单位召开的和外出参加的各种计划会、专业会、学术研讨会、报告会、现场会、经验交流会带回来的资料。第四是利用发函、带捎、登门索取等方式。第五是搜集接待外宾、出国考察的技术资料。至今馆藏内部资料 10 万余份。

3.“满铁”资料的整理研究

“南满洲铁道株式会社”是日本军国主义侵华期间在我国东北设立的庞大殖民机构。它存续近 40 年间（1906—1945 年）所形成和收藏的大量档案、情报资料和图书，被称为“满铁”资料。吉林省农业科学院图书馆参加了中国近代史史料学学会满铁资料研究分会主持的《“满铁”资料整理研究》课题。将图书馆收藏的近 3 000 册

（份）“满铁”资料全部录入到“‘满铁’资料联合目录”的数据库中。

4. 自有数据库的建设

结合科技厅科研项目，先后建立了“吉林省玉米主产区气象数据库”“农业育种数据库”“玉米加工和综合利用数据库”“‘满铁’资料数据库”，满足了科研工作者的需求。

5. 科技兴农工作

结合馆员的特长，图书馆有二人长期担任省“12316 新农村热线”“12396”咨询专家，每年接听农民技术咨询热线电话 2 400 多人次，并和吉林电视台“乡村四季”栏目合作，拍摄果树管理节目多次，科技兴农取得了较好的效果。

（吉林省农业科学院图书馆　高玉江执笔）

辽宁省农业科学院图书馆

一、发展历程

1. 机构变革与环境建设

1956 年建院初期，图书、期刊、资料及情报工作由科技室分管。1959 年院机关成立科学技术部，下设情报资料室和图书馆。1961 年我院与沈阳农学院合并，两院情报资料工作人员组成新的情报资料室，图书馆原址不动，变为沈阳农学院图书馆分馆。1964 年我院与沈阳农学院分开，情报资料室与图书馆合并，成立情报资料室，隶属院科学研究部。1970 年我院与辽宁省熊岳农业科学研究所合并，改称辽宁省革命委员会农业局农业科学研究所，全部书刊、资料用麻袋封装，随迁到熊岳镇封存在简易仓库内，由所革命委员会科技组配专人管理。1973 年院所分开，我院迁回沈阳原址，改名为辽宁省农业科学院，恢复情报资料室，隶属院科研处。1973 年存放在熊岳仓库内的图书、期刊、资料又原封不动地运回沈阳。1978 年 2 月经辽宁省农业局批准成立辽宁省农业科学院科技情报研究所，下设图书馆和资料室。当时图书馆和资料室面积小，设备简陋，库房拥挤，大部分图书都装在麻袋里堆在墙角处。

1987 年 8 月，科技情报所迁入新建成的情报楼，图书馆总面积约 2 500 平方米。其中书库、报刊库、资料库 10 余间，总面积 950 平方米，阅览室 5 间 430 平方米。院拨款购置了大型图书架、期刊架、资料密封架、工具书柜、阅览台等设备，工作环境得到了很大改善。

1989 年 1 月，原资料室撤销，正式成立了图书馆。图书馆的业务工作分为：中外文图书期刊采购、中外文图书分类编目、中外文图书借阅、工具书管理、中文期刊管理、外文期刊管理、内部期刊管理、检索刊物管理、资料管理、报纸管理及《农业科技信息》（内部刊物）的编印与发行工作。

2002 年，图书馆的面貌进一步得到改善。重新粉刷了阅览室，更换了新的阅览台、阅览椅及办公桌椅，增添了计算机、激光打印机等现代化办公设备，为科技人员创造了良好的阅览环境、提供了先进的服务设备。

2009 年院机构变革，图书馆从情报所剥离，与原档案馆合并成立图书档案馆。院拨款购置了大型密集架，重新装修书库与阅览室，将馆藏图书、资料全部放入密集架内保管，文艺图书与期刊开架借阅。

2. 文献资源与人才建设

图书馆因为几经分合搬迁，馆藏书刊丢失和损坏严重。1978 年藏书量仅为 33 656 册，其中，中文图书 2 3559 册、外文图书 10 097 册；中外文期刊百余种。1979—1981 年图书馆的建设工作有了较大进展，3 年内共清理、分编库存中外文图书 11 974 册。1984 年以前，图书分类工作一直沿用旧的《中小型图书分类法》（农业版），一切工作均为手工操作，图书目录全部用手写或蜡纸刻印完成。1985 年为实现图书管理标准化、规范化，将图书分类法改为全国通用的《中国图书馆图书分类法》（第二版）。为解决因开架借阅容易造成图书乱架的问题，采用了彩色书标法标引图书，并自行设计了适用的书标格式、颜色，突出了农业图书馆的专业特点，既解决了乱架的问题又使图书排架美观整齐。馆藏图书采用“一刀切”的方法，原有库存图书分类不变，到馆新书一律采用新分类法分编图书，采用了彩色书标法标引图书。图书目录由手写或蜡纸刻印改为使用机械打字机完成，提高了目录制作的效率和质量。

1989 年，图书馆被辽宁省科委定为辽宁省农业文献收藏中心，省科委每年将下拨图书经费 10 万元用于文献资源建设。馆藏图书量已达 56 515 册，其中，中文图书 41 559 册、外文图书 14 956 册，期刊 2 000 余种，资料 2 500 余份。图书馆为扩大交往，增加文献信息资源。先后与国内 700 余个农业科研单位、农业院校及相关学科的部门建立了长期文献资料交换关系，并同世界 15 个国家和地区的 46 个单位及 4 个国际研究机构（菲律宾国际水稻研究所、印度国际热带半干旱地区作物研究所、日本北海道低温科学研究所、墨西哥国际玉米小麦改良中心）建立了出版物互换关系，在丰富了馆藏资源的同时也提高了社会知名度。

1997 年 3 月图书馆将馆藏 45 275 册中文图书全部依照《中国图书馆图书分类法》（第 4 版）重新分类，同时实施色标法标引图书、修改图书目录卡、核对图书财产账、图书重新排架。使用计算机录入图书目录、打印机读目录卡、重新组织图书分类目录和书名目录，装入卡片柜。省科委下拨图书经费增至 13 万元，图书馆增加了电子文献的收藏，购入了美国 CAB 文摘、AGRIS 数据库、清华大学《中国学术期刊》的农业科学、生物科学、农业经济等专题（光盘版）。

至 2004 年年底，作为省级农业文献信息收藏中心的辽宁省农业科学院图书馆，具有馆藏中外文图书 7 万余册；中外文期刊 3 000 余种、5 万余册（合订本），中外文资料 3 000 余份（其中，联合国粮食与农业组织出版的资料近千份），光盘、数据库等电子文献百余套。此外，还珍藏《本草纲目》《全芳备祖》《授时通考》《王祯农书》等古农书百余册（种），原版《苏联大百科全书》（51 卷），原版《英国大不列颠百科全书》（20 卷），原版《日本大百科全书》（25 卷），《原色日本野菜图鉴》（37 卷），《朝日园艺百科》（30 卷），台湾《杨氏园艺植物大名典》（10 卷）及《康熙字典》等大型中外文工具书。2011—2012 年，院图书馆对现有的馆藏文献进行了查库修改工作，将大量内容陈旧过时、副本量过大、破损严重及丢失的藏书进行了剔除，2012 年年底，馆内藏书总数为 41 421 册，其中，日文图书 1 953 册，英文图书 5 168 册，俄文图书 912 册，年鉴书库 2 055 册，中文图书 31 333 册。

1999 年 9 月，随着计算机技术与网络技术的发展，图书馆开展了以建立馆藏图书、期刊数据库为重点的农业数字化图书馆建设。引进了辽宁省社会科学院中讯公司研制开发的《MARC 数字图书馆》软件系统，至 2004 年底完成了《馆藏中文图书数据库》《馆藏西文图书数据库》《馆藏日文图书数据库》《馆藏俄文图书数据库》《馆藏中文期刊数据库》《馆藏外文期刊数据库》《馆藏中外文资料数据库》《馆藏电子文献数据库》《辽宁省农业科学院博、硕士毕业论文数据库》等大型馆藏文献数据库。此外，还完成了《辽宁省农作物新品种数据库》《辽宁省农作物病虫害防治数据库》《辽宁省农业科学院科技成果管理数据库》《辽宁省农业科学院科研计划项目管理数据库》等专题数据库的建设工作。全面实行了图书馆自动化管理，提高了工作效率。2010 年以来，院图书馆加大了电子文献的收藏力度，在原有美国 CAB 文摘、AGRIS 数据库、重庆维普（VIP）信息资源系统、清华同方《中国学术期刊 CNKI 数字图书馆》（光盘）的基础上，又先后购进了万方数据知识服务平台、独秀学术搜索、Wiley Online library、SpringLink 等中外文数据库，并加强了与中国农业科学院、辽宁省图书馆、辽宁省科技情报所等多家单位的合作交流，以更丰富的信息资源来满足我院科研人员的信息需求。

2014 年 2 月，我院图书馆与北京创讯未来软件技术有限公司合作更新了图书管理软件系统——创讯未来图书馆信息管理系统 V8.0，将原有的馆藏文献资源整理后导入其中，使图书馆的书刊采购、分类编目、典藏流通、检索咨询、读者管理等项工作更加的标准化和规范化。随着我院局域网的建设，我馆的电子信息系统得到进一步完善。开通了院局域网，通过固定 IP 的服务方式使包括果树所、水稻所、蚕科所、经作所、风沙所在内的 8 家沈外研究所可同时利用院图书馆所订购的电子资源，大大提高了数据库的使用效率，利用计算机和网络技术为读者提供了高水平、高质量的信息服务。并在 2014 年开展了辽宁省农业科学院图书档案馆网站的建设工作，将图书馆现有的馆藏资源与订购的中外文数据库资源整合发布到网站上方便读者查询借阅，2017 年开通图书馆微信公众号“辽宁农科书苑”，以更多样的方式为读者提供服务。

图书馆在完成各项业务工作的同时，注重对职工的培养，先后有多人参加了北京大学、辽宁大学、沈阳电视大学、辽宁省工委党校等高等学校图书馆专业的函授学习。根据工作需要，定期选送人员参加计算机操作、数据库使用、网络建设等专业技术培训，参加全国、省级学术会议，并先后在省级以上刊物及学术会议上发表论文百余篇，为图书馆事业的长足发展打下了良好基础。

二、发展现状与主要业务与成效

1. 现有资源情况

辽宁省农业科学院图书馆现有阅览室面积约 120 平方米，库房面积约 210 平方米，现有中外文藏书 4 万余册，中外文期刊 3 000 余种、5 万余册（合订本），中外文资料 3 000 余份（其中，联合国粮食与农业组织出版的资料近千份），光盘、数据库等电子文献百余套。

近年来，为满足广大科技人员的信息需求，我院图书馆加强了对电子文献资源的订购。以 2018 年为例，我院购买了重庆维普《中文科技期刊数据库》、清华同方《中国学术期刊 CNKI 数字图书馆》、万方数据知识服务平台、CAB 农业文摘、Springer Link 生命科学全文期刊库等多家中外文数据库。此外，通过 VPN 通道及办理图书证的方式与辽宁省图书馆建立合作关系，是我院科技人员可以充分利用省图书馆订购的数据资源，基本上满足了科技人员对中文文献的信息需求。同时利用中国农业科学院农业科技信息资源共建共享平台，在很大程度上满足了我院科技人员对外文文献的信息需求。

2. 主要业务

辽宁省农业科学院图书馆的业务工作包括中外文图书期刊采购、中外文图书分类编目、中外文图书借阅、工具书管理、刊物管理、资料管理、报纸管理、电子资源管理、科技查新、文献信息服务等。

图书馆坚持以“服务于社会、服务于科研、服务于农业、服务于农民”为宗旨。在为科技人员和科研课题提供文献信息服务中，充分开发利用馆藏文献资源，主动为课题提供信息跟踪服务。充分利用农业信息资源与先进的检索手段，采取机检与手检并用、馆内与馆外协调、网上信息与馆藏文献相结合，完成各类文献信息检索咨询服务。同时还为省内农业科研单位和科技管理部门提供了文献信息服务。通过文献信息服务工作的开展，为科研立项和成果鉴定等提供了有力的信息支撑，为缩短科学研究进程创造了有利的条件。

3. 主要科研成果

近年来，在完成各项工作的基础的同时，图书馆积极参加了一些科研课题的研究工作。其中，2013 年参加的“农业科研档案规范化管理的研究与实践”课题获得 2014 年辽宁省档案局优秀科技成果二等奖；2015 年参加的“辽宁省农业科学院科研创新能力调查与评价”课题研究并获得中国农业科学院信息所“农科联盟”优秀科技成果二等奖；2017 年出版发行《农业科技查新指南》一书获得辽宁省农业科学院科技创新二等奖。

三、今后发展设想

1. 建立良好的馆际间的交流合作机制，实现资源共享

信息时代决定了信息产业的发展和信息量的急剧增长以及信息产品的多元化，使得每一个图书馆不可能收全所有信息。信息高速公路的建成，给信息的传递带来了更加快捷和方便的通道，作为文献信息中心的每一个图书馆再也没有必要收全所有文献信息，进行重复建设，造成资源和资金上的严重浪费。尤其是科研机构的图书馆，可以把有限的经费和精力集中投入到本专业文献信息的收集上来。

我院图书馆一是继续加强与中国农业科学院图书馆学会之间的联系，充分利用学会创造的资源优势，推动我院图书馆学科发展；二是加强与各省农业科学院图书馆之前的交流，学习其他单位先进的经验加强馆际间的学术交流；三是加强与辽宁省内各家单位之间的联系，如我院图书馆已与辽宁省图书馆达成在我院建立辽宁省图书馆农业分馆（流动站）的合作意向。充分利用各方资源为我院科技人员提供更好的服务。

2. 实现服务观念上的转变

“读者至上，服务第一”是各类图书馆的办馆宗旨，要实现图书馆可持续发展就必须转变服务观念。作为农业科学院图书馆，在为科研服务方面还有更高的要求，其转变的核心是变被动服务为主动服务。变常规服务为深层次服务，树立一切为读者，处处为读者现代服务观。

3. 不断提高馆员综合素质

决定图书馆可持续发展的关键因素是人才，随着图书馆从传统模式向现代模式的转变，图书馆人员素质的提高问题已成为当务之急。 在网络环境下，过去那种手工式、封闭式和收发式的信息管理服务方式已经完全落后和过时了，面对信息技术的飞速发展，迫切需要观念、能力、知识结构和技术水平上与之相适应的专业人才。农业科学院图书馆人员应以图书馆、农业相关专业的本科和专科毕业生为基础，通过积极合理的继续教育使他们在精通图书管理的基础上，还要在常用外语、计算机技术等方面能有所提高。

（辽宁省农业科学院信息中心）

甘肃省农业科学院图书馆

一、图书馆历史沿革

据甘肃省农业科学院院史和大事记记载，甘肃省农业科学院始建于 1938 年，其前身为甘肃省农业改进所。1952 年，甘肃省农林厅在兰州市安宁区刘家堡成立甘肃省农林厅农业试验场，在兰州雁滩成立甘肃省园艺试验场。1958 年 10 月，甘肃省人民政府整合上述两个机构，在武威黄羊镇成立“甘肃省农业科学研究所”，同年 12 月 25 日扩建为“甘肃农业科学院（地级）”，1963 年经省委批准，甘肃农业科学院由武威黄羊镇迁入兰州。而甘肃省农业科学院图书馆则成立于 1962 年院机构整改时期，隶属院机关业务处。并邀请甘肃省图书馆专业老师前来进行业务指导、建馆，自此甘肃省农业科学院图书馆从采书到建库，全部参照甘肃省图书馆管理方法建馆，开始对图书、期刊进行分类、编目、上架，采书范围限于农业类专业图书，社科类仅限少量期刊。在建馆的同期面向全院职工开放借阅。

1968 年 4 月，甘肃省革命委员会批准将甘肃农业科学院更名为甘肃省农业科学院，同年 10 月又迁回武威黄羊镇。1969 年 10 月，甘肃省委撤销甘肃省农业科学院，成立甘肃省农业科技工作队，各专业研究所随之解体。甘肃省农业科技工作队随后迁到武威黄羊镇。图书馆所有馆藏图书资料也随之迁到武威黄羊镇。

1972 年 12 月，甘肃省农业科学院恢复县级建制。1975 年 6 月，甘肃省农业科学院恢复地级建制。在 1968 年后十余年间的特定历史时期，甘肃省农业科学院图书馆伴随甘肃省农业科学院经历了撤销、改制、恢复、搬迁的历史过程，图书、期刊、资料几经搬迁、流散，处于较为动荡的历史阶段。馆藏文献分编、加工也基本处在停滞的状态，这一时期大部分购买的是社科类图书，只采购不分编，书刊购回后直接上架，供读者自行查找、借阅。

1982 年，甘肃省人民政府批准甘肃省农业科学院从武威黄羊镇迁到兰州市在安宁区刘家堡恢复集中办院，受办公条件制约仅有较少部分图书资料跟随院机关搬至兰州。

1978 年 10 月甘肃省农业科学院在《甘肃农业科技》编辑部和图书馆、资料室、档案室的基础上成立甘肃省农业科学院科技情报研究所。至此图书馆隶属甘肃省农业经济与信息研究所，统一管理，统一规划，发展至今。2006 年 11 月，在院科技体制改革中更名为甘肃省农业科学院科技信息中心，2009 年 2 月更名为“甘肃省农业科学院农业经济与信息研究所”。内设机构有：农业经济研究室、网络管理与信息技术研究室、《甘肃农业科技》编辑部、图书馆、办公室 6 个部门。2012 年我院创新大厦落成启用，对原有图书馆阅览室、资料室、中文书库、中文过刊、现刊以及外文图书、期刊和固定财产进行了全面整理、剔旧，现保留 13 万册图书、期刊搬离旧址并在新馆入库。

二、图书来源及构成

1. 图书来源

我院图书馆藏书绝大部分为自行采购，藏书历史最早的为甘肃省农业改良所和甘肃省园艺农场图书，之后在我院图书资料整合的过程中，又接管甘肃省农业科学院植物保护研究所和甘肃省农业科学院蔬菜研究所资料室的藏书，以及林业研究所和水产研究所的部分藏书。此外还有一些出版机构、单位、个人捐赠图书和资料。

（1）起步阶段　图书馆成立之初，最初接管的图书资料有甘肃省农业改良所和甘肃省园艺试验场遗留 200 余本社科类图书。在正式建馆之时就确立建成农业专业类图书馆的宗旨，并且根据我院科研特点在全国范围内搜集相关农业类图书，包括俄文、日文、英文、拉丁文等外文图书，并且依照《中国图书馆图书分类法》对采集的图书进行分类、编目、加工、上架、借阅。采用开架管理的模式接待全院读者。

（2）“文革”时期　从 1966 年“文革”伊始，我院图书馆受到冲击，当时工作人员为保护已有的馆藏图书资料，与主管领导商议，将图书馆书库关闭不再对外开放，仅保留报刊阅览室正常开放，这一举措使得我院图书馆当时的馆藏中外文图书、期刊免遭损毁，得以保留至今。

（3）中兴时期　1987 年，图书馆一次性将存放于武威黄羊镇所有图书、期刊、资料全部搬回至兰州，并对全部图书、期刊、资料重新甄选、剔旧，整理分编加工，上架入库，同时接待全院读者借阅。

此后又陆续接管甘肃省农业科学院其他各研究所资料室所藏大部分藏书，一并归入甘肃省农业科学院图书馆藏书序列，统一分编，统一加工，统一管理。馆藏文献资源历经长期收集与整理，逐步形成以农业、生物为主的馆藏文献体系。现馆藏中文图书 5.4 万多册，中文期刊 1 328 种，电子图书 1.6 万册，外文图书 3 290 册，外文期刊 22 026 册。其中，馆藏农业科学类图书约占馆藏文献 50%，生物科学类图书约占馆藏文献 14%，经济类图书约占馆藏文献 5%。本院以及农业系统技术报告、成果汇编等内部文献约 1.6 万册。现每年订购、交换中文期刊 100 余种，其中，我院编辑出版的《甘肃农业科技》从 1963 年创刊至今保存完整，馆藏资源独具甘肃农业地方特色。

2. 新时期电子文献建设

（1）引进各类数字资源　2006 年以来，为适应广大读者阅读需求，图书馆先后引进中国农业科技文献数据库、中国科技成果数据库、国外农业科技资料目录、中国学术期刊光盘版（农业卷），2013 年以来以上数据库已经完全不能满足科技人员需求，经多方调研，2015 年借助“甘肃农业科技数字图书馆建设”项目，引进 6 个中文数据库：中国知网数据库（CNKI）、读秀中文学术搜索、超星发现系统、超星移动图书馆、汇雅甘肃省农业科学院电子书平台（镜像版）、甘肃科技文献资源平台；2 个外文数据库：Springer Link 数据库、CAB 文摘数据库；4 个共享数据库平台：国家农业科技创新联盟信息资源共享平台、国家哲学社会科学文献中心、国家科技文献中心（NSTL）、西北农林科技创新联盟文献信息资源平台。

（2）自建数据库　购买超星电子图书，2016 年 3 月建成“甘肃省农业科学院电子书平台”，其中涉及哲学，社会科学总论，经济，文化、科学、教育、体育，文学，历史、地理，自然科学总论，天文学、地球科学，生物科学，医药、卫生，农业科学，环境科学、安全科学，综合性图书 13 类电子图书 1.6 万余册。电子图书的购入，弥补了我院社科类图书的不足，丰富了我院读者的阅读内容。目前已注册用户 165 名，截至 2018 年 5 月点击量已达 2 295 595 人次。

2014—2016 年，依托“甘肃农业科技数字图书馆建设”项目，引进清大新洋通用图书馆集成系统，建成“甘肃省农业科学院图书馆书目检索系统”，主要包括馆藏中外文图书、期刊、内部资料等子目录库。按照馆藏中文图书、期刊的分类号、种次号、书名、刊名、作者、出版年份、出版社等信息，完成馆藏中文图书 20 204 种、37 938 册，现刊 393 种、3 050 册条形码、书标粘贴、MARC 数据的录入和纠错工作。图书、期刊重新整理后上架，目前在我院图书馆主页上即可检索到馆藏中文图书以及现刊目录索引。

（3）各数据库使用情况统计　2015—2017 年，中国知网数据库下载文献 34.84 万多篇，按照专题检索前 10 位是农业科技、经济与管理科学、基础科学、工程科技 I 辑、信息科技、农作物、园艺、农业基础科学、农艺学、植物保护。“国家农业科技创新联盟信息资源共享平台”自 2016 年 11 月 16 日正式开通，截至 2018 年 6 月 10 日，甘肃省农业科学院累计申请文献 4 341 篇，累计传递文献 4 337 篇。超星发现系统 3 年（2015—2017 年）累计总访问量为 86 458 次。读秀中文学术搜索：3 年（2015—2017 年）累计访问量为 80 234 次，传递 68 115 篇；2011—2017 年，甘肃科技文献资源平台下载文献 219 029 篇，原文传递 10 596 篇，合计 229 625 篇。Springer Link 电子期刊 3 年累计下载文献 15 497 篇。以上数据库基本可以满足我院科研人员日常检索需求，助力我院科研生产长足进步创新发展。截至目前，引进的各类数字资源已全部到位，链接运行良好。同时为我院申请了 300 个中国知网全国漫游账户，并为我院张掖、武威、榆中 3 个试验农场，临夏州农业科学院以及兰外 26 个试验基点以及经常蹲点的科技人员开通中国知网数据库漫游业务，目前已有 144 人成功注册。为我院兰外张掖节水农业试验站、榆中高寒农业试验站、黄羊麦类作物育种试验站开通甘肃省农业科学院电子图书兰外阅读通道（单独设立了账户和密码）。甘肃省农业科学院电子书平台，2014—2017 年拥有用户累计 3 150 人次，页面访问累计 8 281 次，图书阅读下载量累计 3 175 册，使全院职工以及部分市州农业科学院均能共享我院局域网的数字文献资源。此外为天水、酒泉、兰州、临夏、陇南、平凉、金昌、庄浪县 8 个农科系统 422 名科技人员免费申请注册了“国家农业科技创新联盟农业科技信息资源共建共享平台”的使用权，截至 2017 年 2 月共有 877 人注册申请了该平台。与部分市州农业科学院（所）建立了农业文献信息联盟采购团，纵向拓宽了数字资源服务范围，全年新增用户 468 人，为地县农业科技工作者提供了有效的文献检索服务。

三、文献加工

1. 分类工作

图书馆历经 80 年风雨颠簸，多次搬迁、整合，在图书加工、分编过程当中也经历了数次变更。从 20 世纪 60 年代采用的《中国图书馆图书分类法》第一版分类，到 1978 年后确立采用《中国图书馆图书分类法》第三版分类，直到现在采用《中国图书馆图书分类法》第五版分类，一些图书经历数次整理加工分编。总体分类原则以农业科学和生物科学、经济能细则细，分到最后一级类目，其他学科由于藏书相对较少，基本分类到三、四级类目，减少类目的划分，方便管理。

2. 编目工作

从建馆至今共建有中文 5 套目录体系，分类目录两套，书名目录两套，著者目录一套。其中，读者目录包括分类目录、书名目录和著者目录；工作目录为分类目录和书名目录。最初书名目录和著者采用按照汉字笔顺笔划排列，到20世纪90年代顺应读者群体的检索需要，在5套图书目录中，将书名目录和著者目录改为按照拼音顺序排列，分类目录不变，更加方便读者检索图书目录。

外文图书建有3套目录，分别为俄文目录，英文目录和日文目录。每一语种目录又分为一套分类工作目录，两套读者目录，读者目录分为书名目录和著者目录。

3. 著录工作

著录基本采用简录方式，录入内容包括图书分类号、书名、著者、出版社、出版时间、页码，价格，80年代之后又加上ISBN号和书名、著者首字拼音。建馆之初受工作条件制约，所有目录卡片均为手工撰写，一式5份。后陆续采用刻蜡板油印，采购随书目录卡片，目前一律改为机打卡片。2014年，图书馆建成“甘肃省农业科学院图书馆书目检索系统”后，仅保留一套分类工作目录，其余目录不再续加新的书目卡片。

4. 书库管理

图书采用中图分类法排列上架。面对书架自上而下，从右向左依照分类号、种次号由小到大顺序排架，同一类目的图书放在一个书架，酌情空出部分空格，用以新书上架。装订后期刊采用首字拼音字母排列，依照年代顺序排列。

四、文献报道和读者培训

文献报道形式多样化，采用新书通报，新书开架展示以及编撰图书馆馆藏图书目录，多角度多方位向读者介绍到馆新书。同时利用我院网络平台，及时向读者介绍到馆新书、期刊以及电子文献。我院读者专业性特点较为明显，研究哪个课题基本关注所研究的专业，阅读周期长，阅读范围窄。专业图书流通较为缓慢，文学类图书借阅量相对较高。从年龄上划分20世纪60年代毕业的老大学生，老专家阅读能力较强，中外文图书、期刊均能驾驭，持续性也较长，属于笔耕不缀，终身阅读。70、80年代的大学生在我院属于中兴阶段的读者，兴趣广泛，吸收新知识能力较强，常年专注所研究专业文献，缺点是外文驾驭能力较弱，语种单一。90后的读者目前逐渐呈增长趋势，他们的特点是依赖电子读物，擅长检索各类电子文献，对纸质文献较少关注，他们对各专业的大部头专著缺少兴趣，极少借阅纸质图书和期刊。为提高我院读者对电子文献的使用，图书馆联合我院科管处于2015年举办中国知网知识库(CNKI)等数据库应用培训班，2016年举办农业科技数字图书馆数据库应用培训班，2017年举办“国家农业科技创新联盟农业科技信息资源共建共享平台”培训会。邀请有关专家介绍引进数据库的使用方法，使我院科技人员进一步熟悉各数据库的功能模块，掌握检索下载及知识挖掘的使用技巧，较好地提升了全院科技工作者获取与挖掘农业科技信息资源的能力。

五、科研成果

1987 年，情报所受甘肃省委扶贫办委托，承担编印《农村适用技术选编》，后改称《农村适用技术》，具体工作由图书馆合力完成，年均编印 8 期、载文 200 多篇、12 万字、印刷 29 200 余册，赠阅甘肃省内 30 个贫困县 586 个贫困乡，1996 年停办。此项工作从选稿、编校、印刷、装订到发行全部由图书馆承担，较好地完成省扶贫办指派的工作任务，对甘肃省扶贫工作做出了较大的贡献。创办的《农村适用技术》在 1988 年获甘肃省科技情报成果三等奖。

1991—1993 年，由赵蓉英主持完成《甘肃省农业科学院科技文献目录（1958—1990）》一书编研，1998 年获甘肃省科技信息成果二等奖。此项工作由当时图书馆部分成员从海量的文献资料中手工检索、查找、审核，寻找在甘肃省农业科学院 1958—1990 年，在本院工作期间科技人员发表的各类图书，中外文期刊中刊载的文章。时间跨度大，人员变动频繁，涉及文献多，当时缺少计算机检索，全凭图书馆参与人员在海量文献中逐一手工检索，历时 3 年完成该书的编撰，对我院建院以来科技人员发表的各类科技文献做了一个阶段性的回顾与总结。

六、项目建设

在“十二五”期间图书馆承担了“甘肃农业科技数字图书馆建设”和“兰州市郊鲜食型水果玉米朝甜 603 产业化示范”两个项目，已完成项目预定各项目标任务。两名成员参与“甘肃特色产业在扶贫开发中的应用”项目，完成高原夏菜、花椒、枸杞、玫瑰、食用豆及饲用甜菜 6 个特色作物在甘肃扶贫开发中的应用研究文章的撰写。《甘肃贫困地区特色农业发展研究》一书已于 2016 年由中国农业出版社出版。3 名科技人员参加甘肃省“三区”科技服务工作，分赴甘肃省宕昌县、永靖县、康乐县进行科技服务工作，为当地农民开展农业科技培训和信息技术服务等工作。

七、图书馆现状及存在问题

自 2014 年图书馆搬入我院创新大厦，现有书库面积 400 平方米，保存我馆历年收集整理的图书、期刊、资料 13 万余册。另有一间阅览室存放馆藏部分工具书、现刊，用于接待读者咨询，查阅馆内文献。同时还用于图书馆工作人员的办公室，以完成图书馆各项业务工作。

存在的主要问题，一是复合型的专业人才短缺。作为专业性比较强的农业图书馆，要求工作人员既要懂图书管理的专业知识，又要能够根据科研机构的研究专业、科研动态、前沿技术等专业要求有针对性的选择补充馆藏图书，还要有较强的计算机操作能力和外语水平，目前，我院图书馆这方面的人才培养储备不够，农业图书馆跨界人才的短缺已成为制约我馆在当前大数据时代创新能力提升的主要制约因素。二是高层次的专业人才短缺。在信息化时代，图书馆的发展已趋向于从各种显性和隐性知识资源中有针对性地提炼知识和信息内容，为科技工作者提供知识服务，能够带领开展知识服务的高层次人才的短缺是阻碍我院图书馆适应新时期发展要求的主要因素。三是人员结构老龄化严重。我院图书馆现有工作人员4名，所学专业涉及文书档案、农学、土壤化学、财会等，除一人一直从事图书馆工作之外，其余工作人员都是近年从其他岗位调入，50岁以上人员占3人，老龄化较为严重。

八、今后发展方向及目标

1. 申请国家农业图书馆甘肃省省级服务中心与甘肃省科技查新服务工作站

借助国家农业科技创新联盟与农业科技信息资源共建共享平台，积极向联盟申请“国家农业科学数据共享中心甘肃省共享服务分中心”的挂牌资质，为全省农业系统单位提供文献共享服务，同时申请“中国农业科学院农业信息研究所甘肃省科技查新服务工作站”的挂牌资质，并根据需要签订相关合作协议，开展科技查新、论文检索、专利查新、技术咨询、SCI收录证明（含SCI\ EI　ISTP\CSCD等），被引证明等农业科技查新服务。

2. 构建农业信息专题平台与共享

借助国家农业科技创新联盟与农业科技信息资源共建共享平台不定期推送甘肃农业研究发展最新动态信息。确保证各数据库每天正常运行，在使用中遇到各类问题时，及时与数据商联系解决问题。

3. 继续推进馆藏图书目录检索平台建设

逐年补充新到馆的馆藏文献MARC数据，加快图书文献信息内容的更新，实现图书文献信息资源共享，提高图书文献信息资源的利用率。

（谨以此文向曾经在甘肃省农业科学院图书馆工作过的前辈们致敬！他们是：周秀芳，杨富章，郑雅芬，任静贤，徐康玲，董桂兰，赵霄云，徐淑良，雷涛，赵蓉英，孔祥静，师德，王立德，王铜基，李淑珍，吴恒莉，付松军）

贵州大学图书馆

贵州大学图书馆是一所综合性大学图书馆，经 1997 年和 2004 年两次并校后，各校区图书馆完成了一馆建制，现有纸质藏书 386 万册，电子图书 210 万册，中外文数据库 51 个，有西校区、南校区、北校区 3 个分馆，馆舍面积约 9 万平方米，工作人员 70 人。图书馆坚持“以人为本，读者至上”的理念，积极利用计算机网络及现代化技术手段采集、交流、发布信息，实行藏、借、阅、查一体化服务，为全校 6 万多师生提供文献资源及信息服务。

读者服务：图书馆使用金盘图书馆集成管理系统，完成了多校区中文书刊统一、规范的机读目录建库工作 ，实现了统一的自动化管理、多校区图书的通借通还。馆内设置了馆舍分布导视系统、电子信息显示屏、书目查询终端、门禁系统、自助借还、自助复印打印、读者综合服务台等设施以及使用便利、具有文化氛围的阅览区域，书库、阅览室全部开架借阅，实行藏、借、阅、查一体化服务，为读者提供了人性化的阅读环境。开展馆际互借、参考咨询、科技查新、学科服务、文献检索教学等服务，在为本校教学和科研服务的同时，也为兄弟院校和社会提供力所能及的服务。设立馆内课题，鼓励职工开展的理论与实践专题研究，以提高职工的综合素养。

图书馆积极满足读者需求，每周 7 天开放，周开馆时间为 94 小时，数字资源提供 24 小时不间断服务。开展新生利用图书馆专题培训、开设文献检索课、开展图书资源利用一小时讲座及走进学院专题讲座，对提高读者的文献资源获取能力方面发挥了有效作用。

未来发展设想：

1. 加强文献资源建设

努力构建支持教学与科研的文献资源保障体系。

2. 加强学科服务

贵州大学作为贵州省唯一一所拥有“双一流”学科的大学，正全面开展“双一流”建设工作，图书馆围绕科研发展和学科建设进行相关分析和规划，力图让前列学科带动潜力学科，改善弱势学科，最后努力成为一所双一流的学校。

3. 加强阅读推广工作

推广阅读是研习经典、传承文化、推广文明的阶梯，通过活动开展，培养读者阅读习惯，激发读者阅读兴趣，提升读者阅读水平，是建设书香校园的不可或缺部分。

4. 建设智慧图书馆

通过楼宇智能化升级改造和信息共享空间的建设，将智能建筑、高度自动化管理的数字图书馆及人工智能专用技术有机结合，努力建设知识共享、服务高效、使用便利的智慧型图书馆。

云南省农业科学院图书馆发展历程

云南省农业科学院图书馆的前身是云南省农业科学研究所图书室，云南省农业科学研究所图书室则是在原西南农业科学研究所图书室基础上发展起来的。西南农科所图书室建立于 1954 年。1959 年，西南农业科学研究所与云南省农业试验站合并组成云南省农业科学研究所，原来分属两个单位的图书也合并起来，建成了云南省农业科学研究所图书室。1976 年，云南省农业科学院建院时定名为“云南省农业科学院图书馆”。1985 年 3 月，云南省农业科学院情报所成立时，又称云南省农业科学院情报所图书室。1998 年情报所内部机构调整，图书馆与信息室合并为云南省农业科学院情报所农业科技信息中心，2000 年改称云南省农业科学院情报所文献资源中心。经过多年的发展，文献资源中心现已成为以收藏农业科学和生物科学文献为主的专业性机构，下设有图书馆、科技档案室、陈列室等部门，其主要任务是针对云南农业特点和农业科研的方向任务，系统收集、整理、加工和保存农业科技文献资料，开展文献检索、定题服务、科技查新和咨询工作。图书馆的馆藏文献包括图书、期刊、报纸、内部资料、标准及各种工具书。

图书馆始终坚持“服务第一、读者至上”的宗旨，开展文献借阅、电子阅览、馆际互借、参考咨询、科技查新、文献教学等方面的工作，在确保为全院科研人员提供全方位服务的同时，为院外其他单位和个人用户提供力所能及的服务。

图书馆的藏书原则是：全面系统地收藏农业科学文献，辅以生物、化学等农业相关学科、边缘学科以及新兴学科的书刊资料，适当收藏一些哲学、社会科学和文学艺术类书刊。在文种上以中文为主，辅以英、俄、日等文献；在类型上提倡专业书刊与工具书配套兼顾。

图书馆的发展目标是：围绕全院发展的总目标，强化服务意识，拓展服务渠道，完善服务功能，调整馆藏结构，提高管理和服务水平，为读者提供优质服务。加强制度建设，全面推行标准化、制度化、科学化管理，努力建成以农业文献信息为核心、以自动化管理为手段、具有专业特色的现代化图书馆，并使之成为全省的农业文献信息中心。2001年9月，本院图书馆被选为中国农学会农业图书馆分会理事单位。

图书馆实行全开架借阅方式，期刊库房与阅览室一体安排。在馆舍的布局上，采取了“大空间，小隔断，开放式；借、阅、查一体化”的形式，达到了科学性、灵活性、新颖性、超前性的要求。馆内设有中文报刊阅览室、中文过刊室、外文过刊室、中文图书资料室、外文书刊和检索工具室、电子阅览室。在中文图书资料室和外文书刊室，设立了新书、工具书阅览区，形成藏、借、阅、检为一体的格局。图书馆下设的业务部门有采编组、流通组、信息加工组、计算机网络管理组、科技查新组、复印组。各组的职能如下。

1. 采编组

根据全院的学科建设、科研和发展规划，采集各类文献资源（包括印刷型出版物、电子出版物等文献），按照一定的原则进行科学、系统的分类、标引、编目，建立合理的馆藏文献体系和科学的目录体系。负责对国内外农业科学文献的交换，接收院内外单位和个人捐赠的图书。

2. 流通组

负责馆内中外文图书、中外文期刊、中文报纸、中文资料的流通、阅览、典藏、剔除和组织管理，解答咨询，辅导读者使用公共检索目录以及办理借阅证、违章处理等。建立、健全有关文献流通、读者情况的各种必要记录和统计制度。

3. 信息加工组

负责自建数据库的录入、校对以及读者所需文献资料的录入、排版、装订工作。

4. 计算机网络管理组

负责图书馆计算机硬件故障的诊断与排除、图书馆主页的技术支持、数据库的数据更新、自建数据库的系统设计、系统数据维护以及电子阅览室的管理与技术维护，开发网络文献信息资源。

5. 科技查新组

开展读者咨询服务，提供馆藏一次文献的查找、复制、扫描和传递等服务；负责全院的馆际互借服务；负责期刊光盘数据库、网络数据库（镜像站点）的检索、计算机用户培训及各类数据库的推广使用；提供各类检索工具和参考工具书。承接院内外用户申报科技成果奖励、科技立项、科技成果鉴定、申请专利的查新课题。

6. 复印组

掌握复印机性能和操作规程，负责复印机的使用、维修和保养；为读者和用户提供馆藏文献和自带资料的复印工作；严格执行复印机维修保养制度，提高复印机使用效率。

图书馆的管理理念是以人为本，突出开放性，处处体现对读者的方便和体贴。本院读者只要办理了借书证，即可在馆内任意一间阅览室查阅资料。图书馆每周开馆6天，周一至周五8:30—17:00，18:00—21:00开馆，周日10:00—16:00开馆。

一、科技文献及资料的收藏

作为云南省唯一的农业信息专业图书馆，担负着为提高我院科研水平、培养高素质人才提供文献信息资源保障和智力支持的重要职责。为完成这一使命，图书馆一直在努力收藏相关的文献资源。

1. 图书

本馆藏书的品种与数量已有一定规模，书刊质量逐步提高，初步形成了以农业科学为主体，向生物、农业经济学科方向发展的馆藏体系。馆藏图书中收藏了《新纂云南通志》《郑氏通志》《杜氏通典》《救荒本草》《马氏文献通考》《钦定续通志》《云南地方志书》《云南地方志书录解题》《古今图书集成》《农学丛书》《古文辞类纂评注》《增广本草纲目》《皇朝通考》《本草纲目拾遗》《本草万方针线》。

本馆参加了中国农业科学院文献资源中心主持的"全国农业文献资源调查与布局"项目，该项目1999年4月23日获中国农业科学院科学技术进步二等奖；本馆参加编辑的《全国西文连续出版物联合目录》，1990年12月获中国图书馆学会为庆祝中华人民共和国成立40周年、中国图书馆学会成立10周年而颁发的二次文献优秀成果奖。

1985年本馆第一次对中文图书进行剔旧工作，共计剔除中文图书9 000余册。1992年3月，本馆第二次对中文图书进行剔旧工作，主要剔除内容陈旧的复本以及中学生复习资料等，共计剔除中文图书3 144册。1998年1月，在将16 000册原来采用《中国人民大学图书馆图书分类法》（简称《人大法》）分类的中文图书改为《中国图书资料分类法》（简称《中图法》）分类的同时，结合进行第3次中文图书剔旧工作，剔除中文图书2 455册。

自建馆以来，不少单位和个人对本馆赠送了大量的中外文书刊资料，共计3 832册，其中，赠书较多的有我院的老院长程侃声先生，捐赠1 743册；中国科学院昆明动物研究所李靖炎研究员捐赠1 451册；联合国粮农组织捐赠181册。

2. 内部资料

本馆收藏的有关单位内部编辑、出版、发行、交流的文献资料，有科技报告、会议文献、社会调查、成果汇编、学位论文、专业期刊、讲义教材、译文资料、市场动态、产品介绍、设计图纸、统计资料等。

3. 科技期刊

科技期刊中，本馆对英文期刊收藏的历史比较长，最典型的有《Bulletin of Entomological Research》(1910年开始)、《The Review of Applied Entomology》(1913年开始)、《The Review of Applied Mycology》(1922年开始)、《Plant Breeding Abstracts》(1930年开始)、《Soil Science》(1949年开始)、《Biological Abstracts》(1953年开始)。主要收藏农业综合类、土壤肥料学类、农作物类、昆虫学类、植物学类、园艺学类、农学类和植物保护类的核心期刊。

2002年开始，由于我国加入WTO，停止出版影印外文期刊，全部改为原版期刊，价格高昂，而本单位经费有限，致使外文期刊订购总数急剧下降。

"相互协作，资源共享"已成为世界各国情报事业发展的重要特点和趋势。为了共同开发农业科技文献资源，实现资源共享，西南五省（区）六方农业科技情报协作网各成员单位1987年9月在昆明年会上经过协商，决定编制馆藏期刊联合目录，我馆于1989年10月编印了《云南省农业科学院图书馆1983—1988年中西文馆藏期刊目录》，这是我馆第一次编制馆藏目录。1989年11月西南五省（区）六方农业科技情报协作网南宁会议上决定，把各馆馆藏目录汇编成西南地区农业科学院（所）中外文期刊馆藏联合目录（1983—1990），并委托云南省农业科学院情报所组织汇编。1990年11月下旬，西南地区农业科技情报协作网各馆派专人集中在昆明进行审定，于1992年3月正式编制了《西南地区农业科学院（所）图书馆中外文期刊馆藏联合目录（1983—1990）》。1991年12月还编印了我馆及全院系统科研所1991—1992年中文期刊名录。

4. 标准及声像资料

收藏中华人民共和国国家标准225册，中华人民共和国行业标准31册，云南省地方标准37册。此外，还收藏了部分声像资料，主要是语言教学磁带，共计有录音磁带452盒。语种有英语、日语、俄语、法语和德语，以英语、日语为主。同时还有一些随书发行、配合书籍内容的软盘和光盘。

5. 数据库

1987年9月，本图书馆购入第一台IBM计算机，根据我院的科研方针和任务，于1988年建立了"中文科技期刊题录数据库""英文期刊题录数据库""内部资料数据库"和"科技档案数据库"。由于计算机的引进，文献检索方式由单纯的手工检索转变为手工检索和计算机检索并存，提高了文献的查全率和查准率，保障了文献服务的时间和质量。随着信息技术的发展以及科研的需要，文献资源建设重点是收藏电子文献，本馆通过多种途径引进各种中外光盘、网络数据库。1992年11月，购入

1984—1992 年期间英国国际农业生物文献中心（CABI）出版的全部印刷型文摘的只读光盘（CAB-CDROM），这是我院第一批大型外文农业文献数据库，也是云南省唯一完整的 CABI 光盘数据库。光盘引入后免费举办了 CABI 光盘数据库检索培训班，向院内外用户进行光盘演示和宣传，并不定期提供免费检索服务。1993 年引进《中文科技期刊篇名数据库》（现中文科技期刊数据库）题录文摘版和《中国科技经济新闻数据库》（现维普报讯）软盘，是我院第一批中文文摘数据库。1997 年引进《中国期刊全文数据库（CJFD）》（农业辑）单机版，这是我院到目前为止唯一的中文全文数据库。以后又引进了《国外农业科技文献数据库》《中国生物学文献数据库》《中国农业科技文献数据库》《全国报刊索引数据库》（科学技术版）。2001 年将《中国期刊全文数据库（CJFD）》（农业辑）改为网络版，于 2003 年 5 月建成《中国期刊全文数据库》（农业专辑）云南省农业科学院镜像站点，向读者提供网络环境下的全文光盘检索。全院科技人员可以利用局域网查询专辑的题录、摘要和全文数据库，大大提高了科技人员对中国期刊网数据库的检索和使用效率。与此同时，还面向全院提供包库服务。通过安装客户端，用户可以上网查询《全国报刊索引数据库》（网络版）。通过对我馆收藏的单机版数据库进行研究与开发，《中国农业科技文献数据库》《中国生物学文献数据库》也可上网查询。通过代理服务器可以查询万方数据库，包括学位论文类数据库、会议论文类数据库、科技成果类数据库、专利技术类数据库、中外标准类数据库、政策法规类数据库、科技文献类数据库、论文统计类数据库、机构与名人类数据库、数字化期刊类数据库、工具类数据库。1997 年，我馆被批准为“中国学术期刊文献检索咨询站”（农业）三级检索站，2002 年被上海图书馆和上海科学技术情报研究所批准为全国报刊索引定点检索点。目前还在订购的数据库包括：“中国期刊全文数据库”“ScienceDirect 电子期刊数据库”“CAB Abstracts 数据库”“汇雅电子图书数据库”“SpecialSci 国道外文专题库”。

二、文献的研究与利用

1. 文献加工

馆藏图书在情报所成立前采用《中国人民大学图书馆图书分类法》分类，1985 年开始，进馆图书全部根据科学技术文献出版社出版的《中国图书资料分类法》（第二版）进行分类。《中国图书资料分类法》（含第一版至第四版）简称《中图法》。我馆 1990 年使用书目文献出版社出版的《中国图书馆图书分类法》（第三版），1999 年使用北京图书馆出版社出版的《中国图书馆分类法》（第四版）。由于一馆使用两种分类语言，给文献的管理和借阅带来一定的难度，为使文献工作标准化、规范化，1998

年，将 1985 年以前用《人大法》分类的中文图书全部改用《中图法》重新分类。馆藏的外文图书，1985 年以前进馆的仍保留《人大法》分类，1985 年以后进馆的采用《中图法》进行分类，设分类卡、书名目录卡各一套。

馆藏中文期刊按公开发行和内部发行分开管理。1993 年 12 月采用《中国图书资料分类法》对中文期刊进行分类、造册登记，设划到卡、过刊卡、内容卡各一套。同时，又将与我院科研工作相关的外文期刊文献题录翻译成中文录入数据库。

内部资料采用中国农业科学院《农业科学资料分类法》进行分类，设分类目录卡一套。

2. 文献流通

馆内设中文报刊、中文图书资料、外文书刊及检索工具 3 个阅览室，图书期刊、资料和检索工具书实行全开架阅览，同时开展图书期刊借阅、代查、代复印、代翻译、代购和咨询服务。2002 年 1 月，电子阅览室正式免费对用户开放，提供上网、数据库检索服务等。为保证科技期刊的完整性和读者能及时查找到所需期刊，1998 年起对本馆收藏的合订本和现期科技期刊，实行室内阅览不外借，读者可根据需要自由阅览。在各阅览室和借阅处设有读者需求登记服务薄，管理人员尽可能满足读者的需求，提供优质服务，也可口头或以书面形式解答读者咨询的问题。本馆还可为读者提供复印服务，满足读者对所需文献资料的复印需求。

3. 定题服务

1986 年 3 月，云南省农业科学院图书馆成立定题服务组，有针对性地为科技人员定期提供与他们的研究工作有关的最新信息。根据课题组的委托，每月从中外文期刊中收集与其研究工作相关的文献，编制农业科技定题服务专题索引，采用定题服务题录通知单的形式通知课题主持人，随时向科技人员提供他们所需的最新情报资料，并根据需要复印原文供其参考，直至科研课题结束。为将服务范围延伸到院外，1995—1997 年，云南省农业科学院情报所信息室在昆明近郊下马村建立了农业信息服务窗口，与施普瑞公司、汉德农业公司、阳光公司等农业企业以及省生物资源开发创新办公室建立了定题服务关系。为扩大和宣传定题服务工作，1997 年 4 月 3 日，由所召开图书馆、信息室相关人员参加的定题服务工作讨论会，成立所定题服务项目组（不另设编制）。图书馆负责院内科研课题的定题服务工作，信息室负责院外的定题服务工作。为此，我所开展的《农业科技情报定题服务探索》项目获云南省科学技术情报学会 1991 年度优秀科技情报成果奖。科技人员由于科研工作繁忙，看书学习的时间有限，知识难以及时更新，定题服务工作的开展为他们积累资料节省了大量查阅各种杂志书籍的时间，也有较强的针对性。在为“云南省小麦新品种选育”课题开展定题服务时，课题组从定题服务提供的文章中选择最重要的内容编印成“小麦攻关参考资料”发给攻关协作组的同志，反映很好，得到广大科技人员的支持和好评，尤其深受专（州）县农科人员欢迎。在为“水稻条纹叶枯病发生规律及预测预报研究”课题开展定题服务时，帮助科技人员及时了解国内外相关研究的广度和深度，使他们在确定研究内容，选定技术路线时少走弯路，起点更高，结合云南实际，继承和发展前人研究结果，填空补缺，提高研究水平。为“美国籽粒苋引种试种及开发利用”课题开展定题服务时，科技人员及时了解籽粒苋的各种营养成分和品种适应性后，免去了不必要的重复试验，加快了推广速度，4 年时间内就使美国籽粒苋遍及全省 72 个县市，面积达 8 万余亩；借鉴别人的刈茬栽培技术，既降低了植株高度，提高了产量，又延长了青饲料利用时间。2002 年开始尝试为科研课题建立专题数据库，现已为“斑潜蝇综合防治”和“青稞栽培及病虫害综合防治”课题建立了专题数据库，其功能还在不断地完善。

4. 科技查新和文献检索

1986 年，图书馆成立检索组，开始为课题组进行专题检索服务，在科研立项、成果鉴定等方面发挥了积极作用，因检索业务工作的不断扩大，本馆于 1989 年成立文献检索室。农业部于 1995 年 5 月 4 日以（1995）农（科果）字第 66 号文征集鉴定工作查新单位，经申报和评审，我所被列为农业部第一批查新检索单位，启用云南省农业科学院科技情报研究所科技查新专用章、科技查新合同和科技查新委托书。1997 年 11 月，成立了云南省农业科学院查新检索专家顾问组。其中，有国家科技部科技查新审核员资格 1 人、科技部科技查新资格查新人员 4 人、国家农业部查新资格 2 人。由于科技查新业务范围的扩大，经所领导班子研究决定并报院办公室和云南省科技厅奖励处备案，于 2004 年 4 月正式停用原“云南省农业科学院科技情报研究所科技查新专用章”，改用“云南省农业科学院查新专用章”。科技查新业务已覆盖全省范围的农业相关单位和涉农企业，昆明食用菌研究所将其科技查新检索工作全权委托我单位为其服务。

引文检索已经成为作者评定职称、申报成果的重要参考证明，我所 2002 年开始为全院科技人员开展引文检索服务，出具引文检索报告。

数据库收录作者文献检索是读者要求服务的内容之一，它能反映出作者的学术水平和文献被收录应用的情况。我所 2002 年开始为院内科研人员开展数据库收录作者文献的检索服务，馆藏可提供文献收录的国内文献数据库有《中国期刊全文数据库》《中文科技期刊数据库》《中国农业科技文献数据库》《全国报刊文献数据库》《中国生物学文献数据库》；国外文献数据库有《国际农业生物学文摘》（简称 CABI，由国际农业及生物科学中心制作)、《世界粮农组织农业索引》(简称 Agris，由联合国粮农组织编制)和《美国农业联机检索数据库》(简称 Agricola，由美国农业部图书馆制作)。

5. 数据库建设

本馆数据库在引入国内外知名数据库的基础上，根据本馆的文献资源，自建了数据库。1987 年 9 月，本图书馆购入第一台 IBM 计算机，根据我院的科研方针和任务，于 1988 年建立了“中文科技期刊题录数据库”“英文期刊题录数据库”“内部资料数据库”和“科技档案数据库”。2002 年 5 月，承担中国农业科学院文献中心主持的国家科技部项目“科技基础数据库系统建设”云南子课题——“云南省农业科技成果数据库”及“云南省农作物品种审定数据库”的建库工作。成果数据库共录入数据 702 条；品种审定数据库已将云南省品种审定委员会审定通过的所有品种全部录入，共计 361 个品种。建立的数据库有：①“云南省主要粮经作物科技信息服务平台”。②“三农通”服务平台。③“三农通”专家库。④“云南省农业科技信息资源库”。⑤ 云南省农业科学院科技档案全文数据库。⑥“云南省农业科学院科技成果数据库”，该数据库可以从项目名称、登记号、《中图法》分类号、完成单位、主要人员、授奖日期、授奖部门、获奖级别、获奖类别、获奖等级、项目简介等进行检索。⑦“云南省农业科学院图书馆外语录音磁带数据库”，可以检索磁带的外语名称、中文名称、出版社。⑧“云南省农业科学院在研项目数据库”，可以从项目名称、项目承担单位、项目主持人、项目来源等进行检索。

图书馆配置了计算机管理系统，并于 1998 年 10 月正式采购丹诚图书馆集成系统“DataTrans-1000 系统(单机版)”，用于图书馆馆藏文献的信息处理。由于经费及设备等多种原因，图书馆集成系统目前还没有发挥出预期的作用。目前，建有云南省农业科学院图书馆馆藏图书、期刊目录数据库。

6. 在研项目

我院(由我所承担具体的工作)通过与新华社云南分社和中国移动云南公司的紧密合作，共同搭建了“云南农村信息化扶贫暨农信通专家咨询服务”平台，得到社会各级领导的认可，成为“服务三农”的重要工作。承担“热带作物科学数据共享分中心运行服务”项目，主持云南省财政厅 2012—2017 年度持续性项目“科技文献信息服务平台建设及维护”项目、2015 年度云南省科技厅科技创新平台建设计划项目“云南省主要粮经作物科技信息服务平台”项目。主持中国农业科学院海外农业中心“泰国、柬埔寨、缅甸三国农业走出去调查与研究”“印度尼西亚、柬埔寨、缅甸三国农业走出去调查与研究”项目的工作。

7.云南省农业科学院图书馆主页的设置

为了扩大对外宣传，促进文献资源共享，2003年在我院建立的“云南农业科技信息网”上设计制作了云南省农业科学院图书馆的主页，其主要栏目如下。

概况介绍：包括图书馆一般情况，如机构、藏书、人员、提供的服务等，电话号码、E-mail地址也列在这一栏。

读者园地：主要是介绍开馆时间、文献布局、读者指南、读者信箱以及回答读者问题的“回音壁”等。主任信箱也列在此栏。

新闻与公告：主要包括本馆新闻、馆内公告、政策法规、规章制度等。

馆藏信息查询：这是信息主页的核心部分，向读者提供馆藏图书、连续出版物、电子出版物、视听资料的查询，定期向读者介绍新书，比如新书通报、预订期刊通报、赠书园地等。由于图书馆自动化系统未建立，只能新书通报、预订期刊通报，赠书园地等能开展。

电子文献：随着计算机技术和网络通讯技术的发展，现在有些出版商随书赠送光盘。我们将本馆现有的电子图书列入此栏目供读者在网上阅览。

光盘数据库：介绍本馆订购的8种光盘数据库以及检索技能，建立镜像站点，供读者在院域网内检索。

科技查新：介绍科技查新工作、科技查新收费标准、科技查新合同、科技查新委托书。

网上检索技巧：介绍网上特种科技信息检索、参考书工具书查询以及国外文献全文的免费获取等技巧。

休闲驿站：此栏目主要是娱乐功能。通过多媒体视听设备和软件，读者可以欣赏丰富多彩的电影、艺术作品、文学名著、音乐等，还可玩电子游戏、网上体育比赛等。

相关网站友情链接：把收集到的国内外知名农业信息网站的网址，以友情链接形式链接到网上，以拓宽信息涵盖范围，集中同类信息，使用户能方便快捷地从本网站获取所需信息。

因为设备的原因，目前还不能浏览图书馆的主页，待条件成熟时在“云南农业科技信息网”上即可浏览我馆的主页，并能24小时使用数据库。

8.电子阅览室和电教室的建成开放

2002年1月，图书馆电子阅览室正式建成，配有计算机8台，连入互联网，向读者提供网上信息查询，访问网络数据库、光盘数据库，借阅图书附带光盘、多媒体学习光盘以及光盘资料的刻录等多种服务。读者可在我院局域网范围内检索、阅读、下载与课题有关或有用的文献资料，也可根据自己的兴趣和需要在因特网上尽情浏览，通过多媒体视听设备和软件，欣赏丰富多彩的电影、艺术作品、文学名著、音乐等，还可玩电子游戏、网上聊天。电子阅览室除收藏的光盘数据库外，还有随书配送的光盘和软盘可供查询。

为了适应现代信息技术不断发展的形势，满足读者更高的需求，我院正在加紧数字化图书馆建设的步伐，朝着全面实现从传统图书馆向现代图书馆转变的宏伟目标前进。

三、业务工作制度

为使图书资料室的管理工作逐步走上正轨，1985 年图书馆就制定了图书、期刊、资料、档案管理制度。经过工作实践和经验总结，又不断对原有制度进行修订、补充完善，使之规范化、制度化、科学化。1992 年制定了《云南省农业科学院科学技术研究档案管理暂行规定》，1996 年 8 月制定了《云南省农业科技情报研究所科技查新检索工作管理办法（暂行）》；2001 年拟定了《关于实施“归档文件整理规则”的意见》和《云南省农业科学档案管理办法》，2002 年制定了《云南省农业科学院文件材料整理归档办法》。2003 年根据中华人民共和国科学技术部国科发计字 ［2000］544 号科技查新规范，结合本所科技查新业务，制定了《云南省农业科学院科技查新规范》。同时，在对原有规定进行系统修订的基础上制定了《云南省农业科学院图书馆文献管理制度》和《云南省农业科学院图书馆借阅规则》。

《云南省农业科学院图书馆文献管理制度》包括两大部分内容，一部分是“图书馆工作人员守则”，要求大家政治立场坚定，遵章守纪，爱岗敬业，钻研业务，热情服务，维护团结，讲文明，懂礼貌。另一部分是“图书馆文献管理规范”，对文献的采购、分类编目、交换、流通、装订、收藏、注销等各个环节的操作规范和具体标准，都有详细的要求。

《云南省农业科学院图书馆借阅规则》包括了“文明读者公约”“读者入馆须知”“图书馆借书证的管理和使用规则”“阅览室规则”“借书规则”“预约借书制度”“到期催还制度”“遗失、污损、冒借、偷窃、毁坏书刊处理规则”“书刊文献资料馆际互借规则”“电子阅览室管理细则”等一系列具体规定，有利于正常工作秩序的建立，减少公共财物的损失。

《云南省农业科学院科技查新规范》则对查新合同的订立原则、基本条款、书面形式；查新员、审核员应具备的条件、工作职责、法律责任；选择查新咨询专家的原则、查新咨询专家应具备的条件、行为规范和法律责任等方面作了详细说明。还对查新业务处理过程中的文献检索年限、检索方法、检索策略、检索程序、检索结果的检验和调整以及查新报告的基本内容、基本要求作了明确的规定；介绍了查新争议的解决原则和解决方法。这些都有利于加强对科技查新的管理，规范查新活动，保证查新的公正性，维护查新有关各方的合法权益。

（云南省农业科学院农业经济与信息研究所　万红辉）

山西省农业科学院图书馆

一、发展概况

1. 基本情况

山西省农业科学院图书馆是山西省专业的农业科技文献与信息服务机构。目前拥有职工 4 人，具有正高级职称 2 人，副高级职称 1 人，2 人具有硕士学位，1 人获得工程咨询师资格，组建了农业数字图书馆研究团队和农业软科学研究团队。现设有图书采编、文献流通、报刊借阅、电子阅览等部门，馆藏图书 29 万多册。建立了“CNKI ”数据库镜像站，拥有清华同方中国期刊全文数据库、中国优秀博硕士学位论文全文数据库、中国学术会议论文库、Springer Link、Science Direct 等多种中外文数据库，自建了馆藏图书、期刊文献数据库，注册了国家科技文献信息中心（NSTL）外文全文请求服务系统，建立了“国家农业科学数据共享中心山西分中心”、加盟了国家农业科技文献信息资源共建共享平台。经过多年的建设和发展，图书馆已形成了比较完善的信息服务体系，可为用户提供文献借阅、查新检索、定题服务、原文请求、电子信息服务、参考咨询等多种信息服务，同时为了方便读者构建了山西省农业科技文献共享服务平台（http://www.sxagri.ac.cn/167/index.asp）。

2. 主要职能和任务

① 对国内外各种载体的农业科技文献信息进行系统收集、加工、存储、传递和开发利用，对馆藏印本文献资源进行数字化整理加工，开展网络化服务。② 承担流通阅览、读者辅导、用户教育、参考咨询、电子阅览、检索查新、信息咨询等服务工作。③ 开展山西农业科学发展的信息资源需求分析，研究分析馆藏农业科技信息资源的利用情况，提出农业科技信息资源的配置方案。④ 开展农业科技文献资源的自动化、网络化、数字化建设。⑤ 为山西农业现代化、新农村建设提供信息资源支撑。

3. 条件和环境

2014 年 6 月我院龙城大街创新基地建成投入使用，其中，信息化、网络化、智能化基础设施条件全面升级，新落成图书馆总面积 678 平方米，书库面积 573 平方米，阅览室面积 105 平方米，其中，新馆一层基本书库 132 平方米，采用密集方式布置，使图书馆面积得到有效利用。

二、发展历程

山西省农业科学院图书馆从山西省农业科学院建院之初开始发挥其职责任务。1954 年建馆，隶属于院科研处情报资料组，1959 年 2 月，山西省农业科学院科研处设立情报资料组、图书馆，后合为情报资料室。

经过多年发展，图书馆已成为以收藏农业文献为主，生物科学及农业相关文献为辅的专业性图书馆，藏书的品种和数量已有一定规模，书刊质量逐步提高，初步形成了以农业科学为主体，向农业经济学科、生物及生物化学、农业信息科学方向发展的馆藏体系。1965 年馆藏藏书仅为 2.4 万册，期刊 100 种，外文 60 种，图书馆面积 908 平方米，书库面积 556 平方米，阅览室面积 312 平方米。

1979 年起，图书馆建设工作有了较大进展，图书馆对进馆文献由《人大法》改为《科图法》进行分类编目，并制定编目工作程序，建立完善目录体系，实现了图书著的录标准化。

1980 年，情报所迁入新建成的情报楼，成立图书馆，业务工作分为：中外文图书期刊采购，中外文图书分类编目、中外文图书借阅、工具书管理、中外文期刊管理、内部期刊管理、资料管理、报纸管理及《新书通报》的编印等。图书馆总面积 1 150 平方米，其中书库、资料库面积 850 平方米，阅览室分中外文阅览室，中文 8 间、外文 6 间，共 170 平方米。院拨款购置了大型图书架、期刊架、资料柜、工具书柜和阅览桌等设备，工作环境得到了很大改善。

1997 年，随着计算机技术与网络技术的发展，开展电子文献的收藏，购进了清华同方《中国学术期刊 CNKI 数字图书馆》（光盘），丰富了馆藏文献资源。

2004 年，图书馆面貌进一步得到改善。重新装修了阅览室，更换了新的阅览台、阅览椅及办公桌椅，增添了计算机、激光打印机、复印机等现代化办公设备，新建了电子阅览室，为科技人员创造了良好的阅览环境、提供了先进的服务设备。

2005 年，为适应现代信息业形势发展需要，图书馆研发了“农业科技数据网络管理系统”，并陆续建立了山西农业科技成果、农业专家、农作物新品种、玉米品种资源数据库和馆藏农业文献等10余个数据库，办公条件全面实现自动化。

2006年8月设计完成“山西农业科技信息网站”第2版，增加了农村信息服务平台和农业科技数据平台。

2007年10月开通试用网络版电子图书“超星数字图书馆”和Science Direct、Springer Link两个外文期刊数据库。2007年11月“国家农业科学数据共享中心山西分中心”正式揭牌成立。2007年12月在院局域开通了“山西农业数字图书馆”。图书馆浓缩精简了原图书馆组织结构，并逐步由传统图书馆向现代图书馆转变：由封闭型向开放型转变；由文献收藏型向信息开发型转变；馆藏由纸质文献向电子出版物和纸质出版物并存的转变；从单纯文献借阅服务向信息咨询服务为主导的多元化服务转变；从单一读者群向多类型用户群的转变。

2004年起，随着网络技术的成熟，图书馆开展了以建立馆藏图书、期刊数据库为重点的农业数字化图书馆建设，至2007年底完成了《馆藏农业图书数据库》《农业科技期刊数据库》，注册了国家科技文献信息中心（NSTL）外文全文请求服务系统。此外，还完成了《山西省农业成果数据库》《山西省农业科学院专利数据库》等专题数据库的建设工作，提高了工作效率。同时加大了电子文献的收藏力度，建立了“CNKI ”数据库镜像站，购进了清华同方《中国学术期刊网络出版总库》《优秀硕士学位论文全文数据库》《优秀博士学位论文全文数据库》《中国重要会议论文全文数据库》《中国重要报纸全文数据库》《中国年鉴网络出版总库》《中国专利数据库》《中国标准全文数据库》《中国科技成果数据库》等，购置了Springer Link外文数据库、方正阿帕比中文电子图书，另外购买电子图书30多万元。此外引入读秀数据资源。搭建了读秀学术搜索引擎及文献资料服务平台，为用户提供深入内容的章节和全文检索，以及高效查找、获取各种类型学术文献资料的一站式检索，周到的参考咨询服务。

2010年加入了山西省科技基础条件平台，盘活存量科技资源，在山西建立创新资源跨区域、跨单位、跨领域的共建共享机制。

2011年，随着山西省农业科学院院局域网的建设，图书馆的电子信息系统得到进一步完善。《山西农业数字图书馆》服务功能得到加强，实现了网络检索中外文科技期刊、中文图书、硕博论文和自建数据库的服务业务，增加了农业科技文献服务指南、服务通告、信息服务、学科知识导航、网络资源导航、研究动态等栏目。同年编辑出版电子版《农业科技决策参考》，将2009年创刊以来各期稿件的电子版在山西农业科技信息网、山西农业科学院网上发布，为信息所开拓了利用网络资源发展各项业务的渠道，为读者提供了高水平、高质量的信息服务。2011年3月，信息所成为

CIARD 网站注册成员，为 CIARD 首批推送了“山西农业成果数据库”等 4 个自建数据库。

2014 年 6 月，山西省农业科学院龙城大街创新基地建成投入使用，其中，信息化、网络化、智能化基础设施条件全面升级，图书馆面积为 678 平方米。

2015 年 1 月，与山西省科学技术情报研究所签订协议，成立科技查新工作站。

2017 年 3 月，正式开通国家农业科技创新联盟农业科技信息资源共建共享平台，作为联盟成员单位之一，山西省农业科学院职工经注册后即可享受联盟平台提供的文献传递、资源共享、科技查新、定题检索、特色服务等服务。目前，我院注册用户达到 1 419 人，2017 年，我院科技人员浏览量为 8 243 人次，在线下载量为 743 篇，极大地满足了科技人员的信息需求。

三、主要业务与成效

1. 图书馆服务

（1）传统图书情报业务为主的图书馆服务　1984 年以前，一切工作均为手工操作，图书目录全部用手写或蜡纸刻印完成。1985 年为实现图书管理标准化、规范化、将图书分类法改为全国通用的《中国图书馆图书分类法》。主要完成了图书的编目工作，建立健全了卡片式图书公务及读者目录，利用书本式文献资源提供信息服务。

20 世纪 80—90 年代，根据山西省优势农作物育种项目及山西省农业科学院重点科研项目的实际需求，图书馆为广大科技人员提供二次、三次科技文献服务工作和专题情报服务。组织编译出版了大量相关最新科技文献，及时、有效地为全省农业发展和农业科学研究提供有参考、借鉴意义的农业科技情报服务。主要工作有：为土肥所微生物室细胞蛋白课题提供 430 条 6.8 万字的文献检索资料；编译完成美国 4 个州的农业概况及有关政治情况，供原副省长郭裕怀赴美访问参考；编译西德和荷兰农业概况、日本琦玉县农业生产现状和农业科技水平、琦玉县蔬菜生产概况和水平；与院科研处合作编译《植物无融合生殖》（第一至三集）；主动为科研一线科技人员提供专题情报服务，及时发布国内外科研动态和科技发展趋势，编辑出版了大量的专题资料。如摘编《科技成果》479 项，编写《果品加工技术》《山楂苗圃的管理技术》《粮田高产技术选编》《农业实用有效新技术》《农业试验数据分析软件培训教材》《红色旅游及农业科技创新资料选编》等；与院科研处合作编写《1984 年山西省农业科技成果项目目录》《山西省农业科学院科研成果汇编

（1986—1990）》。

（2）农业图书馆转型发展　随着 20 世纪 IT 技术的发展，农业图书馆经历了第二次发展机遇期。这一阶段，图书馆通过资源和人才整合，农业科技信息开发、服务功能进一步增强，数字资源建设迅速发展，尤其是 2010 年更名为农业科技信息研究所后，基于农业科技信息平台的情报分析、文献编译、图书管理、查新检索等形成了完整的发展、运行体系。开通了山西农业科技信息网，搭建了农科云服务平台、科学数据处理平台、山西省农业科学院仪器共建共享平台、农业科学院科研管理系统，加入了山西省科技基础条件平台、山西农业科技创新联盟和中国农业科学院“国家农业大数据与知识服务创新联盟”，进一步充实了图书馆的文献信息资源。一方面图书馆在为科技人员和科研课题提供文献信息服务中，充分开发利用馆藏文献资源，主动为课题提供信息跟踪服务，另一方面充分利用农业信息资源与先进的检索手段，网上信息与馆藏文献相结合，完成各类文献信息检索咨询服务、定题服务达 6 000 余项 / 次，为科研立项和成果鉴定等提供了有力的信息支撑，为缩短科学研究进程创造了有利的条件。

2. 课题研究

（1）农业图书馆建设　在完成图书馆各项工作的同时，图书馆研究团队结合业务，积极申报课题，开展科学研究工作，用丰富的文献资源、先进的管理方法、现代化的服务手段为我院图书馆实现数字化图书馆奠定了有利基础。

（2）农业软科学研究　图书馆研究团队围绕山西农业和农业科技的热点、难点问题开展情报研究工作，为省委、省政府及农业主管部门领导提供科学依据和决策服务。研究团队在研究的领域上有所扩大和深化，除了省科技厅的软科学项目外，还有来自省发改委、省社科联、省农业科学院等部门的研究项目。主要在农业宏观战略、农业技术经济、农业科技管理等方面开展研究。

（3）主要科研项目与成果　主持或参与各级各类科研项目 55 项，其中，国家级 5 项（科技部 2 项、中国农业科学院 3 项）；省级 30 项（省软科学项目 14 项、省攻关项目 2 项、省科技基础条件平台项目 2 项、省农村技术承包项目 5 项、省社科联项目 4 项、省哲学和社会科学项目 3 项）；院级项目 20 项。

表 1　山西省农业科学院信息所图书馆主持（或参与）项目来源统计

年份	项目数	项目来源		
		国家部委级	省级	院级
1992	1	1		
1993	1			1
1999	1		1	
2001	1		1	
2005	3		1	2
2006	2		1	1
2007	4		3	1
2008	3		1	2
2009	4		2	2
2010	10	2	5	3
2011	3		2	1
2012	6	1	3	2
2013	6	1	2	3
2014	2		2	
2015	1		1	
2016	3		2	1
2017	3		3	
2018	1			1
合计	55	5	30	20

表 2　山西省农业科学院信息所图书馆历年获奖成果

序号	成果名称	获奖年度	获奖情况	本单位主要完成人及排序	授奖单位
1	农业文献资源调查与布局	1992	中国农业科学院科技进步二等奖	陈俊英、冀宪武	中国农业科学院
2	关于新形势下信息资源开发利用的探讨	1994	全国首届中青年优秀农业情报论文	解睿	中国农学会科技情报分会
3	传统农业改造与农业结构调整	2005	山西省第十三届优秀学术论文	解睿、李建英、张金换	山西省科学技术协会
4	山西省农业环境污染突发事件应急管理对策研究	2009—2010	山西省社科联重点课题研究成果	冀宪武、解睿、赵永胜、陈晓冬、潘云	山西省社会科学界联合会

（续表）

序号	成果名称	获奖年度	获奖情况	本单位主要完成人及排序	授奖单位
5	山西省农业环境污染突发事件应急管理对策研究	2010	山西省社科联重点课题研究成果二等奖	冀宪武、解睿、赵永胜等	山西省社科联
6	山西省农业科学院电子资源整合服务平台的设计	2011	农科联盟三等奖	冀宪武	中国农业科学院信息所
7	山西农业信息资源共建共享的实践与探索	2011	山西省科技情报学会征文一等奖	冀宪武	山西省科技情报学会
8	农村信息化网络综合服务平台关键技术研究	2011	山西省“科技奉献奖”先进集体二等奖	潘大丰、陈晓冬、谢宝妹、曹宇宾、解睿等	山西省科技厅
9	提高山西省优势农产品竞争力的对策刍议	2012	山西省第七次社会科学研究优秀成果	解睿、李建英、何燕	山西省社科联
10	山西省农村信息化工程示范基地建设	2012	山西省“科技奉献奖”先进集体二等奖	潘大丰、陈晓冬、谢宝妹、曹宇宾、解睿等	山西省科技厅
11	山西农业信息资源开发利用的对策研究	2014	合格成果奖	冀宪武、解睿、赵永胜等	山西省社科联
12	山西农业现代化道路面临的困境及对策	2014	山西省第七次社会科学研究优秀成果	解睿、何燕、刘枫	山西省社科联
13	山西农村城镇化健康发展体制机制研究	2015	山西省社科联优秀成果奖	何燕	山西省社会科学界联合会
14	山西省农业科学院科研机构及学科竞争力评价研究	2015	农科联盟二等奖	冀宪武	中国农业科学院信息所

表 3　山西省农业科学院信息所图书馆历年成果鉴定

序号	成果名称	获奖年度	成果鉴定	本单位主要完成人及排序	授奖单位
1	山西省农业立体污染的现状及防治对策研究	2008	国内领先水平	冀宪武、赵永胜、邵曰等	山西省科技厅
2	提高山西省农产品竞争力研究	2009	国内领先水平	解睿、李健英、何燕等	山西省科技厅

（续表）

序号	成果名称	获奖年度	成果鉴定	本单位主要完成人及排序	授奖单位
3	“两区”开发中生态农业发展模式研究	2011	国内领先水平	何燕、解睿、冀宪武等	山西省科技厅
4	农村信息化网络综合服务平台关键技术研究	2011	国内领先水平	潘大丰、陈晓冬、谢宝妹、曹宇宾、解睿等	山西省科技厅
5	山西农业现代化的现状及发展对策研究	2012	国内领先水平	解睿	山西省科技厅
6	山西农业科技创新体系建设的战略构想	2012	国内领先水平	冀宪武、邢亚静、赵永胜等	山西省科技厅
7	山西省农业生产性服务业发展研究	2013	国内领先水平	何燕、解睿、张霞等	山西省科技厅
8	山西省统筹城乡发展中完善农村公共产品供给研究	2014	国内领先水平	刘洁、阎世江、何燕等	山西省科技厅
9	多途径推进山西新型农村社区建设研究	2015	国内领先水平	刘枫、解睿、何燕等	山西省科技厅
10	山西农村城镇化发展对策研究	2015	国内领先水平	解睿、何燕、潘大丰等	山西省科技厅
11	三农”问题与生态环境建设：山西特色农产品及发展战略研究	2015	国内领先水平	谷跃麟、赵永胜、陈敏克、何燕等	山西省科技厅
12	山西省食用菌产业的现状及转型发展研究	2016	国内领先水平	冀宪武、陈晓冬、赵永胜、解睿、何燕等	山西省科技厅

（4）主要科技论文与论著　在《情报学报》《调研世界》《山西档案》《生产力研究》《山西农业科学》《农业图书情报学刊》《农业网络信息》《理论探索》等刊物上以第一作者发表论文 56 篇，其中，有 8 篇论文获得山西省科技厅、省科协、团省委、省青联、省农业科学院等单位的奖励。参与编写专著 6 部，申报外观专利 3 项。

四、未来发展设想

1. 提高农业文献信息资源服务质量

一方面在文献资源建设上与时俱进，继续加强信息资源建设、信息采集、知识组织等工作，重视自建数据库的研发，积极推进农业数字图书馆建设，并通过资源共建共享加大对科技人员的资源服务和保障力度；另一方面加强内部管理，提升人员素质，提高信息综合服务能力，发挥农业信息资源保障作用和农业信息服务支撑作用。

2. 强化农业科技咨询工作

推进科技查新等信息服务的规范化和标准化建设，完成“中国农业科学院农业信息研究所山西省科技查新服务站”挂牌。

3. 加强团队建设，打造优势团队

目前，图书馆科研团队正在申报院优势课题组，下一步将突破科室界限、学科界限，进一步拓展研究方向，围绕农业文献资源建设、山西农业经济、农业科技咨询服务、农业智库建设、山西农业科技创新联盟等开展研究。

山西农业大学图书馆

一、图书馆发展概况

1. 机构和人员

图书馆共设八部一室（图 1），各部门各司其职，相互协调，规范管理，保证了图书馆基本功能的正常发挥。

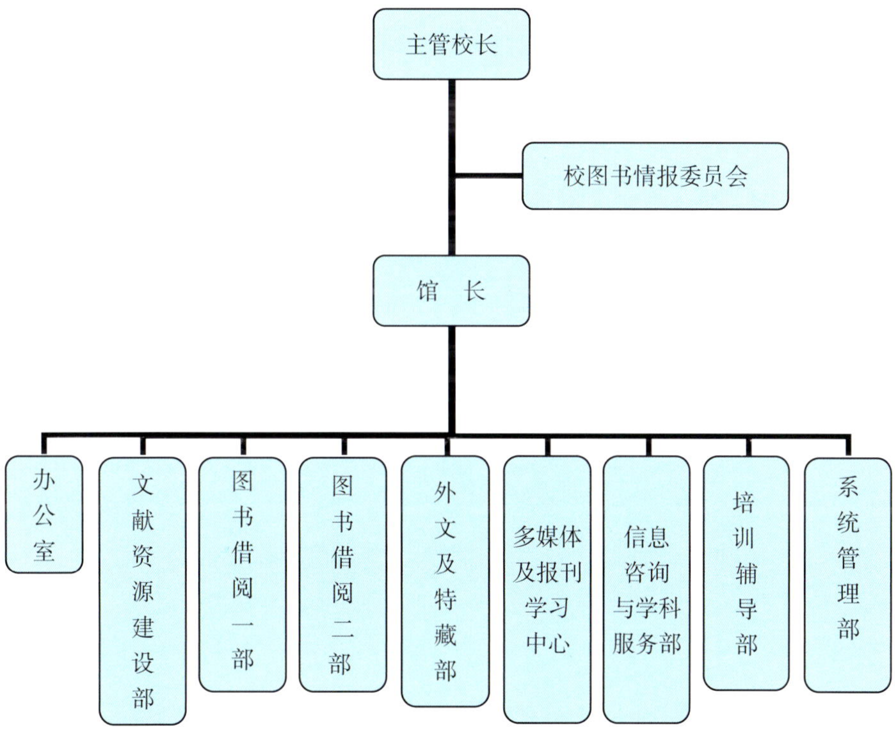

图书馆有在编职工共 36 人，聘用编制外人员 49 人，勤工俭学学生 25 人，其中，

编制外人员与学生工承担图书馆图书借阅的大部分工作。在编职工学历结构、职称结构、年龄结构、性别比例等具体情况如下表。

（1）学历结构一览表

博硕生	17
本科	11
大专	6
高中	2

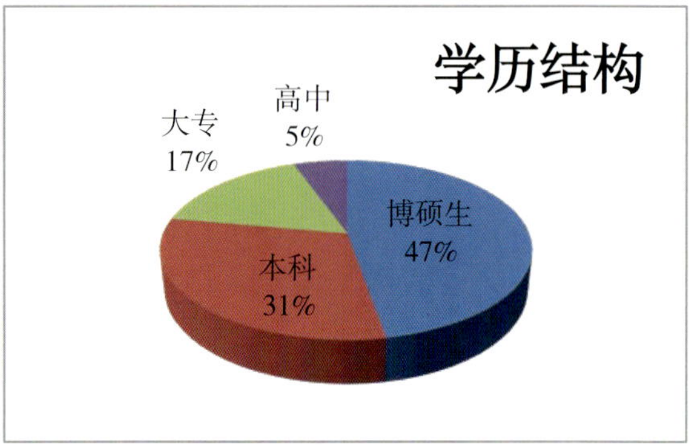

（2）职称结构一览表

高级	11
中级	14
初级	2
其他	9

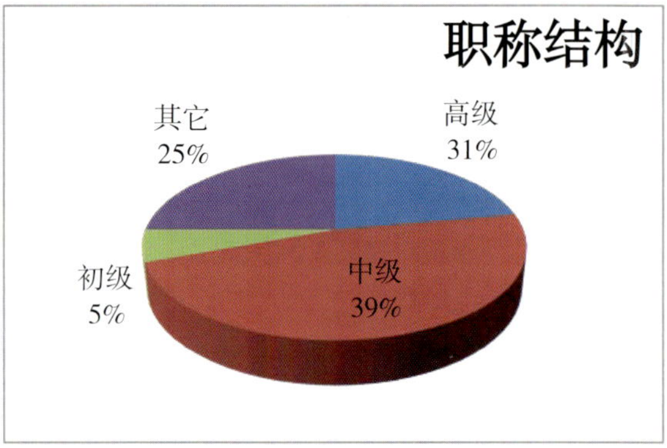

（3）年龄结构一览表

60 年代	15
70 年代	14
80 年代	7

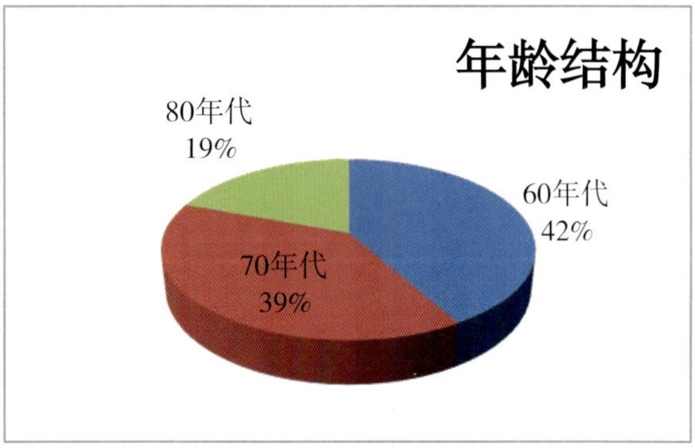

（4）性别结构

男	18
女	18

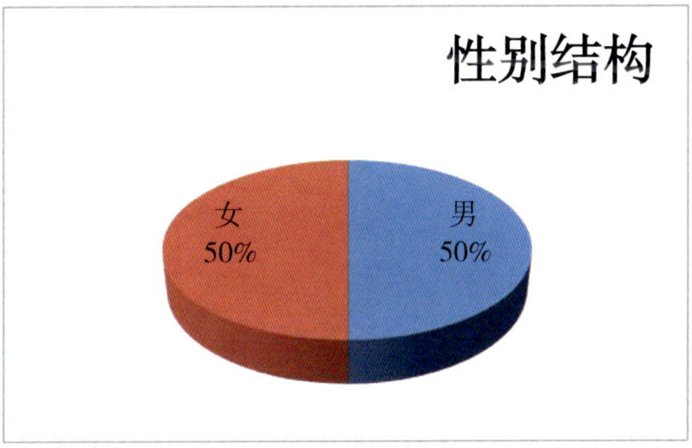

2. 图书馆条件和环境

目前，图书馆馆藏文献总量有近420万册，其中，各类纸质图书资源160多万册，中外文电子图书257万多册（包括租用电子图书200多万册）。中外文期刊1.5万余种（其中，纸质期刊近500种）；引进和自建数据库达40多种，内容包括图书、期刊、学位论文、专利、音视频等多种类型资源，包含全文数据库、文摘数据库、事实数据库、多媒体数据库等，已逐步形成以农科为主，涵盖理学、工学、经济学、管理学、文学、法学、艺术学等8个门类协调发展的多科性文献资源保障体系。

新建筑带来新环境，我们有了实现新理念、打造新空间、安装新设备、施展新服务的良好条件。2005年落成的图书馆馆舍面积共2.5万平方米，共设有中外文图书阅览室8个，捐赠图书阅览室1个，报刊及多媒体阅读中心1个，电子阅览室1个，自习空间多处，阅览座位目前配置达到3 000多席。在网络环境下，数字化设施的装备情况和数字化、网络化服务水平，已经成为图书馆的核心能力之一，读者关注度高，期望值大，学校也十分重视。目前，图书馆网络千兆到桌面、服务器10台、存储50T、工作站30多台、查询台8台、读报机4台、多媒体电子阅读122台，基本满足工作与文献服务需求。

目前，面对读者的所有阅览室天开放时间每天达14小时，周开馆时间达98小时，网络资源24小时全天开放。

3. 图书馆主要职能和任务

20世纪末，图书馆实现自动化管理以来，图书借阅方式逐渐由封闭式服务变为开放式服务，服务手段多样化，服务内容逐渐完善，基本涵盖了图书馆工作的方方面面，包括采购征询服务、馆内资源借阅服务、馆外资源获取服务、咨询与学科服务、查收查引服务、查新服务、文献检索与培训服务、文印服务及其他服务，服务条件与服务环境逐年改善，近年来，为读者提供舒适的自习空间、学习空间，在内部布局设计上与图书馆功能高度融合，馆内设置尽量符合读者学习研究交流的要求和特点，处处体现图书馆“入微，便捷，人文”的服务理念，创造人性化和富于人文气息的软硬件环境。

二、山西农业大学图书馆发展历程

山西农业大学始建于 1907 年孔祥熙创办的私立铭贤学堂，后发展为私立铭贤农工专科学校、私立铭贤学院，与山西大学堂一起，开创了山西近代高等教育的先河；1951 年改私立为公办，成立山西农学院；1979 年更名为山西农业大学。学校图书馆跟随学校的发展跨越 3 个世纪漫长的生涯，从几间民房起步，历经战乱、辗转留下了可圈可点的悠久历史和深厚的文化底蕴。

1936—1937 年间，民国时期著名图书馆学人、被学界列为“20 世纪重要图书馆学家”李钟履先生曾赴学校主政图书馆工作，“代其新图书馆计划并布置一切”，他运用现代（西方）图书馆理论结合国情针对图书馆组织、经费、设备、藏书、购书规程、登记、装订、分类、编目、典藏、阅览等方面制订管理规程，使得当初图书馆管理及藏书建设为后来我校图书馆发展奠定深厚的基础。

1951 年，随着学校由私立铭贤学院更名为山西农学院，图书馆启用亭兰图书馆，更名为山西农学院图书馆，图书馆下设办公室、编目组、出纳组（后改为流通组）。后成立了期刊组，完善了业务机构，服务不断扩大，

1979 年随着学校更名，图书馆更名为山西农业大学图书馆。1985 年前后，成立了阅览组与文献检索组，图书馆组织壮大为五组一室。1982 年，学校成立山西农业大学图书馆委员会。1991 年 3 月，成立山西农业大学图书情报委员会，对图书馆业务小组进行调整，设采访部、编目部、流通部、期刊部、情报咨询部、技术部及文献检索考研室和农史资料室。后随着学校与图书馆发展，馆内部室有过几次大的合并和分离，目前，馆内组织有文献资源建设部、图书借阅一部、图书借阅二部、多媒体阅读与报刊中心、外文与特藏部、信息咨询与学科服务部、培训辅导部、系统管理部及办公室八部一室，承担着为学校教学科研服务的方方面面工作。

在进入 21 世纪前的最后几年，以计算机技术、存贮技术、通讯技术为主要内容的现代信息技术发展迅速。这期间，我馆在 1997—1999 年间在省内率先引进了图书馆管理系统，建成了图书馆局域网，开始了图书馆业务自动化管理时期，自动化管理的实现是山西农业大学图书馆告别传统手工操作向现代化图书管理迈进的里程碑。此后，图书馆办馆条件、文献资源建设、管理与服务理念、新技术应用等各方面都有了

极大创新发展和改善。

2002 年 11 月，我馆建设千兆光纤交换机实现了图书馆网络与校园网的高速联结，配置了磁盘阵列、数据库服务器、WEB 服务器等，构建了图书馆网页，并引进了清华同方《中国学术期刊》等全文数据库，开始提供远程图书馆网络服务。同时，电子阅览室规模扩大到 100 台，采用金钥匙 IC 卡管理系统，向读者提供上机和独立 IP 上网服务。配有网络打印机，为全校师生读者提供外语培训、计算机考试培训、文献检索课实习、上网查询信息、网上选课、论文打印等多种服务。建立了图书馆 OPAC，使馆藏目录实现了网络远程访问。这是图书馆自动化管理由局域网向广域网的延伸，实现了真正意义上的网络化服务。

2007 年，全部搬入新馆后，图书馆信息化水平得到了进一步提升。新建筑设计突出了楼宇现代化、网络化和智能化等特性。楼宇网络系统包括供电系统、排水系统、排风系统、消防系统、有线电视系统、电话系统、门禁系统和图书馆网络及文献集成管理系统等。按照设计规划，所有这些系统都实现了计算机智能化控制。发展到目前，馆内实现千兆网络到桌面，无线网全覆盖。

三、主要业务与成效

拓宽新思维，拓展新业务，打造新空间是近年来我馆工作追求的目标。现阶段，利用空间优势，为读者打造舒适学习与研究空间成为我们工作的重心。此间，图书馆发展的一个显著的特点就是：利用现代技术手段，转变观念、拓展职能、丰富服务内涵；开架一体化借阅；延长开馆时间；实现全文传递和馆际互借，开展资源共享服务成为共识；为读者提供学科服务、特色服务、延伸服务成为图书馆发展的主要方向。为此，图书馆为读者提供学习空间、优质舒适服务环境、服务设施，高质量服务水平成为我们追求的目标。

2012 年 6 月开始按照全国古籍普查登记要求，对馆内古籍进行普查。第一步进行了登录项目补全工作，第二步对 1912 年前古籍按照规范进行核对、登记，共有 1 200 余种古籍书目可进入中华古籍书目登记范围。2016 年，完成图书馆可移动文物登记工作，对我馆古籍、民国文献进行了全部登记，填补了图书馆古文献研究的一项空白，还挖掘发现了一些十分珍贵的民国文献。

进入 21 世纪以来，图书馆逐渐重视引进来、送（走）出去，主动开展科研、文化交流活动。近 10 年来，职工培训方面，主要以内部培训为主，近年来扩大交流面与交流渠道，加强了外派学习，近两年来主要以访问馆员、脱产专业培训、专题培训（引进数据库培训大使、CALIS 资助访问馆员学习、定向专业学习）。邀请国内外专家讲学与交流，不断提高职工素养。同时馆里十分重视与兄弟馆的交流与合作，外出学习与参观，并邀请兄弟馆的同仁来馆传经送宝。2004年7月，美国欧柏林山西纪念协会副主席、欧柏林大学图书馆员李海鹏先生再次来我校访问，代表欧柏林大学图书馆向我校图书馆捐赠图书，并与图书馆专业人员进行座谈，双方建立了长久联系。

学术研究方面，2005年开始，亢成业主持的山西省科技基础条件平台建设项目—山西省农业科技文献资源共建共享平台建设项目，目前，该平台一直为我省农业科研与生产进行服务；陈国秀主持的《山西农业大学数字图书馆建设模式研究》再次获得山西省资助留学回国人员项目3万元资助；张玉娥主持《信息化校园中的图书馆教学职能强化的探索》获省教育厅教学研究项目立项，并于2015年获山西省教学成果二等奖；2010年以来申请CALIS特色资源建设项目两项、CALIS农学中心项目5项，其中，有两项分获二、三等奖。2012年以来，图书馆共发表学术论文近30多篇，其中一篇被人大《报刊复印资料》转载。

四、未来发展设想

根据教育部教育发展纲要要求及我校建设高水平教学研究型大学总目标要求，图书馆无论从资源建设方面还是队伍建设方面以及服务能力方面还有诸多不足，尚有很大改善与提升空间，今后图书馆要着重从以下几个方面进行建设与布局。

第一，资源建设的持续性。经费缺乏，资源保障、服务条件难以为继这是图书馆界永远存在的一个话题，由于经费的缺乏，导致资源保障的不完整、服务设施的不完善、服务环境的不完美。由于经费的紧张，文献的保障能力、文献信息的服务能力、图书馆服务设施方面相对于省内外几所高校都存在差距。随着高校学科的不断优化，招生规模的不断扩大，专业结构的不断调整，文献信息资源的供求矛盾日益突出。为了最大限度满足本科教学的文献需求，图书馆也不断寻求解决办法，努力缓解学生规模急剧扩大与文献需求方面的矛盾。

从学科布局看文献保障能力，我校学科专业基本覆盖农、理、工、经、管理、文、法、艺等8个门类，根据专业设置图书馆不断调整文献资源馆藏结构，除了要保证我校重点专业与特色专业的连续性建设外，每年都要根据新的专业设置增加新专业图书品种，既要保证学校教学的任务又要保障重点专业的研究需求。在图书文献价格增长与经费相对下降的情况下，如果既要满足学生学习与老师教学用书，又要满足教师、研究生的科研需求，今后及将来，资源建设的持续稳定的经费增长及投入是图书馆工作的重中之重。

第二，图书馆队伍建设与培养的稳定性。如果说资源、设施水平的保障能力直接决定着服务能力与水平，那么工作人员素质也是影响服务能力与水平的一个重要因素。目前，专业人员进修提高学习虽然也有了保障，但进人渠道不畅，引进人才门槛过高，影响了专业队伍的建设。临时人员所占比重过大，且多数没有经过系统培训，服务能力较弱。读者对象社会化，服务内容多元化，服务手段多维化，图书馆形态泛在化，迫使图书馆业务转型发展，这就需要我们必须培养适合这种发展的人才，使人才结构趋于合理。

第三，图书馆职能的开拓性，凸显图书馆的文化职能、教育职能、休闲功能，将图书馆打造成一个文化教育综合体，以多元空间提供多维立体服务。让人们回归群体，图书馆打造的是一种人际连结的纽带。从收藏空间转向文化体验空间，从借阅中心转向多功能交融的体验空间，这将是图书馆将来的发展方向。

第四，图书馆服务的社会化。利用图书馆资源优势，高校图书馆逐步对社会人士开放已经成为共识。实际上，十几年来，我馆资源始终对外开放，并制定有《校外人员借阅证发放办法》，如何大范围的进行开放，将是我们下一步将要进行的议题。近两年，省城 16 家高校也已经开展的馆际互借与全文传递的服务。

面对新环境、新需求、新技术带来的机遇和挑战，我们在不断探索新的服务方式，不断抓住新的发展机遇，努力拓展自身的服务功能，实现图书馆与学校教学科研的同步发展，与社会环境协调一致，打造和谐、完美的学习乐园。

（山西农业大学图书馆　张玉娥执笔）

山东省农业科学院图书馆

山东省农业科学院图书馆成立至今已有 59 年历史，从单纯的资料搜集到图书、资料并重，从科技情报研究到农业信息采集、分析、利用，从服务到科研到学术，几代人传承积累，默默奉献，图书馆才形成了目前的发展规模和良好势头。

一、山东省农业科学院图书馆发展简况

2012 年山东省农业科学院创新大楼建成，科技信息研究所整体搬入，图书馆书库面积 350 平方米，布设 525 立方米密集书架，馆藏文献资源约 20 万册。图书馆办公室 1 间，现有工作人员 4 人，其中高级职称 2 人，助研 1 人。硕士学位 2 人。

图书馆采用广东图创公司 Interlib 图书管理系统，加工馆藏书目检索 8 万余条。订购了中国知网、万方、独秀、百链、OVID 平台（Agris 国际农业科技情报系统、Agricola 美国农业文献联机存取目录、CAB 国际农业和生物文摘、FSTA 食品科学文摘）、SpringerLink、ProQuest A、ProQuest B 等农业电子数据库，为全院乃至全省农业科技人员提供文献服务。

二、历史沿革

山东省农业科学院图书馆设在该院科技信息研究所，由信息所负责运转管理，前身是 1959 年建院时的院资料室。院资料室逐渐发展壮大，扩充为所，1992 年更名为山东省农业科学院科技情报研究所，下设图书馆、资料室、编辑部、农业科技信息等科室。2003 年更名成为山东省农业科学院科技信息工程技术研究中心，下设办公室、科研办公室、信息技术研究室、网络多媒体部、《山东农业科学》编辑部、图书馆等科级单位。2013 年 8 月更名为山东省农业科学院科技信息研究所，下设综合办公室、科研办公室、物联网研究室、多媒体室、监测预警研究室、精准农业室、山东农业科学编辑部、查新检索中心、院网络中心、院图书馆等。全所现有职工 47 人，其中，高级职称 26 人，博士 5 人。

随着山东省农业科学院科研事业发展，院图书馆的工作重心、业务范围、服务方式逐步转变提升。

1. 20 世纪 80 年代的辉煌

1992 年更名为山东省农业科学院科技情报研究所，独立的 3 层办公楼，其中，图书馆书库 4 层约 1 200 平方米，藏书总量达到 24 万册，其中，中、外文图书 13 万册，中、外文期刊合订本 6 万册，内部资料 5 万册。图书馆在 80 年代曾辉煌一时，当时采用科图分类法，粘贴双色色标卡，封底贴借阅流通卡，不同颜色代表不同数字即分类号，书库内期刊、图书等均采用此分类法，代表了全省科研图书馆的管理水平，省内省外均有同行前来参观。

2. 2010 年转型期

图书馆自 2009 年开始电子文献资源建设，当时常年订阅农业科技期刊 400 余种，报纸 50 种，图书千余册。同时购买了部分中文期刊全文数据库、外文文摘数据库等电子资源，但是由于经费有限，所购电子资源一开始均为单机版，只能供图书馆检索使用，无法在院局域网上共享。图书馆自 90 年代开始每年采购经费增加到 10 万元左右，至 2000 年左右未见增加，在全球科技文献数量剧增、文献价格大幅攀升的情况下，图书馆文献购置经费已是严重不足，农业文献资源建设陷入了极为窘迫的境地，已远远不能满足农业科研创新的需要。

这时的图书馆，主要面临几大问题。

（1）文献管理方式落后　我们现在沿用的工作方式基本上还属于手工操作，图书期刊不能生成标准格式，无法提供各类书目标准数据、无法电脑检索等，最迫切的问题是解决图书馆自动化软件。

（2）文献资源建设投入严重不足　文献购置经费短缺、书刊涨价等原因导致文献订购量逐年减少，不仅外文文献严重短缺，中文文献收藏量也急剧下滑，期刊品种逐年减少，电子数据库资源尤其是外文电子资源缺乏，与国内一些农业文献信息收藏和服务机构相比，我们处于相当低的水平，与山东这样一个农业大省的形象不相符合。

（3）文献资源建设布局不合理　一方面旧资料重复，一方面新品种短缺。现有馆藏文献中纸本文献呈现出“年代久远、保藏不利、副本过多、新书新刊品种短缺”等特点；电子资源因为资金不到位，大多采取网络使用权的方式，出现了重复购买、各自为政的局面，我们对院内多家单位进行调研，部分研究所或者课题组自己购买了清华同方数据库或者万方数据库，用以解决本单位科研所需，这样加大了整体资金投入，资源利用不够合理，没有达到共建共享的原则。

在资源建设向电子化资源转型的过程中，我们本着务实的原则，提出几个建设原则：资源建设以实用为主，以收藏为辅；中文文献以电子资源为主，以纸质印刷本为辅；外文文献以电子文摘为主，以电子全文为辅；专业文献以核心期刊为主，以图书及其他文献为辅。这也成为今后 10 年左右的图书馆一直遵循的资源采购原则。

3. 查新业务的开展

科技查新，简称查新，是指查新机构根据查新委托人提供的需要查证其新颖性的科学技术内容，按照《科技查新规范》（国科发计字〔2000〕544 号）操作，经过文献检索与对比分析，并作出结论。科技查新是科学研究、产品开发和科技管理等活动中的一项重要基础工作。查新咨询服务的结果是为被查课题出具一份查新报告。查新作用主要体现在：为科研立项、科技成果的鉴定、评估、验收、转化、奖励等提供客观依据；为科技人员进行研究开发提供充分而丰富的文献信息。

山东省农业科学院科技信息研究所是省级农业科技情报研究的专业机构，1992 年成立检索室，1995 年被农业部确定为全国第一批农业科技查新检索单位，1996 年 12 月被山东省科技厅正式确定为省级科技查新咨询单位，2000 年，检索室增加了网络服务功能。2004 年受省科技厅委托开展立项查新工作。2004—2012 年，科技查新业务转入图书馆工作，2013 年查新检索业务单列，调整成为独立科室，平均每年业务量 300 项左右。

4. 图书馆新馆的建设

2012 年前后筹备图书馆搬家，经过积极努力，实现了图书馆自动化管理，购买深圳 ILAS 图书馆自动化系统，将现有图书资料回溯建库，达到资源共建共享的要求。利用 6 个月的时间，将现有馆藏图书重新整理加工一遍，以崭新的服务方式迎接图书馆新馆的落成。

2013 年，图书馆搬入新址办公后，受建设条件限制，逐步取消了纸本期刊、报纸的订购，主要工作方向放在了电子资源建设与网络读者服务。提出了《山东省科技文献信息资源与服务平台建设实施方案》，充分利用山东农业科技信息网的网络基础设施，打造山东省农业科学院科技文献中心门户网站，运用信息化手段购进、整合文献资源，实现数据跨库检索以及数据加工、交换和传递安全，具备良好的信息导航、用户管理和信息服务等功能。文献资源包括如下。

（1）中文文献资源　以电子全文文献为主，同时购进部分核心的纸质期刊。电子资源包括清华同方数据库、维普数据库、万方数据库、山东省科技文献系统、中国农业科学院文献系统、国家科技图书文献中心等，可满足科技人员对中文农业科技信息资源的需求。

（2）外文文献资源　由于外文全文期刊量大，价格昂贵，文献的建设以电子文摘文献为主。可引进 Agris（国际农业科技情报系统）、Agricola（美国农业文献联机存取目录）、CAB（国际农业和生物文摘）、FSTA（食品科学与技术文摘）等数据库。外文期刊全文库 SpringLink、PQ 等视经费情况适当购买，采取网上馆际互借方式弥补部分资源不足。

三、现阶段图书馆主要业务与成效

大数据库时代，E 环境下对图书馆工作提出了新的要求。2016 年，图书馆人员参加院创新工程“农业科技信息与知识服务平台”任务，逐渐从服务型科室向研究型科室转变，主要表现在“务实”和“公益”两个方面，无论是科研项目实施，还是学科团队建设，图书馆人都认认真真的学习新知识、扎扎实实的完成新任务，用免费讲座、免费培训、资源共建共享等一系列实实在在的活动擦亮了图书馆“公益”品牌，取得了一定的成绩。

1. 承担科研课题

通过积极申报，获得了中国农业科学院信息所横向课题两项：农作物定位监测数据采集整理、农业科学数据共享服务。按照要求组建了团队，明确分工，责任到人，开展了一系列的调研、选点、数据采集、培训等。先后采集、加工专家数据库信息 500 余条，大田、菜田定位数据 2 000 余条，在对外的 11 场次培训中，对“农业科学数据平台”进行了推广和宣传。按要求提交数据及服务内容，并按期结题。

2. 组织市级农业科学院进行数据库团购

在对市级院进行数据库培训的基础上，召开了“全省首届农业科技信息与知识服务研讨会”，组织电子资源的联合采购，建立了农业科技文献资源服务联盟。这些活动的开展，不仅得到各地市院的热烈欢迎和支持，也将我院科研工作院地合作思路落到了实处，开创了新的服务发展模式，丰富了“国家、省、市”协同创新发展的内涵。

3. 建设国家农业科技文献共建共享平台山东分平台

在“国家农业科技创新联盟”框架下，中国农业科学院信息所 2016 年牵头建设了“农业科技文献信息资源共建共享平台”，旨在打造数字文献资源及科学数据为一体的综合信息服务模式，以此带动各省共建共享。我所主动对接工作，抢抓机遇，凭借良好的资源基础和工作基础，率先落实平台合作。邀请中国农业科学院信息所在我院举行了“国家农业科技文献信息资源共建共享签约暨平台培训会”。 双方签署了“农业科技文献信息资源共建共享协议书”。国家农业图书馆事业部主任赵瑞雪作了题为“支撑农业科技创新的知识服务”学术报告，邀请中国农业科学院信息所王晶静研究员对“联盟科技文献共建共享平台”进行了使用培训，并现场与科研人员开展互动，即时体验文献检索、请求等服务。这标志着我院在文献传递、查新报告、SCI 收录证明、论文被引证明等方面能享受更大空间和时效的服务，有力支撑科研创新工作的开展。

以此为契机，依托创新工程“农业科技信息与知识服务平台”，进一步促进农业科技文献的共建共享，在资源建设、知识服务方面开拓创新，充分发挥国家和地方科研院所多方面资源优势，探索国家、省、市三级协同发展新模式。2017 年上半年举行“走进基层——电子文献资源培训服务月”活动，分别到省果树所、东营基地、泰安、济宁、枣庄、东营、滨州、滨州黄河三角洲、潍坊、淄博、莱芜市农业科学院等举办了 11 场免费培训，加深了省、市院的联系，开展实质性合作。宣传了平台，增加了“国家农业科技文献信息资源共建共享”服务平台现场注册用户。截至目前，我院注册用户 800 余人，累计传递文献 1 800 余篇次，极大的丰富了我院的外文文献获取。

4. 完成创新工程“农业科技信息与知识服务平台”任务，开展学科分析与服务工作，重点体现在以下几点

（1）撰写学科分析报告　完成《山东省农业科学院专利分析报告》《基于 CNKI 的肉鸡研究计量分析》《全国省级农业科学院系统 ESI 学科排名分析报告》学科分析报告 3 个，组织完成作物所、资环所、高新中心等定题服务报告 5 个、《微生物肥料研究热点与前沿》报告 1 个。

（2）开展课题调研　先后组织团队成员赴济宁、烟台进行课题调研和任务推进会议，就知识服务新名词、文献资源获取方式、CiteSpace 工具、财务管理知识等进行集体学习和讨论，征求一线科研人员意见。通过数据库培训，调研了各地分院的文献资源情况。

（3）整合机构知识库的各类资源　搜集、下载、整理了我院及下属各单位发表的中文论文、外文论文、科研成果、专利、专家库、机构库等信息数据，转换成表格形式，累计约 10 000 条，初步搭起平台框架，充实了平台内容。

（4）建设完善平台　通过“农业科技文献信息资源共建共享”平台，整合我院已订购文献资源，搭建新的“山东省农业科学院知识机构库”，汇总各类文献资源进行一站式检索，已进行两次改版，第三版已上线试运行。

（5）通过微信公众号“信知服务”扩大宣传　2017 年 6 月开通微信公众号“信知服务”，设置三大类目 12 个栏目，经过不断摸索和努力，坚持推出原创文章，逐步形成自己的风格和模式，制定信息推送管理办法，至今已发展关注用户 1

万余人，推送各类信息 169 篇，其中，原创稿件 46 篇，开通了留言功能、流量主功能。

（6）举办各类学术会议活动　以宣传“农业科技信息和知识服务”为主线，以弘扬中华民族传统文化为己任，以图书馆工作人员为主，组织了一系列的学术会议活动，例如“走进基层—电子文献资源培训服务月”系列活动、“走进研究所—电子文献资源培训服务月”系列活动、山东省农业科学院图书漂流驿站、“信息杯”知识竞赛、征文比赛、朗读比赛、农业科学数据研讨会、农业和生物学数据库培训会、“全省首届农业科技信息与知识服务研讨会”等，每次活动都做了大量的精心准备，取得了良好效果。

四、未来发展设想

展望未来，图书馆要继续夯实学术基础，以学科服务和文献资源分析利用为抓手，以读者服务和资源配备为主要工作方向，在文献大数据和科学大数据两方面做好积累和存储，做出特色和亮点，在山东农业图书馆事业的发展史上留下崭新的记录，着力做好以下 4 个方面的工作。

1. 开展农业科技文献数据共享平台、山东省农业科学院机构知识库的使用培训工作

将全院科研人员全部纳入平台注册用户，开展农科发现—国家农业科技文献数据共享平台山东分平台、山东省农业科学院机构知识库的培训，促进农业知识管理系统的使用，让全院科研人员在我院已购数据库即查即得的基础上延伸获得一小时文献传递，使科研人员文献使用满意程度提升到 90% 以上。

不断完善《农业科技文献资源检索与利用》《国家农业科技文献数据共享平台使用培训》《山东省农业科学院机构知识库培训》课程，到院属研究所进行培训，每年争取在 10 场次左右。继续完善我院的机构知识库建设，不断增加内容。通过微信群、QQ 群、公众号等形式随时解决读者在使用过程中出现的问题。

2. 引领全省业科技信息与知识服务业务开展，完善国家省市三级农业科技信息协同服务体系

组织召开全省第二届农业科技信息与知识服务研讨会，开展相关学术工作。参加团购的成员馆巡回调研和培训，宣传推广机构知识库概念，开展地市层面的农业科研数据整理和汇总，逐渐积累农业科学大数据。总结各地分院的文献服务基础和改善措施，撰写并发表论文，加强与国家科研机构的联系，完善和推进国家省市三级农业科技信息协同服务体系。

3. 开展农业科学大数据的整理与采集工作

信息是继材料和能源之后的第三资源，是支撑社会发展的三大支柱之一。科研机构文献信息资源的存储、积累、开发和利用水平是这个单位科学技术能力、知识储备能力和知识创新能力的重要标志。山东是农业大省，农业的发展必须依靠科技创新，科技创新离不开文献信息资源的强有力的支撑，农业信息对农业的发展将起到越来越重要的作用。完成 2000—2018 年全院科研成果的信息整理，农业文献信息是吸收国内外先进知识与经验，促进农业发展的重要保障，农业文献信息资源已成为农业科学研究和农业发展的重要资源和基础条件。

4. 打造具有核心竞争力的知识服务平台

图书馆用户从在馆向在线转变中，知识服务从基于文献向基于科研需求转变中，我们要跟上时代变化的节奏，探索新的服务模式。目前，农业图书馆的学科服务越来越多的受到科研团队的认可，期待逐步完善的机构知识库能够为科研工作提供更多便利服务。挖掘和拓展机构知识库的丰富内容及其与整个信息环境的有效链接，跳出机构知识库作为“存储库”的束缚，打造具有核心竞争力的知识服务平台，农业知识服务水平才能更上一层楼。

山东省农业科学院图书馆以提供农业科技文献与信息为主要方向，其主要任务是系统收集、加工、保存和开发利用各种载体的国内外农业科技文献信息，多年来发挥了服务农业、传递信息、保存农业文化宝藏的重要作用。贯彻习近平总书记“研究所要办出特色”的重要指示精神，以“知识服务”为学科发展目标，坚持以服务农业优势学科为导向、围绕各个研究所的科研项目继续开展学科服务。把文献资源建设、读者服务、学科分析、国家省市三级协同发展等业务作为今后的工作重点，为农业科技文献信息服务科研、服务乡村振兴和山东农业发展做出积极贡献。

筚路蓝缕启山林　栉风沐雨砥砺行

——记发展中的河南农业大学图书馆

一、发展概况

河南农业大学图书馆现有 1 个主馆，3 个分馆，总面积近 2 万平方米，呈现三地四馆格局，即位于郑州市区的文化路校区图书馆、桃李园分馆，位于龙子湖高校园区的龙子湖校区分馆，位于许昌新区的许昌校区分馆。龙子湖校区新图书馆建筑面积 5 万多平方米，即将投入使用。现有在编人员 43 名，其中研究馆员 1 名，副研究馆员 3 名，馆员 18 名，助理馆员 6 名，工人 15 名。馆内分设行政办公室、流通阅览部、信息咨询部、资源建设部、技术部、桃李园分馆综合部、龙子湖分馆综合部、许昌分馆综合部。图书馆设有 6 个借书窗口，1 个 24 小时自助借还系统，各种功能阅览室 12 个，阅览座位 2 352 个，平均周开放时间 72 小时，最长开馆时间达 98 小时。

该馆具有较丰富的文献信息资源，在注重特色纸质文献资源建设的同时，加强各种数字信息资源建设。经过长期的建设和发展，形成了以农业、生物文献为主体，兼有经济、理工、人文、社科等多类型、多载体的馆藏体系，成为河南省高等教育文献保障系统的农学文献中心。截至目前，馆藏文献总量 649 万册，其中，纸质 279 万册，电子 370 万册。中外文数据库 78 个（其中，中文 43 个，外文 25 个）。另建有 12 个学科服务平台。生均文献总量 94 册（不含电子），含电子为 183 册。

建立了较为完备的信息服务体系，实行藏借阅三位一体的服务体制，对读者实行全开架借阅。充分利用现代信息技术和新媒体等形式，开展多种形式、多种途径和深层次的现代信息服务工作，建立了图书馆官方微博和微信公众号。

该馆是河南省高等教育文献保障系统的农学文献中心，在做好中心工作的同时，还积极开展省内外交流与合作，主动参加各种信息资源共建、共享组织，加入了 Calis 全国联合编目服务中心，为 Calis 虚拟参考咨询服务示范馆。与国家科技图书文献中心（NSTL）、中国农业大学图书馆、武汉大学图书馆、上海图书馆等建立合作关系，为读者开展文献传递服务，实现了更大范围内的资源共享。与省内 10 多所高

图 1　龙子湖新校区图书馆建筑（正在建设中）

图 2　文化路老校区图书馆大楼

校图书馆进行了馆际协作，在馆际互借、文献复制及传递服务、电子资源共享方面，开展了卓有成效的工作。

二、发展历程

河南农业大学图书馆最早为1913年创立的河南公立农业专门学校图书室；1952年，全国高校院系调整时随独立建校而建馆；1985年，建成为现在使用的近万平方米的独立馆舍。2004年9月，建立了桃李园分馆。2011年10月，建立了龙子湖校区分馆。2012年9月，建立了许昌校区分馆。目前，一座将近5万平米的巍峨庞大的欧式建筑已经屹立在河南农业大学新校区，它即将成为河南农业大学图书馆的崭新形象。

三、主要业务与成效

1. 开拓思路，创新思维，积极尝试人员和业务管理模式创新

（1）建立学生馆员协会服务机制　河南农业大学图书馆在工作人员极度缺乏的情况下，大胆创新人员管理模式。一是吸收学生馆员参与图书馆服务实践，组织成立了“学生馆员协会”，充分发挥协会的自治能力，实现学生馆员内部自治管理和良性运行机制，有效缓解了图书馆人员紧张的压力。同时引导学生馆员积极开展读书沙龙、“真人图书馆”等活动，使学生们更加了解图书馆，爱上图书馆。学生馆员协会的成立及有效工作，得到了师生的一致好评，连年获评为“校级十大精品社团”。

（2）积极探索业务外包管理模式　业务外包是图书馆业务管理工作的一个创新发展趋势。近年来，河南农业大学图书馆从科学管理角度出发，积极探索业务外包途径和内涵，在总结早期图书加工及编目工作外包的成功经验的基础上，结合本馆工作人员短缺的实际，陆续尝试了电脑、多媒体设备维护和维修外包、图书借还及阅览室管理外包等服务。2014年以来，该馆又针对学科服务的需求，大胆创新，尝试与商家合作建设学科信息平台，并引入相关信息服务，如提供ESI学科分析报告，开展专题咨询和文献传递合作服务等。通过一系列的尝试，有效化解了人力资源和馆藏资源严重不足的矛盾，弥补了本馆服务能力的短板，实现了图书馆服务的顺利转型，并推进了学科服务持续稳步前进，取得了显著效果。

2. 转变观念，迎难而上，勇敢尝试学科服务新实践

在科学技术迅猛发展的信息时代，河南农业大学图书馆及时适应社会发展需求，更新服务理念，变传统被动服务为主动服务，积极尝试学科服务。自2013年以来，在全馆只有43人，维持基本开馆运行尚有困难的情况下，建立了学科馆员服务机

制，并因馆制宜，大胆尝试学科服务模式和服务团队创新实践，建立了具有多结构的服务团队、多层次的服务内容、多样化服务平台和全覆盖的服务规模（三多一全）的综合学科服务体系，具体内容如下。

（1）多结构的服务团队　全馆共有兼职学科馆员 20 个，分别组成了 3 个不同结构的服务团队，包括：7 个以业务部门为基础的学科服务小组；1 个以信息部为主的专业服务团队；1 个跨部门的由馆长、副馆长 + 若干个业务骨干组成的高级咨询服务团队。

（2）多样化的服务平台　充分利用社交媒体作为信息服务平台，建立了 1 个学科服务专业博客，2 个微博，3 个专业服务 QQ 群，1 个飞信群，另外还有各种学科馆员嵌入的微信群、QQ 群，等等。

还建立了一个大型的专业学科服务网站——河南农业大学学科服务平台，内容涵盖学科前沿动态、学科分析、学科机构、学科文献、专家学者、项目基金等专业栏目信息。该平台目前已建成了 11 个学科和 3 个专题。今年年底将实现全校所有 16 个省级重点学科的全覆盖。

（3）多层次服务内容　按照不同的服务需求，将服务任务分别交由不同的团队实施。

第一层次：由部门小组面向院系小众开展简单信息咨询服务。通过各种媒体平台广泛发布各种培训、讲座信息，在线解答读者咨询，专业文献资源推荐，用户导向，收集、传递用户需求信息，等等。

第二层次：由信息部带头开展个性化、深层次专业服务。包括查收查引、开题立项查新、定题检索、课题跟踪、组织数据库培训、知识讲座，等等。

第三层次：由馆领导挂帅开展高级咨询服务。主要是面向学科带头人、科研管理人员及学校决策部门提供高级咨询，包括举办学科服务沙龙、ESI 专题培训讲座、学科竞争力分析、高层专题咨询，等等。

（4）一全　即实现了全校 16 个一级重点学科信息服务立体式全覆盖。

3. 阅读推广，真人引领，努力建设书香校园

真人图书馆（Living Library）是一种全新的阅读理念，通过读者“借”一个活生生的人交谈，获得更多的见识的活动，理念源于丹麦哥本哈根。2009 年 3 月 18 日，由上海交通大学在国内首次尝试。

河南农业大学图书馆 2015 年 5 月 7 日首次推出了“真人图书馆”系列活动。这种“以人为书”的真人阅读方式，一经推出，便极大地吸引了读者的关注，引起了读者的共鸣。近年来，主办人员一直用心深挖资源，精心策划，为读者推介了一个个高

质量的、有启迪性的“真人图书”，内容涉及求学、创业、爱情、人生、读书、艺术、旅行、环保、音乐、外国文化等。其中，特邀嘉宾河南农业大学校长、中国工程院院士张改平，泡桐专家、河南农业大学老校长蒋建平，郑州市政协委员匡洁，河南省青联委员陈红旭，三门峡市道德模范张巧娥，“河南最美大学生”王雅清等真人图书的现场借阅，一度引起了读者的热烈追捧。该活动还注重运用新型媒介，采用网络直播的形式，使借阅读者数量大大增加，互动人数近 2 000 人。自 2015 年首播以来，成功推出《走出迷茫》《谁在恋爱》《相约光影》《语言学习秘籍》《和你相约香格里拉》《读书与人生》等 23 期真人图书借阅活动，逐步把“真人图书馆”打造成了图书馆的品牌阅读活动。

近年来，河南农业大学图书馆以“真人图书馆”为引领，积极开展阅读推广实践，将“阅读文化经典，建设书香校园”系列活动作为河南农业大学图书馆的品牌服务，精心锻造。该品牌服务 2017 年分别获评河南省高校精神文明建设优秀工作案例三等奖和河南农业大学“思想政治工作优秀品牌”等荣誉称号。近日，我馆主持的“媒介融合背景下打造以网络直播为载体的真人图书馆”项目又获评 2018 年全省高校网络文化建设精品项目。

4. 勠力同心，砥砺前行，为学校争创“双一流”建设做贡献

新时代的河南农业大学图书馆，奋发向上、充满活力。领导班子团结一心，带领全馆职工紧密团结在以习近平为核心的党中央周围，坚持以新时代习近平中国特色社会主义思想为指导，秉承“读者第一、服务育人”的办馆理念，与时俱进，开拓创新，勠力同心，砥砺前行，为学校争创“双一流”建设努力做出更大的贡献。

以需求为导向，以服务谋发展

——江苏省农业科学院图书馆建设现状与展望

江苏省农业科学院图书馆长期以来坚持紧贴科技人员信息需求，重视资源建设与宣传培训，开展优质高效信息服务，加强支撑服务的科研探索，以需求为导向，以服务谋发展，以科研促创新，为全院乃至全省农业科技创新与管理决策提供信息支撑。

一、发展概况

1. 现状简介

江苏省农业科学院图书馆作为全国 17 个重点农业图书馆之一，与网络服务中心、多媒体制作中心一起隶属于院信息服务中心。信息服务中心是全球农业大数据与信息服务联盟理事单位、中国农学会农业图书馆分会理事单位、江苏省科技情报学会常务理事单位，同时还是江苏省工程文献中心共建共享单位、原农业部与江苏省科技厅查新检索单位、南京农业大学图书情报专业硕士实习基地。重点服务于院本部和院系统 13 个农区所 3 000 多名科技人员，同时为全省企事业单位科技工作者提供信息服务。

2. 主要职能

江苏省农业科学院图书馆秉持“以需求为导向，以服务谋发展”的宗旨，以为科技人员提供便捷化、规范化、个性化、知识化的服务为目标，旨在通过信息资源建设与管理、信息检索与科技查新、情报研究与服务推广、用户信息素养培训与提升等职能的拓展深化，满足科技人员的信息需求，为学术科研、科技创新、学科建设、管理决策等工作提供信息支撑，为农科人打造一个开放、自由、舒适、安全的知识天堂。

3. 人员情况

江苏省农业科学院图书馆现有在职职工 11 人，设有馆长 1 人，副馆长 1 人。其中，博士 2 人、硕士 6 人；副研究员 4 人、助理研究员 4 人；图书情报学科背景 6 人、农业学科背景 5 人；40 岁以上 3 人，40 岁以下 8 人。整体来看，江苏省农业科学院图书馆人员年龄、学科、学历等人才结构合理，具有可持续发展性。另外，每年提供图书情报专业硕士实习岗位 3~4 个，一方面补充壮大了服务团队，另一方面增强了团队的创新力和活跃性。

4. 基础环境

江苏省农业科学院图书馆在大数据中心楼建设有约 150 平方米的信息共享空间，包括休闲阅读、电子阅览、信息咨询、交流研讨、自助学习、小型学术沙龙等功能区，旨在以开放、共享、自由、创新为理念，打造集空间实体、硬件设备、数据资源、软件设施、信息技术、信息服务为一体的创意性学术空间；在农业信息研究所楼建设有 3 层书库，总面积约 1 000 平方米，用于 30 万册图书、期刊、报纸、历史资料等流通管理和长期保存；另在在大数据中心楼建设有 100 平方米左右的办公和研究区域。

二、发展历程

1. 历史沿革

江苏省农业科学院图书馆建于 1931 年，原为中央农业实验所图书室。随着院所变迁发展，先后改名为华东农业研究所图书资料科（1950—1959）、中国农业科学院江苏分院图书馆（1959—1970）、江苏省农业科学院图书馆（1970 至今）。2014 年 12 月，江苏省农业科学院整合相关力量成立信息服务中心，图书馆为信息服务中心 3 个下设部门之一。

2. 馆藏资源建设历程

江苏省农业科学院图书馆信息资源建设理念是：用好用足有限的经费投入，最大限度地满足科研人员的信息资源需求。建设思路是：以电子资源为主、纸质资源为辅，中文全学科覆盖，外文农业生物等学科覆盖的特色鲜明、综合实用的馆藏资源体系。

江苏省农业科学院图书馆的纸质馆藏资源建设历史悠久，2014 年开始停止新购纸质馆藏，图书馆书库主要用于馆藏文献的长期保存。目前，图书馆拥有纸质馆藏书、刊、资料 30 多万卷（册）。尤其是早年从国外购进一大批农业科学、生物科学重要期刊，多数从创刊号起，虽经多次搬迁，但仍保存完好。其中，1900 年前创刊、馆藏 50~120 年卷的有 22 种，1901—1930 年期间创刊、馆藏 30~80 年卷的有 60 种。另外，本馆完整保存了我国早年有影响的农业科学技术刊物，如创刊于 1918 年的《中华农学会报》、1923 年创刊的中山大学农学院的《农声》、1924 年创刊的金陵大学农学院的《农林新报》、中央农业实验所的《农报》以及《农业推广通讯》等。

江苏省农业科学院图书馆的数字资源建设最早可以追溯到 2003 年，引进和建设各种数据库资源的同时，开始着手建设数字图书馆网站。2009 年，图书馆引进远程访问系统，具备了服务地区所、基地、出差在外等院局域网外访问资源的能力，同年，数字图书馆网站进行了改版。2015 年年初，针对数字资源建设分散、学科覆盖率低的现状，图书馆广泛调研，资源整合与共建共享并举，重点建设科研人员需求集中的数据库，从全文可获取层面实现了中文数据库的全学科覆盖、外文数据库的院相关学科全覆盖，在未增加院预算经费投入的前提下，实现了图书馆信息资源的大幅提升。同年，对数字图书馆网站进行改版，极大满足了科研人员的信息资源需求。

现在，图书馆建设有 SCI、ScienceDirect、SpringerLink、Wiley、OVID 文摘数据库、知网（期刊、硕博士论文、会议论文、年鉴、报纸、统计数据等全学科、回溯至创刊年）、维普、万方、读秀、百链、台湾华艺、中外专利检索分析预警平台、国研网等 20 余种中外文数据库，并通过 VPN 建设方便科技人员在院内外实时利用图书馆数字资源。近年来，图书馆还积极对外加强与在宁科研、教育机构共建共享，多渠道补充信息资源；对内与院系统 13 个农区所签订信息资源和服务共建共享协议。通过原文传递、代查代检、专题检索等服务弥补资源建设不足；通过需求调研、用户培训、宣传推广等提高资源利用率。

3. 信息服务拓展历程

江苏省农业科学院图书馆信息服务拓展理念是：紧贴全院科技人员需求，提供优质高效的信息服务。拓展思路是：提高基础信息服务的效率和质量，加强深层次信息服务的研究和推广；对内实现信息资源与服务一体化建设，对外加强合作提升影响力。

2015 年之前，图书馆的服务内容仅限于资源保障、馆藏阅览、科技查新、代查代检、原文传递等基础服务，且多为被动服务，服务较为粗放。2015 年开始，在资源建设保障的基础上，重点优化改革信息服务工作。

在基础服务方面，以效率和质量为目标，针对科技查新、代查代检、原文传递、信息资源、培训宣传等工作，梳理优化服务流程，明确服务响应时间，形成分工协作的服务机制，基础服务的效率和用户满意度大幅提升。2018 年开始，将科技查新、代查代检、原文传递等服务量较大的工作以工作流的形式在院信息化平台上开发应用，并引入服务评价机制，实现网上预约、网上服务、网上评价，进一步提升服务的用户体验。

在深层次服务方面，2015 年开始围绕院重大课题或重要学科方向开展学科态势分析服务，梳理学科领域发展脉络，帮助相关学科科技人员准确把握学科领域发展的前沿、热点、重点；同年，围绕院团队建设、学科布局、人才引进、国际合作等重大管理需求，开展科研竞争力评价分析服务，为院所相关管理决策提供数据支撑；2016年开始，针对重点学科团队开展科技信息的监测、编译、分析、推送等服务，帮助重点学科团队快速、及时、准确、全面获取科研信息；2017年开始，围绕院重点学科的技术关注点，利用专利分析技术方法，开展技术领域态势分析服务，对其发展历程、现状、前沿、趋势、重点团队、核心成果等进行深入研究及可视化展示，全面、形象地展现相关技术的发展态势；2018年开始，开展融入院科研管理的机构知识库建设与服务工作，将分散的科研成果信息关联管理，实现科研成果信息最大化共享和持续保存，实现人才培养、学科团队建设全过程跟踪管理和研究分析。

三、主要业务与成效

1. 立足基础，提升服务效率

江苏省农业科学院图书馆的基础保障和服务工作主要包括信息资源建设与管理、阅览空间的建设和管理、用户需求调研、原文传递、科技查新、代查代检、信息咨询、宣传培训等内容。基础服务是图书馆的传统工作内容，是图书馆生存与发展的根本，服务精细度和效率是其追求的目标。

图书馆通过多种渠道调研用户信息需求，进行信息资源建设与管理，确保资源的可利用率和满足率；建设管理信息共享空间、书库等公共空间，为读者提供便捷、舒适的阅览空间；每年完成科技查新和查收查引300项左右，为全院各类课题和奖项的顺利申报提供证明；每年完成原文传递约3万篇次，信息咨询约200人次，为全院乃至全省科技工作者提供文献支撑；积极开展同行间业务交流，提升图书馆知名度与影响力；定期面向科技人员开展信息资源利用方法技巧培训，并通过网站、微信、QQ等多种渠道不定期宣传资源利用方法，提升资源利用率。

2. 创新发展，拓展服务深度

江苏省农业科学院图书馆的深层次服务工作主要包括科技动态监测与快报、学科发展态势分析、技术发展态势分析、科研竞争力评价、温室气体清单编制等内容。深层次服务是图书馆的拓展性工作内容，是图书馆创新发展的关键，服务个性化和深度是其追求的目标。

图书馆针对重点学科团队开展科技信息动态监测与快报服务，自行研发了农业科技信息动态监测与快报服务系统，建设了3个重点学科信息监测服务门户网站，每年实时编译、推送学科信息1 500余条；利用文献计量等方法进行数据挖掘与分析，为科研人员提供机构科研竞争力、学科领域发展态势、技术发展态势分析等服务，先后完成研究报告 20 余份；受江苏省工程中心委托，连续 5 年开展江苏省农业活动温室气体清单编制工作，为全省相关工作提供信息参考；合作开发完成院机构知识库，实现了科研成果信息长期保存与科研业绩考核的无缝对接。

3. 重视科研，提升服务能力

图书馆在创新发展过程中，会遇到技术、方法、模式等各种瓶颈，因此，鼓励在做好服务工作的同时，结合岗位需要，开展研究探索工作。

近 3 年来，图书馆主持省农业自主创新专项、省财政厅专项、院基本业务专项等各类研究课题 20 余项；撰写并第一作者发表图书情报相关的研究论文 30 余篇。研究领域涉及学科评价、人才评价、团队评价、机构知识库建设、科技信息动态监测、学科态势分析、专利分析等方向，对于图书馆员服务能力提升、支撑图书馆深层次服务等具有积极促进作用。

4. 力求卓越，彰显服务成效

图书馆在开展服务、探索研究的同时，个人和集体也收获了很多荣誉，这既是对图书馆过去工作的认可，更是对今后继续做好工作的鞭策。

近 3 年来，图书馆主持获得院首届社会科学优秀成果一等奖、华东地区科技情报成果二等奖、江苏省科技情报成果二等奖等奖项 9 项；获院先进集体、江苏省工程文献中心优秀组织管理奖等集体表彰 4 次；获全国优秀农业科技情报工作者、教育部全国万名优秀创新创业导师、长三角优秀科技情报工作者、省优秀科技情报工作者、院优秀共产党员、最美实践青年、孝陵卫先锋青年等各类个人荣誉 40 余人次。

四、未来发展设想

回顾图书馆过去一段时间的发展，各项工作均取得了明显的进步，但在业务聚焦、基础保障、服务深化、团队建设方面还有待进一步提高和改进。未来图书馆在继续做好管理保障、资源建设、基础服务、深层次服务、宣传推广的基础上，还将从以下几个方面重点改进和突破。

1. 加强宣传和培训，提升资源利用率及用户信息素养

结合图书馆资源和用户需求情况，未来将加强用户个性化培训力度，根据各专业所和地区所的用户需求，有针对性地开展培训和宣传工作，同时开展广泛性的用户需求调研。

2. 聚焦深层次服务，打造服务品牌

结合江苏省农业科技热点、我院重点学科领域、院事业发展重点，梳理确定未来深层次服务的方向，凝聚力量、深入探索，打造高品质的服务成果，形成品牌

效应。

3. 打牢科研基础，夯实服务能力

科研工作紧紧围绕图书馆本职工作和深层次服务需求有组织、有计划地开展，重点在文献计量、信息分析方法、学科服务模式、情报服务内容等方面进行探索研究，以真正实现“对内科研支撑服务，对外服务助力科研”的目标。

4. 结合院信息化建设，设计构建知识服务平台

结合院信息化工作整体安排，重点围绕农业科技知识服务平台构建的目标，建设、完善院机构知识库、文献服务平台、农业科技信息动态监测、特色馆藏数据库、院专家知识库等平台。

5. 加强团队管理，进一步提升情报服务能力

通过完善制度、明确机制、对外学习、对内交流、人才补充等多种方式，加强团队管理，提升馆员的专业素养，提高团队的整体服务能力。

（江苏省农业科学院图书馆　任妮供稿）

根植沃土展芳华　凝心聚力创一流

——发展中的南京农业大学图书馆

南京农业大学是中国近现代高等农业教育的拓荒者和重要的农业教育与科研中心，自三江师范学堂和金陵大学分别创办农业博物科和农科至今，已走过了百余年的历程，为我国农业和农村的科技进步、经济发展做出了卓越贡献，为中国农业高等教育事业谱就了一曲华美乐章。而作为一所大学的智慧居住之地，南京农业大学图书馆也伴随着学校的建设与发展，经历了百余年的沧桑变幻。这期间，虽几经分合坎坷不断，却始终砥砺前行初心不变，更以每一个坚实而稳重的脚步，在学校的人才培养、科学研究、社会服务、文明传承等方面，做出了不可磨灭的贡献。

如今的南京农业大学图书馆，已成为一个现代化的文献信息中心和学校信息化的重要基地，具有鲜明的办馆特色，取得了令人瞩目的成就。

南京农业大学图书馆总建筑面积3.24万平方米，设有阅览座位4 470席，实际在用有线网络信息点1 020个，无线网络全覆盖。现有馆藏纸质书刊235.4万册，电子图书1 500余万册，电子西文期刊13 800种，电子中文期刊15 200种，国内外数据库120种，自建特色数据库6个。图书馆建有1 902信息共享空间、单人耘诗书画展览室、多媒体学习室等服务设施，每周开放101小时，年接待读者近220万人次，年纸本流通总量约50万册。图书流通采用汇文文献信息服务系统，并与校园一卡通系统接轨，读者可使用校园卡在馆内通过门禁、接受服务、自助缴费、自助充值等。

学校中心馆设有办公室、读者服务部、文献资源建设部、发展研究部、参考咨询部、网络运营部、用户服务部、信息应用部、教育技术部，常年开展书刊借阅、电子阅览、电子书刊借阅、自助打印复印、书目信息查询、读者信息查询、读者培训、参考咨询、科技查新、文献传递、重点学科导航、校园网接入与管理、校园网和图书馆网站建设、教学视频资源库建设与管理、电视教学片摄制、多媒体课件制作等服务工作。

图书馆、图书与信息中心合署办公，不仅是学校的文献资源中心，同时还是校园信息化中心、现代教育技术中心，负责全校校园信息化的规划、建设、管理与服务工作；是中国高等教育学会教育信息化分会理事单位，中国教育技术协会高等农业院校教育技术研究会理事长单位，中国农学会农业图书馆分会、科技情报分会常务理事单位，江苏省图书馆学会常务理事单位，江苏省高等院校教育技术研究会常务理事单位；是教育部查新检索单位，江苏省高校农学文献中心，江苏省高校教育技术培训基地，江苏省党员干部远程教育教学资源建设基地……根植百年沃土的南京农业大学图书馆，正张开它的臂膀，与高速飞进的时代接轨。

一、沧桑历史诉峥嵘

南京农业大学图书馆是由原金陵大学图书馆、中央大学图书馆的部份人员和书刊合并而成。图书馆实行总馆分馆制，总馆（卫岗校区图书馆）下设浦口分馆（浦口区点将台路 40 号）、社科分馆（逸夫楼 5079、6003 室）、畜牧兽医分馆（逸夫楼 2032~2034 室）、农业遗产分馆（逸夫楼 6011 室）。

南京农业大学的历史，可溯源至创立于 1902 年的三江师范学堂和 1910 年的私立金陵大学两支，并在历史更迭中几经变迁。前一支的延续从 1914 年成立的南京高等师范学校，到 1920 年成立的国立东南大学，再到战乱时期 1927 年成立的第四中山大学和 1928 年改名的江苏大学以及 1928 年同年几个月后更名的国立中央大学，再到中华人民共和国成立初期 1949 年成立的国立南京大学。后一支的延续到 1951 年成立的公立金陵大学。而后在 1952 年全国高校院系大调整中，由上述两支院校涉农的部分相关系科以及浙江大学的部分系科，组建了南京农学院。“文化大革命”期间（1972—1979 年），南京农学院整体迁入扬州并成立江苏农学院，1979 年回迁南京复校。1984 年学校经国务院批准更名为南京农业大学至今。

与此同时，南京农业大学图书馆也伴随着学校的发展变迁，在历史沿革中，走出了一条清晰的脉络。1902—1951 年在时易世变中的艰难探索，1952—1978 年独立建院后的曲折前行，1979 年复校、1984 年更名后的稳步发展，到如今在新时代的背景下驶入高速发展的快车道，南京农业大学图书馆的命运随着时代的曲折前行而跌宕起伏，既有过蓬勃发展的黄金时期，也经过沧桑磨难的峥嵘岁月。但无论是筚路蓝缕，还是乘风破浪，学校图书馆始终肩负着传承思想、吐纳信息、分享知识、播洒智慧的重任，助力为国家培养了一大批高层次、高质量农业专门人才。可以说，这一路走来的历史足迹，不仅刻录下了图书馆所经历的那些精彩岁月，更是学校发展的见证和时代遽变的缩影。

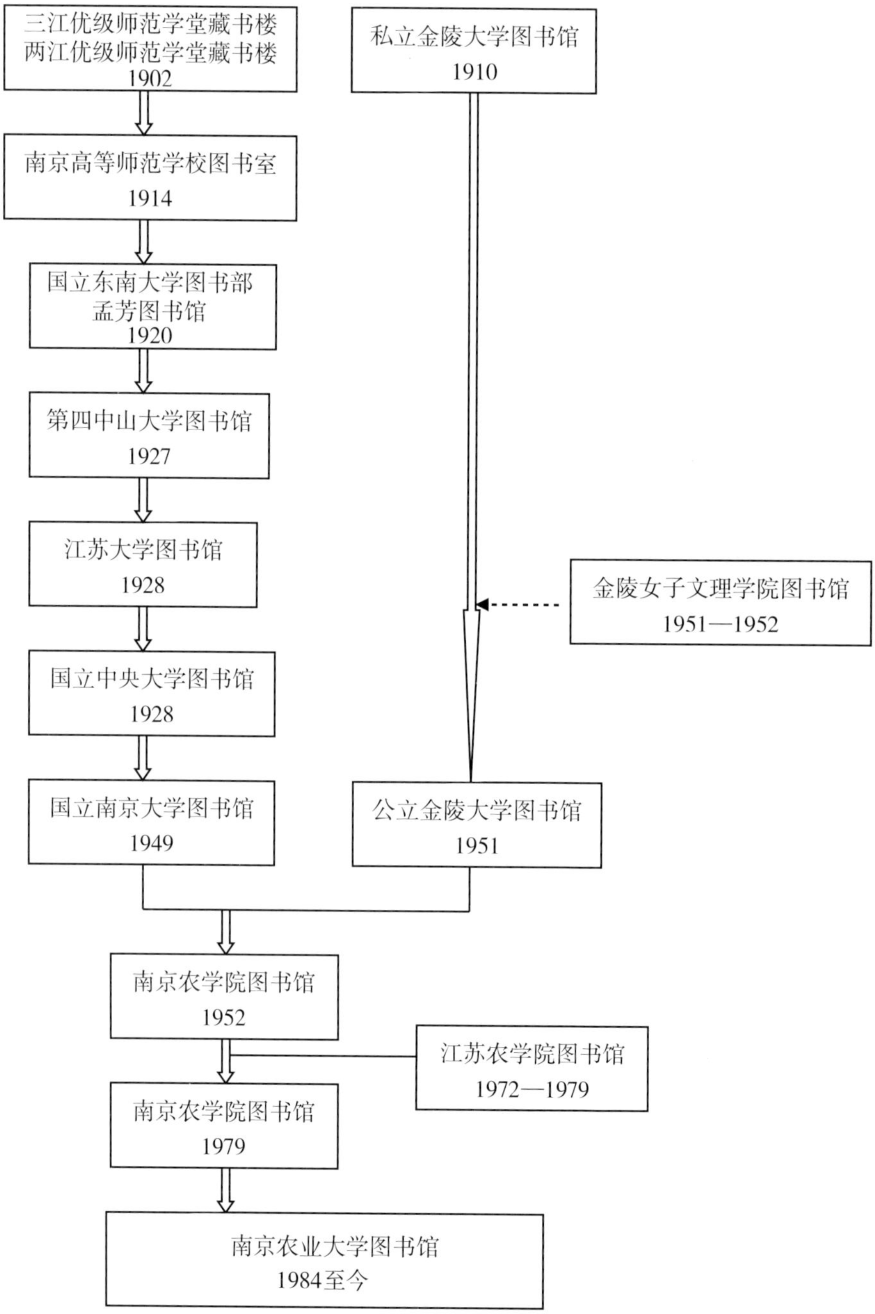

南京农业大学图书馆历史沿革脉络图

透过南京农业大学图书馆这百余年的历史，可以真真切切地感受到，这百余年的薪火相继，南京农业大学图书馆人从未停下改革探索、创新前行的脚步；这百余年的耕耘不息，也成就了今天这环境优美、馆藏丰富、服务优质、设施完善，深受师生喜爱的现代高校图书馆。我们深深地为此而骄傲，为一代代南农图书馆人的不懈追求、励精图治、勤勉敬业和耕耘收获所振奋鼓舞，这些，都是我们面向未来的坚实基础和珍贵资源，也是激励我们继往开来的强大动力。我们只有秉承传统，坚守目标，才能无愧于历史，无愧于历代图书馆人，无愧于这百年南农！

二、灿烂今朝写新篇

近年来，南农图书馆在“以人为本、读者第一、服务至上”的服务理念下，以需求为引导，创新为动力，服务为根本，进一步深入开展各项读者服务工作，在馆舍建设、馆藏资源建设、读者服务、学术科研等方面都取得了重大进展，全面推进了服务质量的提升和服务层次的深入，更好地服务了学校的教学、科研与学科发展，为学校建设世界一流农业大学的整体目标做出了积极的贡献。

文献资源建设不断完善。近年来，图书馆积极探索图书文献采购向读者主导转型的 PDA 模式，由学科馆员联络学院教师、引进人才等，开展外文图书荐购、PQTD 博硕士论文订购，并全面开展了图书与数据库使用绩效分析与评估工作。2016 年全馆图书采购经费达 1 468 万元，当年新增采购 SSCI 等数据库 18 个；2017 年，以“资源建设与学科服务一体化”为发展思路，对 16 个院系的 100 余名教师进行了数据库需求调研，按学院需求进行荐购，共计 17 个院系的 83 位教师荐购外文图书 684 本。两年来，完成了近 70 万种纸本图书电子化工作。

读者培训与学科服务深入开展。2013—2017 年，图书馆借还图书总量近 400 万册，组织常规读者培训 159 场，直接参与读者数万人。开展 QQ、E-mail、电话、当面咨询万余次。完成新教师教育技术培训工作 28 期，近 3 年共培训新教师 260 余人。

图书馆常年为学院、学科和团队提供个性化的定题服务。2015 年，与园艺学院联合，首次尝试“菜单 + 订单”培训，以蔬菜学科为试点启动深层次学科服务，并在试点学科的基础上，按照学校的学部设置，为每个学部安排专门的学科服务馆员，面向全校、学院、学科提供定向服务，全面开展学科评价分析工作。近年来，共完成针对学校、学科、个人的多类型科研产出分析报告 40 多份。

近 5 年，图书馆共完成科技查新 1 611 项。2017 年，图书馆收录引证工作受理完成 167 项，累计检索或对比文献数 34 598 篇，文献传递 2 002 篇，各平台累计完成校内外师生 6 539 余篇文献传递，直接请求满足率达 96%。

学术科研工作富有成效。南京农业大学图书馆坚持以学术科研及优质文明竞赛为抓手，认真组织引领全体馆员不断提升自身的业务能力与综合素质。持续开展“馆员大讲堂”“馆员大学堂”“馆员学术沙龙”“馆内研究课题”等活动，积极鼓励馆员参与。通过设立“工作改进奖”“工作创新奖”等措施，激励馆员立足岗位不断改进和创新服务。选派骨干馆员参与国内外各学术机构组织的学习、培训或研讨。聘请信息科技学院专家教授为图书馆学术导师，加强对馆员学术科研工作的指导。2013 年至今，本馆馆员共发表论文 86 篇，承担校级以上科研项目 20 余项，初步建成一支 15 人左右符合时代要求的骨干馆员队伍。

文化建设成果斐然。图书馆“腹有诗书气自华读书月”系列活动已连续举办 10 年，成为学校校园文化活动的重要品牌。历届读书月活动内容丰富，形式多样，读书月“名家讲座”“阅读是美丽的”摄影大赛等活动深受师生的欢迎，累计直接参与读者超过 5 万人，在校园里营造了浓厚的读书氛围，同时还形成了读书月系列文化产品。读书月系列活动获 2014 年度校园文化建设优秀成果一等奖和 2016 年全国“大学素质教育优秀品牌活动”金牌。

2015 年，“单人耘诗书画展览室”在图书馆 3 楼试展，增添了展示与传播“南农特色、南农文化、南农精神”的新窗口，被评为学校 2015—2016 年度校园文化建设优秀成果一等奖。

2017 年，图书馆精心举办“菊韵秋华、书墨萦香”菊花展，共接待校内外人士约 4 万人次，不仅是一次我校菊花科研成果的集中展示，也是一次菊花与阅读的完美结合，向校内外宣传南农的特色科技成果，展示南农崇尚科学、崇尚阅读的校园文化。

三、忆往思今向未来

我们正处在一个大发展、大变革的时代，也是一个大有希望、大有作为的年代。一方面，全球科技创新进入空前密集活跃的时期，新一轮科技革命和产业变革正在加速演进，重构全球创新版图、重塑全球经济结构。科技创新的范式革命正在兴起，大数据研究成为继实验科学、理论分析和计算机模拟之后新的科研范式。

另一方面，我国高等教育正处在一个重要的历史发展时期，进入了从高等教育大国向高等教育强国转变的新阶段。十九大报告更是明确提出，要加快一流大学和一流学科建设，实现高等教育内涵式发展。这些都为高校的发展提供了新的机遇，也带来了更大的挑战。

大学图书馆是人才培养、科学研究、服务社会、传承文明的重要支撑条件。科学技术的发展和国家对新时代高等教育提出的希望，也给传统意义上的大学图书馆带来巨大的冲击和变革，图书馆事业正进入一个崭新的发展阶段。

有人说，没有一流的图书馆，就没有一流的大学。作为具有悠久灿烂历史的百年老校图书馆，作为充满生机活力的“一流学科”建设高校图书馆，如何更好地服务于世界一流农业大学建设，如何成为农业院校图书馆的一面旗帜，如何在新的时代焕发出新的光彩，是摆在我们每一个南农图书馆人面前的问题，也是我们每一个人责任和担当。

凡事预则立，不预则废。在深入把握新时代高等教育发展要求和学校办学优势、特色的基础上，南京农业大学图书馆已然规划了跨越发展的新征程。图书馆将紧紧围绕学校建设世界一流农业大学的奋斗目标，以文献资源建设为基础，以满足用户需求为导向，以先进技术为引领，以科学管理为支撑，按照文献保障抓落实，读者服务抓转型，队伍建设抓重点，文化建设求实效，新馆规划上水平的总体工作思路，积极探索移动互联时代图书馆读者与用户服务的新模式，全面提升顺应时代发展的文献保障与知识服务能力，为人才培养和科学研究提供有效的信息服务支持，为知识获取和心灵启迪营造适宜的文化环境，着力构建适应世界一流学科发展与创新人才培养要求的现代大学图书馆。

围绕世界一流，实现文献资源强保障。扩大电子文献资源建设的经费比例，充分发挥经费使用效益。纸型文献以按需、经典、特色的原则进行精选，积极争取社会捐赠，分阶段逐步数字化馆藏纸型文献。建立数字资源采购评估规范机制，进一步引进学科建设急需的数据库和一些重要平台。构建与一流学科建设和农业创新人才培养相适应的文献资源保障体系。

壮大学科馆员，提升学科服务满意度。加强学科服务团队建设，深入开展以资源建设为核心的学科服务，从被动服务逐渐向主动服务转型，从满足资源保障向提供科研支持转型，从服务少数学科向服务全校学科转型。积极推广新技术在图书馆领域的应用，改造和升级现有系统和平台，拓展和加强基于互联网和移动应用的服务。提升参考咨询业务水平，把“你问我答”式的服务变成馆员参与用户问题解决过程的“参与式咨询服务”。加强科研评价计量工具研究与新方法的应用，为学科发展、人才引进或评估提供有价值的决策参考。

优化环境布局，开创文化建设新局面。根据图书馆服务、空间、环境以及读者的需求变化，优化馆舍布局，通过挖掘和整合资源，特别是基于用户体验和学习交流开发馆舍空间的新功能，改善阅读环境，创造多样化阅读空间。开展多种形式的阅读推广与文化传承活动，不断扩大图书馆在校园文化建设中的作用和影响。

加强顶层设计，做好新馆规划与建设。配合学校新校区建设，做好新校区图书馆的设计与论证工作。调研国内外相关高校图书馆新馆建设的成功经验，从支撑一流学科建设与农业创新人才培养角度，以智慧图书馆作为未来图书馆的建设目标，引进国外最新图书馆建设理念，应用现代信息技术，以移动互联为基础，高效和便利为特色，进行图书馆新馆的规划、设计和实施。

目前，学校新校区建设已经取得了突破性进展，正式签订了代建框架协议，3 年后，学校办学空间紧张的问题将彻底解决，到那时，卫岗校区将与江北校区遥相呼应，南农将伫立于长江南北，全局联动、双向发力、跨越前行。南京农业大学图书馆也将伴随着学校的发展，再次迎来建设与发展的春天！

南农图书馆人从来都是敢为时代职责的。我们肩负着创建世界一流农业大学图书馆的历史使命，这就需要我们把握时代脉搏，紧抓历史机遇，趁势而上，求索进取，进一步加强图书馆馆风和工作作风建设，认真落实读者至上、服务育人的理念，不断提升服务质量、服务水平和读者满意度，走出一条独具特色的世界一流农业大学图书馆建设之路。

习近平总书记说，中国梦是历史的、现实的，也是未来的，可视的历史为南农图书馆留下了永恒的精神财富，也铺就了明天的征程。我们相信，不论哪个历史阶段，南农图书馆人始终有着“永不懈怠的精神状态”，和“一往无前的奋斗姿态”，并在未来建设发展的征程中，一路开拓创新，躬行不辍！

福建省农业科学院图书馆

一、发展概况

福建省农业科学院图书馆建于1960年，隶属福建省农业科学院农业经济与科技信息研究所。现有馆舍面积400余平方米，图书馆藏库、科技期刊库、特色馆藏库各一个，阅览室2个。在职职工5人，其中，高级职称1名，中级职称2名，初级职称1名。农业馆藏中外文文献7万余册，重点收藏农业科学、农业经济、生物科学、FAO图书、部分电子资源与自然科学类综合性图书以及专业性检索工具书刊。拥有CABI国际农业与生物科学中心、德国SpringerLink生命科学包等外文数据库以及VIP中国科技期刊数据库、CNKI中国全文期刊数据库、万方数据资源系统等中文科技学术期刊数据库，并通过与全球农业大数据与信息服务联盟、联合国粮农组织和中国农业科学院文献信息中心定期交流及与国内文献信息服务站点合作联网，共享目前国内绝大部分的数据库资源。

图书馆承担院数字信息资源建设与图书文献信息服务任务。紧密围绕院所的工作重心和科研方向，强调在创建特色明显高水平现代科研院所中的信息资源保障作用，努力建成特色鲜明、管理科学、功能齐全、服务优良、能最大限度满足科研人员需要、以高质量、高效率为院科研开展提供切实有效的文献信息保障的专业特色型图书馆。

1995年设立查新检索中心，2005年更名为信息咨询中心，首批国家农业部定点、福建省科技厅认定的农业查新机构，是我所对外服务的重要窗口。主要承担国家、部、省级农业课题、项目的立项查新及成果申报查新，同时开展文献检索、查收查引、定题跟踪等业务。年均完成各类查新报告约80项，是福建省最重要的农业科技查新检索单位。图书馆还在立足做好传统科技信息服务的同时，积极谋求转型，在文献定题追踪、文献计量分析等学科知识服务方面已取得进展。

二、发展历程

1960 年建院时，成立图书馆资料室，在科研处管理下开展图书资料收藏、借阅等流通服务工作。1979 年划归福建省农业科学院科技情报研究所管理，1985 年，在资料室的基础上组建了图书馆。前期业务主要以收藏农业科学资料为主，包括收集、整理、贮藏国内外农业科技图书文献资料，开展文献资料的借阅、复制等流通管理。1995 年获国家农业部首批定点农业查新机构资质，开始开展定题检索、跟踪服务、科技咨询、课题查新等工作。20 世纪 90 年代后期，开始图书数字化建设，开展了中外文数据库、电子图书引进，特色数据库自建，数字图书馆平台建设等业务；以台湾地区文献资料为特色，利用我所对台农业交流通道、人员往来优势，收集、分类、整合了台湾农业科技信息资料，包括台湾农业专家、台湾农业科研机构、台湾农业品种、台湾农业实用小技术、台湾农业科技文献等多项资料，为从事台湾农业研究的科技人员提供了有力的资源保障。近年来，随着数字化网络化信息时代的到来，图书馆开始从信息服务向知识服务的转型，以促使图书馆核心价值从资源主导型向知识服务主导型转变与发展，更有效地支持科研过程中的知识发现、知识应用、知识创造和知识传播。

三、主要业务与成效

图书馆多年来在院文献信息资源建设，网络平台资源共享等方面发挥了独特的作用。

1. 信息服务有价值、有创新

（1）文献信息资源服务　建设了以电子资源为主、纸质资源为辅，中文全学科覆盖、外文农业、生物等学科覆盖的特色鲜明、综合实用的文献信息资源服务体系。对外加强与科技厅信息研究所、省图书馆共建共享，多渠道补充信息资源；对内与院各科研所开展信息资源和服务共建共享。通过原文传递、代查代检、专题检索等服务弥补资源建设不足；通过需求调研、用户培训、宣传推广等提高资源利用率。

（2）科技查新服务　图书馆是国家农业部首批定点农业查新机构，主要承担国家、部、省级农业课题、项目的立项查新及成果申报查新，是福建省最重要的农业科技查新检索单位。严格遵照查新流程，以科学、客观、公正、准确为宗旨，进行科技查新，认真负责地完成每一份查新报告。坚持在客观公正的前提下，从项目委托客户的角度出发，从时效性、准确性等角度更好地为全院科技人员科研立项、成果鉴定、申报奖励等提供优质的科技查新服务。

（3）学科知识服务　近年来图书馆谋求信息服务的转型升级，利用现代信息技术手段，开展了基于知识管理的数字化环境下农业分学科知识个性化定制服务，建立新的农业知识服务运行机制，满足农业科研人员的学习、科研的高层次信息需求，以求更好地做好信息后勤保障，取得一定成效：主动与院水土保持学科团队合作，通过个性化、自动推送服务，实现从文献—知识—情报的增值服务，构建了“福建省水土保持知识服务平台”、合作出版《福建省水土保持与综合治理研究》编著1部，编制《基于共词分析的水土保持学科文献结构可视化研究》报告，编制《福建畜牧兽医学科文献计量分析》，为福建省畜牧兽医领域的科学研究、学科建设、科技资源配置、产业发展规划等提供参考，体现了个性化学科服务的特色与成效。

2. 平台建设有保障、有特色

图书馆平台建设注重突出特色，强度信息保障能力。承担的院数字图书馆平台建设任务，经过多年发展，已形成了规模较大的数据库及农业信息资源的服务体系，拥有多个外文数据库以及中文科技期刊、中国学术期刊等国内外最权威农业数据库，并通过与联合国粮农组织和中国农业科学院文献信息中心定期交流及与国内文献信息服务站点合作联网，共享目前国内绝大部分的数据库资源。平台经过多年发展，至2017年已形成了规模较大的数据库及农业信息资源的服务体系，数据容量达3T以上，记录数据总量超过1 300万条。目前形成三大中文数据库（VIP中国科技期刊数据库+CNKI中国全文期刊数据库+万方数据资源系统）、两个外文数据系统（CAB国际农业与生物科学中心+德国SpringerLink生命科学包数据库）、一个农业科技信息资源共享平台的多层次文献服务体系，满足我院科技人员信息资源需求，提升全院科学研究的文献保障能力。承担的院科技报告平台建设为全国农科系统首创，集科技报告的编写、呈缴、审核、加工、保存以及共享服务于一体，是紧密连接项目管理、课题研发、资源积累和报告使用，有效推进科技报告制度建设的技术支撑平台，也是福建省乃至国家科技报告平台建设的重要组成部分之一。已建成科技报告实体展示平台，通过专业化管理，方便读者查询、借阅，提高使用效率，形成制度化、规范化、长效化、标准化的文库体系，内容涵盖了水稻、甘蔗、茶叶、农业经济、农业工程、土壤肥料、畜牧兽医、作物生产、果树育种、植物保护、农业生态、食用菌等12个学科。自建的台湾农业科技信息数据平台收藏有台湾农业类期刊110多种，总数达到1万余册，内容涉及农业经济和农林牧渔业的育种、生物技术、种养等多方面内容；收藏有台湾农业类原版图书近2 000册，内容几乎涵盖了农业科学的各个门类，其中，以台湾农业经济、农业政策、农业科技、农业基础科学为收藏重点；收藏有台湾农业类 10 余种年鉴，包括《经济年鉴》《中华民国科学技术年鉴》《农业统计年报》《台湾优良农产品专刊》《中华民国经济年鉴》等，对全面了解台湾农业的发展提供重要参考资料。

四、未来发展设想

1. 指导思想

以“科技人员为本、服务至上”为宗旨，以复合型图书馆为发展方向，以文献资源建设为保障，以资源共享为目的，以农业信息化研究为拓展，为我院的学科建设、农业科技创新及可持续发展提供保障。用 5 年时间，将图书馆打造成农业学科体系文献资源比较齐全、服务比较到位，同时具备一定农业信息化研究能力的复合型图书馆。

2. 基本原则

以满足读者信息需求为导向，以规范服务为手段，以能力提升为保障，以创造优质服务为目标，创新图书馆服务内容，服务模式，服务方式，推进图书馆的内涵发展。

3. 发展目标

图书馆始终遵循为全院科研提供优质信息服务的宗旨。紧密围绕院总体发展目标，坚持以读者为中心，以现代技术和科学管理为手段，积极加强图书馆数字化建设，加快传统图书馆向现代化图书馆的转变步伐；尽快形成具有本馆特色的文献资源体系，体现出图书馆作为文献信息中心的服务功能，努力把图书馆建成特色鲜明、管理科学、功能齐全、服务优良、能最大限度满足科研人员需要、以高质量、高效率为院科研开展提供切实有效的文献信息保障的专业特色型图书馆；同时要瞄准现代农业图书馆的发展前沿，不断开拓创新，努力缩小与同类农业科研院所图书馆的差距。

五、重点任务

1. 文献资源建设

复合型图书馆馆藏信息资源是印刷型资源与电子资源并存发展，应根据院学科建设与科研情况合理制定资源建设方案，通过使用情况统计、科研人员调查、科研人员推荐等多种方式构建科学合理的文献信息资源保障体系，制定合理的纸质文献与电子文献的采购比例，加强开放获取数字文献资源和自建机构知识库的建设。未来重点引进的中文数据库包括：VIP 中国科技期刊数据库、CNKI 中国全文期刊数据库、万方数据资源系统等。外文数据库包括：Agricola 美国农业图书馆、CAB 国际农业与生物科学中心、Agris 联合国粮农组织，SpringerLink 生命科学包数据库、ScienceDirect 数据库、Annual Reviews、Wiley Online Library 选刊包等。

2. 平台建设

（1）图书信息共享空间　构建适应科研人员阅读需求，集学习支持、文化休闲、协作交流多功能为一体的一站式的图书信息共享，成为科研人员的“智慧驿站、科学殿堂”，包括党建教育空间（红色书屋）、信息交流空间（学术沙龙）、情报服务空间（学科服务）以及文化休闲空间（咖啡屋）等。构建图书数字化管理系统，结合农业科研院所专业馆特点，研发集采编、流通、图书管理、公共查询、联机编目等功能于一体的图书数字化管理系统。

（2）知识服务平台　重点开展基于知识管理的数字化环境下农业分学科知识个性化定制服务，通过对农业科研院所学科馆员个人知识管理的研究，促进知识共享、知识创新，使农业科研专家所需的信息资源能通过平台得到一站式服务。开展对院重点学科的热点专题、重大事件的监测与推送。快速全面准确地从网络上获取信息，实时动态监控特定目标，通过信息挖掘筛选出学科战略研究热点，协助一线科研团队快速获知学科领域的最新科研动态、政策和成果，实现科技领域信息的动态跟踪，形成学科科研动态跟踪简报，PC 电脑、微信推送平台等信息产品。开展院重点学科的领域情报、产业情报以及区域发展战略研究。剖析该学科领域的国内乃至国际发展态势，跟踪行业数据信息，进行收集和分析，行成对行业发展的判断，对该学科领域研究发展提出建议与对策，为科研人员及科研管理人员把握科研选题方向、开展科研发展规划、对接农业业科技前沿等提供决策参考，形成学科产业发展报告等信息产品。

3. 读者服务建设

开展多种层次、多种方式的读者服务工作，提高各种文献的利用率。做好网上信息资源导引服务，结合科技查新工作，积极开展参考咨询、文献定题检索、信息编译和分析研究、最新文献报道等信息服务工作；为读者推荐优秀图书、电子出版物；设立网上读者意见箱，及时了解并尽快解决读者利用图书馆遇到的问题。

4. 馆员队伍建设

随着图书馆馆藏数字化，操作的电脑化，信息传递的网络化，学科服务的专业化，对馆员的知识结构、专业技能、外语水平等基本素质有了更高的要求，因此，造就一支素质优良，能适应现代农业图书馆事业发展需要的馆员队伍，是我院图书馆建设的一项刻不容缓的重要任务。应积极补充具有学科背景的信息服务人员，在掌握文献信息管理、外语、网络以及计算机应用知识的同时，又具备组织能力、沟通能力、分析能力和信息开发能力。图书馆通过加强业务培训、博学与专才相结合、引进人才与馆内培养相结合、学术研究与实际应用相结合等多项措施，努力培养一批专业的图书信息服务馆员队伍。

发展中的福建农林大学图书馆

一、发展概况

1. 现状

福建农林大学图书馆由福州金山校区的逸夫图书馆、李常盛图书馆、旗山校区图书馆以及南平校区图书馆、安溪校区图书馆 5 个馆组成，馆舍总建筑面积 7.49 万平方米，设置阅览室（区）25 个，文献检索实习室 2 个，近 6 000 个阅览座位，每周对外开放 105 小时。逸夫馆和常盛馆功能定位分别为流通馆和典藏馆，旗山馆、南平馆和安溪馆的功能定位为周转馆。常盛图书馆设有台湾文献馆和校史馆；逸夫图书馆设有福建省立农学院纪念展览馆，该馆 2012 年被省委宣传部和省社科联授予“福建省社会科学普及基地”。

2. 主要职能和任务

图书馆在校党政的正确领导下，在各级部门的支持配合下，以“双一流”高水平大学建设为契机，坚决贯彻落实省委和学校决策部署，充分发挥图书馆在教学、科研、人才和学科平台建设工作中的服务与咨询职能。

（1）信息职能　注重建设数字信息资源管理和服务系统，建立数字信息资源的长期保存机制，保障信息安全；合理组织馆藏纸质资源，保证文献资源的有效使用和长期使用。统筹纸质资源、数字资源和其他载体资源，形成具有本校特色的文献信息资源体系。

参与中国高等教育文献保障系统（CALIS）和福建省高校数字图书馆（FULink）共建共享工程，开展多方面的协作、合作和交流，实现资源共知、共建、共享，促进图书馆事业发展。

（2）教育职能　制定相关规章制度，引导读者遵守法律法规和公共道德，尊重和保护知识产权，爱护馆藏文献及设施设备，维护网络信息安全；充分发挥第二课堂的作用，为学生提供社会实践的条件，提高学生综合素质；多途径多形式加强信息素质课程体系建设；参与校园文化建设，开展阅读推广等文化活动；加强校史馆的建设与管理，为师生集中展示学校办学成就、发展历程，积极发挥校史馆的文化传承、精神传承和育人功能。

（3）服务职能　坚持以人为本的服务理念，保护读者合法、平等地利用图书馆的权利，健全服务体系，创新服务模式，不断提高服务效益和师生满意度；采用现代化技术改进服务方式，优化服务空间，注重师生体验，提高馆藏利用率和服务效率；加强各馆之间以及与其他类型图书馆之间的协作，开展馆际互借和文献传递、联合参考咨询等共享服务。

（4）管理职能　秉持改革与创新的理念，不断更新管理思想，建立健全各项规章制度；加强员工继续教育，为员工提供学术研究和交流活动机会，提高员工业务水平和学术研究能力；做好图书馆自动化管理系统等软硬件的建设与运行维护，为读者提供方便快捷的网络信息服务。

3. 机构和人员

我馆由办公室、采访编目部、流通阅览部、数字技术部、信息咨询部（含查新站）和文化拓展部组成。5 个馆工作人员 115 人，其中，在编人员 58 人，非在编人员 57 人；硕士研究生及以上学历 36 人；高级职称 17 人，中级职称 27 人。我馆教职工业务素质不断提升，专业队伍的年龄、学历、知识结构不断优化，为学校的教学、科研提供切实有力的人员素质保障（图 1 ）。

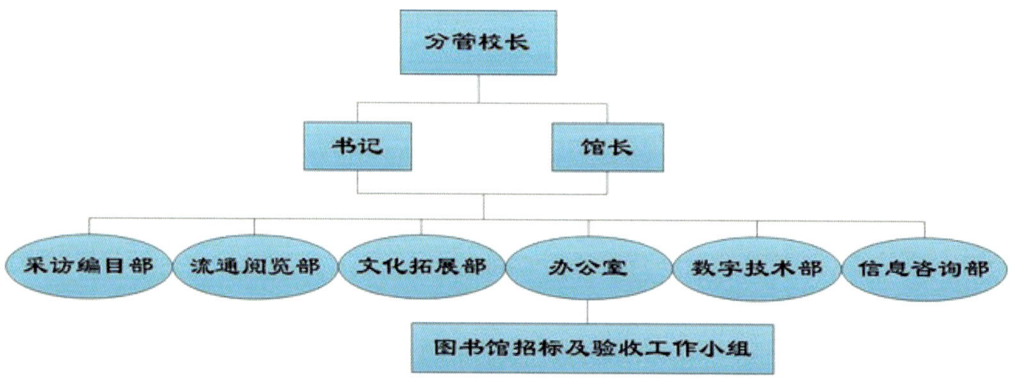

图 1　福建农林大学图书馆组织机构图

4. 条件和环境（图 2 至图 9）

图 2 逸夫图书馆二楼大厅

图 3 福建省立农学院纪念展览馆

图 4 学习空间

图 5 视听阅览室

图 6 李常盛图书馆阅览室

图 7 逸夫图书馆二楼阅览室

图 8 常盛馆一楼校史馆

图 9 台湾文献馆

二、发展历程（图 10）

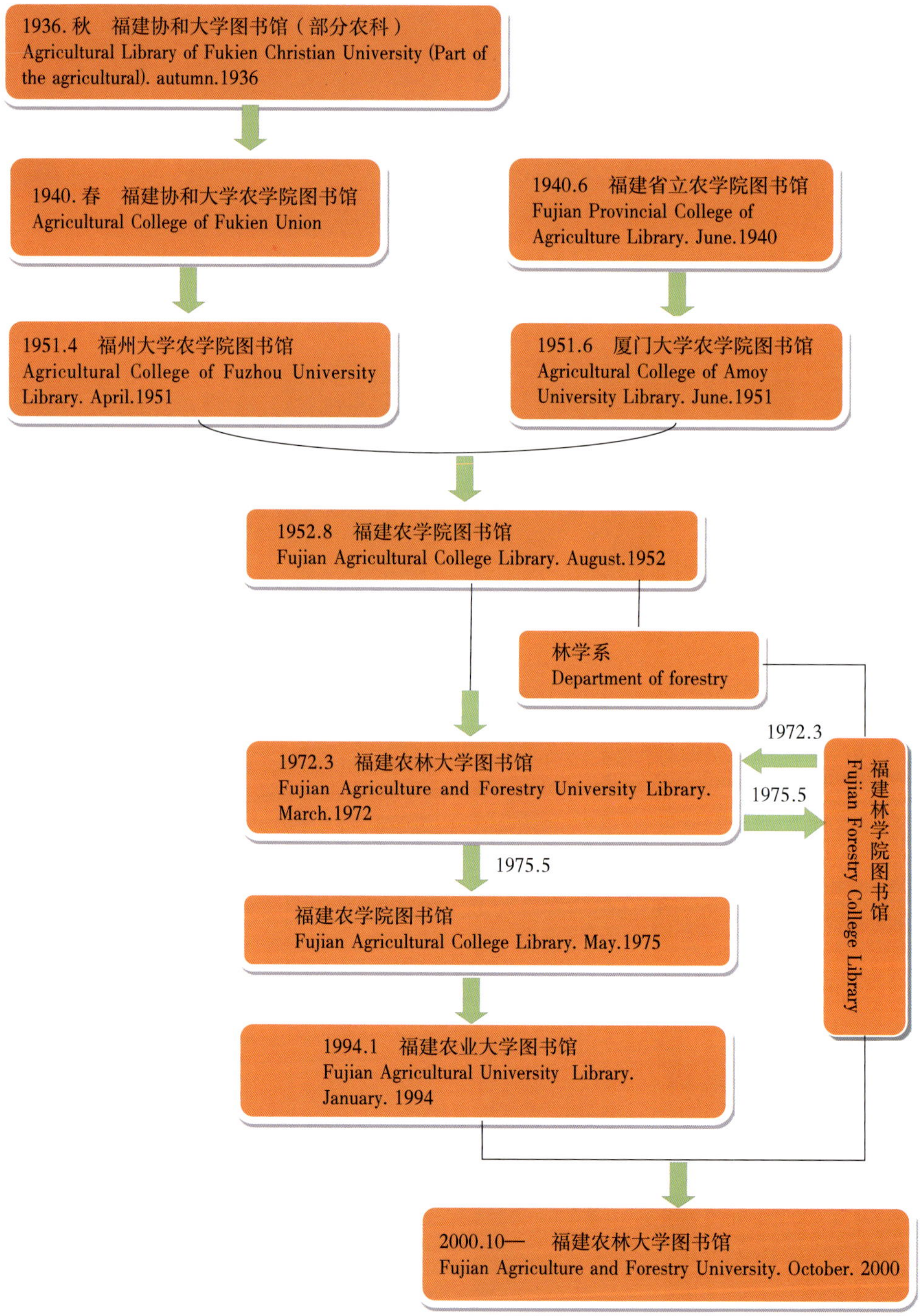

图 10　福建农林大学图书馆发展流程图

1. 筹备创馆时期

1936 年秋，教育部批准福建协和大学成立农科，1943 年扩大为福建协和大学农学院。其部分馆藏图书均为后期建立福建农学院图书馆的基本藏书。

1940 年，在战乱的艰苦条件下，永安黄历省立农学院将村舍略事修葺或临时搭盖一些简易房作为藏书和阅读的图书室（图 11）。

图 11　1940 年 6 月成立福建省立农学院，院教务处下设图书馆

1951 年，福建协和大学农学院合并为福州大学农学院；省立农学院合并到厦门大学农学院。

1952 年，福建省人民政府宣布原厦门大学农学院和原福州大学农学院合并建立福建农学院。图书馆也逐渐成规模。馆藏书达 10 015 册，阅览厅座位有 200 个。

2. 探索发展时期

1958 年，中共福建省委常委会决定，以福建农学院林学系为基础，创建福建林学院。校图书馆分成农、林两个学院图书馆。两校图书馆积极配合学校探索适合中国国情的教改之路，图书馆藏、管理制度、服务设施、技术队伍等各方面建设逐渐成规模（图 12）。

图 12　1958 年 6 月福建省政府决定以福建农学院林学系为基础，
创办福建林学院，图为南平西芹林学院图书馆

20 世纪 60 年代初，农学院陆续从福州魁岐搬迁往福州梅峰。整个搬迁过程中，图书馆十几位工作人员边建校边搬馆还要提供书刊借阅，工作很繁重、条件很艰苦，但是图书馆为教学科研开展的服务工作有声有色，很有成绩，开创了为在校大学生上文献检索课的先例（图 13）。

图 13　1965 年梅峰校区教学主楼内设图书馆

3. 撤馆时期

1969 年，农、林两校图书馆随着学校被撤销而不存在。一部分图书资料暂时集中封存在省农业厅食堂、农干校仓库等地。而借出去的书刊也由于机构瘫痪无力回收、使许多宝贵的专业书籍、外文图书、讲义等图书资料毁于一旦。

1972 年前后，国家的经济形势有所好转。福建农学院和福建林学院恢复办学，合并成立福建农林大学，校址设在闽北山区沙县洋坊农场和三明市荆东镇。经过工作人员的艰苦奋斗，原两校分散和下放寄存在有关单位的图书资料也分批收回使用。1975 年 5 月，省革委会决定福建农林大学重新分设为福建农学院和福建林学院，学校图书馆又一次被分为农学院图书馆和林学院图书馆（图 14）。

图 14　1975 年 5 月，农学院图书馆总部设在三明荆东校部的综合大楼内

4. 恢复复兴时期

粉碎“四人帮”，文化教育事业逐步走上正轨。这段时间校图书馆各项工作都处于百废待兴的状况，经费紧张，物质缺乏、馆舍分散、财产不清、目录体系紊乱，规章制度被废除。职工们顽强拼搏、克服种种匪人所思的困难，在各自岗位上，坚持为教学科研提供文献服务：一方面对“文革”及学校被撤销期间散失的图书文献进行回收整理。另一方面加紧了对图书资料的规范化建设和管理：找馆舍、建制度、清家底、使基础工作逐步搞好，促进了学校在艰苦时期的恢复和发展。

图 15　1987 年福州金山，福建农学院面积 6 100 平方米的图书馆竣工

1984—1987 年，农学院图书馆陆续从沙县、三明两地迁回福州（林学院图书馆一直在南平西芹老校址），两校图书馆结束了这段“文革”撤销、复建、合并、分开、搬迁的苦难历程（图 15）。

1994 年 2 月，福建农学院更名为福建农业大学，图书馆启用“福建农业大学图书馆藏书章”。

2000 年 10 月，福建农业大学、福建林学院合并组建福建农林大学，成立“福建农林大学图书馆”启用“福建农林大学图书馆藏书章”。馆名沿用至今。

5. 多馆建设时期

2005 年 1 月，经过改扩建的李常盛图书馆投入使用，改扩建后建筑面积为 18 176 平方米，该图书馆是依据学校教育事业的整体发展目标及现代化图书馆的服务理念设计改建而成，目前藏书 70 万册左右。2007 年建成台湾文献馆，目前，台湾文献馆收藏有《台湾林业》《建筑学报》《生态台湾》《台湾经济金融月刊》《台湾法学杂志》《设计》等 123 种，1 188 册；1.2 万多种，1.8 万多册台版图书，更大程度上满足我校教学、科研的需要，以期为立足“海西”、面向全国，促进海峡西岸经济特区建设，促进海峡两岸交流，提供丰富的文献资源保障。

2008 年 5 月，逸夫图书馆建成并投入使用，建筑面积 26 699 平方米，该图书馆目前藏书约 160 万册，按照开放性、综合性、多功能的现代化图书馆要求，配备数字技术设备用房、信息检索实验室、电子阅览室等，为读者提供自助借还书服务和电子资源的检索下载，传统服务功能进一步拓展。2010 年 9 月，在图书馆五楼建成“福建省立农学院建院 70 周年纪念展览馆”并开馆。

2009 年 9 月，南平校区图书馆恢复开馆。其主要任务是为低年级大学生提供信息服务，为南平校区恢复办学提供文献资源保障。目前，馆藏图书达 11 万余册。

2013 年 9 月，安溪茶学院临时图书馆对外开放。2014 年 4 月，安溪茶学院图书馆建成并对师生开放，建筑面积为 15 525.37 平方米。目前，馆藏图书 9 万余册，配有双门禁系统、触摸屏、歌德电子书借阅机等设备。2017 年 10 月，安溪茶学院图书馆更名为安溪校区图书馆。

2016 年 9 月，旗山校区图书馆建成开放，馆舍面积 9 610.82 平方米。现有 4 个阅览区和 1 个自修厅，700 多个阅览座位，馆藏图书 15 万余册，配置了双通道门禁系统、自助借还机自助文印等设备，基本满足了旗山校区师生的需求。

三、图书馆近 5 年来取得的成绩

图书馆围绕学校的“五位一体”战略要求和“双一流”高水平大学建设目标，充分发挥图书馆在教学、科研、人才和学科平台建设工作中的服务与咨询职能，在馆舍建设、馆藏资源建设、读者服务、学术科研等方面都取得了重大进展。

1. 三地五馆建设成效显著

2016 年 10 月在李常盛图书馆一楼建成校史馆，为建校 80 周年校庆做出了贡献；2017 年 6 月完成校史馆提升工程建设，现校史馆每天固定时间对外开放，已成为学校文化建设的重要载体，促进学校不断积淀校园特有文化和办学特色。2017 年完成增设常盛图书馆阅览区中央空调及其配电设施工程，改善读者的阅读环境；2017 年 11 月获得校立项批复的逸夫图书馆空调增设项目已进入招标环节。

注重文化氛围建设，为读者学习阅览营造温馨的环境，重点完成逸夫馆二楼大厅和阅览室文化氛围建设；调整电子阅览室布局，在其内部建成学习空间和视听阅览室。按国家有关机房建设标准升级改造总机房，提高总机房的安全性，实现无人值守，实时监控；进行网络线路阶段性整理，加强网络“防火墙”建设，提高馆内各业务组、一卡通和福州地区大学新校区共享网络的独立性以及数据服务网的安全性。建成逸夫馆密集书库，改善图书保存环境，提高了存放效率；对馆舍进行必要的修缮，及时消除安全隐患。

2. 服务信息平台建设取得明显成效

图书馆现有专业技术人员 80 人，中级及以上职称占专业技术人员总人数 55%，硕士研究生及以上学历人员占专业技术人员总人数的 45%。基于不断优化的人员队伍，依托完善的服务信息平台，图书馆不断推进优质服务工作，全方位提升图书馆学科服务能力，作为福建省高校数字图书馆（FULink）学科服务专业工作组组长单位，自 2015 年工作组成立以来，以 FULink 成员馆高校为分析对象，定期发布 ESI 学科和潜力分析报告，专利竞争力分析报告等，每两个月发布一次 Web of Science 发文分析报告，为成员馆高校“双一流”建设提供决策参考和支持。CALIS 三期农学中心项目“学科专家信息导航平台建设”之学科专家信息库建设项目和福建农林大学机构知识库开通上线提供服务。

2013 年以来，图书馆加强移动图书馆建设，先后开通了汇文手机 OPAC、福州地区大学新校区手机 FULink、基于 FULink 平台的电子书自助下载服务，2016 年以来图书馆推进基于 RFID 的智慧图书馆建设，将传统管理服务工作向智能化发展，目前配有自助借还机、电子图书下载机、读报机、机构知识库、自助复印机等设备，形成了比较完善的自助服务系统；充分发挥 IC 空间功能，开展多种形式的阅读活动；实现微信荐购图书和自修厅座位管理。

3. 馆藏资源建设上新台阶

学校不断加大对图书馆文献资源建设经费的投入力度，馆藏纸质资源呈稳步增长的趋势（图 16）。截至 2017 年 12 月 31 日，馆藏纸质图书（含期刊装订本）285.75 万册，较 2013 年增加了 39.46 万册，增幅达 16.02%；中外文数据库达 107 个，较 2013 年的 52 个增加了 55 个（图 17），电子图书（含电子期刊）312 万册，丰富的馆藏资源为我校教学科研中心工作和“双一流”高水平大学建设提供了强有力的保障。

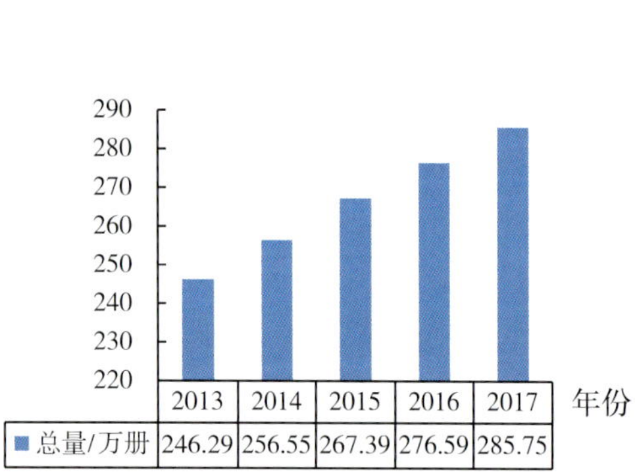

图 16　近 5 年纸质图书总量

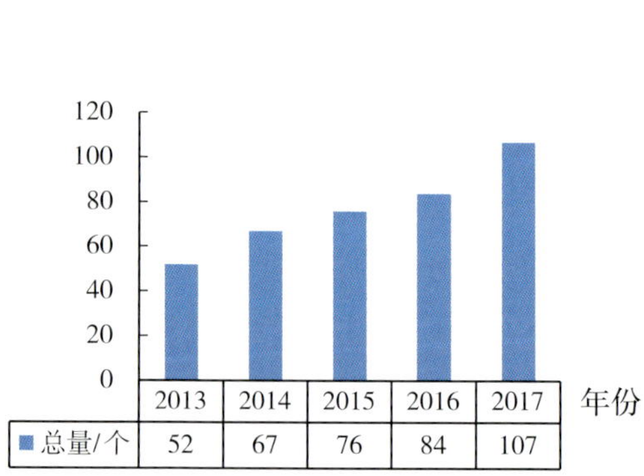

图 17　近 5 年数据库数量

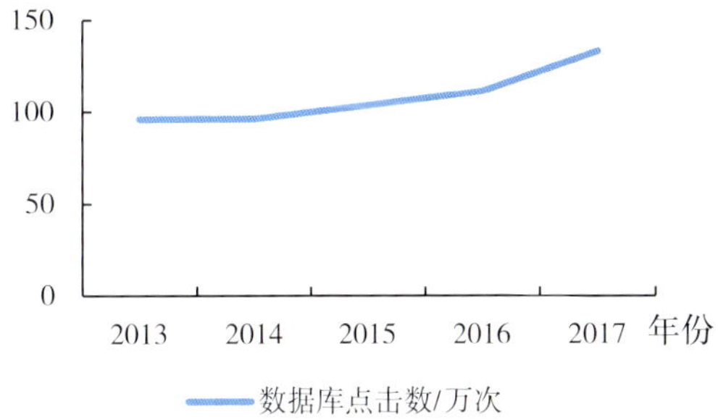

图 18　近 5 年数据库点击数

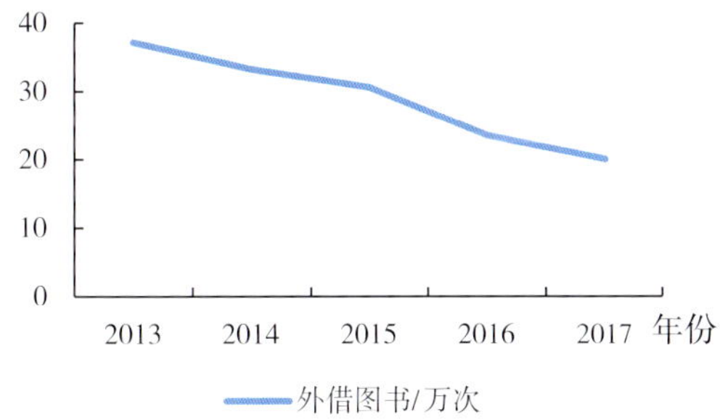

图 19　近 5 年外借图书总量

近 5 年来，图书馆接待读者共 782 万人次，年均 156.4 万人次。纸质资源利用率呈逐年下降趋势，外借图书从 2013 年的 37.12 万册下降至 2017 年的 19.99 万册。而同期，图书馆的电子资源的使用效益显著，读者对图书馆数据库点击数从 2013 年的 95.79 万次增加到 2017 年的 132.86 万次，呈明显上升趋势，表明读者对文献需求从传统的纸质资源转向电子资源（图 18、图 19）；文献传递服务数量从 2013 年的 3 835 篇，增加到 2017 年的 7 482 篇，在全国农林类院校中名列前茅，多次荣获 CALIS 全国农学中心的表彰。

4. 阅读文化活动丰富多彩

充分利用多媒体环境，开展贴近读者的线上、线下互动式信息素养教育。5 年来共举办线下 102 场专题数字资源讲座，6 000 多名师生参加，线上通过 WOS、Ovid、ProQuest 等平台网络在线课堂直播了 87 场。邀请国内外知名专家、教授做客“金山讲坛”；邀请校内外特色专业老师开创“南亩听荷”文化沙龙品牌；加强阅读文化推广建设，提升服务育人水平，丰富学生的第二课堂内容。图书馆逐渐形成了以学生群体为主体，以构建阅读文化为核心，以资源和信息服务能力为基础，以农林特色文化为纽带，以读书节为品牌的“文明校园书香农业大学”文化平台。2014 年被中国图书馆学会授予“全民阅读”先进单位。2016 年荣获福建省文化厅授予的“读吧！福建”主题活动“优秀组织奖”。2017 年由我馆选送的作品《钢铁》获得福建省首届“超星杯”高校朗读者大赛二等奖。

2018 年成功举办“享改革开放硕果，建和谐书香校园”为主题的福建省高校教职工读书节暨福建农林大学第十四届读书节，开展“品味诗词经典，悦读八闽文化”线上有奖知识竞赛、“书香雅言述改革，方寸之间续华章”邮展、“耕读传家久，诗书继世长”文化集市等 60 余场精彩纷呈的文化活动，参与人数达到了 1.04 万人次，先后被东南网、《福建日报》《工人日报》等 6 家校外媒体报道。

5. 学术交流和科学研究活跃

近 5 年来，图书馆共派出 285 人次参加国内各类学术交流与培训活动，发表研究论文 66 篇，其中核心期刊 7 篇。获得立项的课题数量为 29 项，其中福建省财政厅福建省知识产权局 2018 年省直有关单位知识产权软科学项目 1 项；福建省中青年教师教育科研项目 3 项（其中科技类 1 项）；福建省中青年教师教育科研项目（文献信息资源共享与服务研究专项）重点项目 2 项，一般项目 8 项；校内社科及软科学研究项目 5 项；校高等教育教学改革项目 1 项；CALIS 全国农学文献信息中心项目 4 项；党委 2 项；关工委 3 项。2017 年开始实施图书馆图书情报科技创新专项基金申报工作，10 个课题获得立项，资助经费 2.5 万元。

四、发展展望

1. 空间服务创新

高校图书馆是大学生学习文化知识、交流思想感情的重要场所，除了提供优雅的环境、丰富的资源，还需顺应社会的新要求，提高文献信息利用率，优化资源配置，在空间变革中，学习共享空间的设置十分重要，今后我馆将重视空间服务创新，为读者提供多样化功能的服务空间，如创意空间、创新型教室、合作空间、媒体创作中心等，在读者有强烈兴趣的领域提供互动产品，实现分众、精准、互动等关联性服务。

2. 学科服务创新

学科馆员是大学图书馆服务创新的必然产物，也是管理上的一种创新行为，不仅会极大方便各学科专业读者，最大限度地满足其信息需求，而且有利于各学科专业文献信息的深层次开发和利用，有利于知识创新。我馆将通过学科馆员走出图书馆、进入院系和学科以及借助科研强化技术支撑服务 3 个层面，对图书馆的服务给出了定位准确、便于操作的行动准则，更好地服务“双一流”高水平大学建设。

3. 智能化管理

在互联网发展思维的带动下，图书馆必将朝智能化的方向发展，如基于 RFID 及智能化技术实现图书位置可视化并进行实时定位导航；集成多传感器、激光雷达无轨导航、自动路径规划、人脸识别、语音交互、机器学习等技术引入拟人化智能机器人。我馆也将顺应智能化管理趋势，通过应用智能化技术实现对海量图书信息的搜集整理、业务流程动态监控、资源利用和设施、设备维护等，以便更好地提高效率、大幅降低管理和维护成本、提高用户满意度。

4. 绿色理念建设

在国家强化生态文明建设，在气候变化和环境保护成为社会重要议程的背景下，图书馆的建设必将融入“绿色理念”，以可持续性的方式为用户提供平等、自由、免费、无障碍与低碳的信息服务，为促进经济发展、社会公平和环境保护的可持续发展担负起社会和环境责任。我馆将主要在馆舍建筑及室内布局的节能环保、馆员环境意识、绿色管理、绿色业务流程和节省开支、降低成本等方面下功夫，强调提供绿色服务，在馆内支持环保、可持续发展和知识生态系统建设等。

湖南省农业科学院图书馆

湖南省农业科学院图书馆始建于 1956 年，隶属于湖南省农业信息与工程研究所，是为湖南省农业科学院科研人员提供图书文献的公益性服务部门，承担收集、加工、传递农业科技文献信息的任务，既是我院精神文明的重要阵地，也是衡量我院综合科研实力的一个重要指标。在院党委的关心和支持下，院图书馆从无到有、从小到大、不断发展，随着新知识、新信息不断涌现以及互联网、大数据等信息技术快速发展，院图书馆由单一的纸质文献到传统纸质和电子文献并存发展，文献服务由封闭式到开放式转变、服务方式由被动向主动转变，由信息服务正逐步转为知识服务。院图书馆文献信息资源经过长期的建设与发展，形成了以农业科学、生物科学、食品工业及环境科学为主体，兼有社会科学及管理科学等多种学科、多类型、多载体的馆藏体系。

一、概　况

湖南省农业科学院图书馆于 2012 年完成了现有馆藏文献的搬迁，新馆总体建筑面积达 1 000 平方米以上，坐落在院新建的实验大楼内，新建标准书库、采编办公室、阅览室、电子阅览室、学术交流室，2018 年 6 月完成了院图书馆阅览室的提质改造。

院图书馆现藏书刊 171 000 余册，其中中外文图书 100 000 余册、中外文期刊 30 000 余册、科技资料 30 000 余册。订购中文期刊 130 种，中外文数据库 6 种，2015 年获批长沙市图书馆农业分馆，长沙市图书馆每年配送社科类的纸质图书，实现了通借通还。

院图书馆已发展成为集纸质文献、电子和网络数据资源为一体的馆藏文献体系，随着网络信息环境变革的不断加快，科研人员对图书馆的信息需求也发生了巨大的变化，院图书馆加强整合了电子图书文献资源、馆藏资源和自有资源，于 2017 年完成了院数字图书馆服务平台的建设，提高了服务的数字化水平，为我院科研人员的科技创新提供知识支撑，充分发挥好自身服务于科研和生产的桥梁作用，及时将科技知识和技术成果向社会开放，推动技术成果的转化，更好地服务“三农”。

2018 年，院图书馆现有 4 名工作人员，主要承担纸质图书、期刊的借阅和管理、电子文献的采购、文献资源的建设及服务。主持和参与了科研项目 10 多项，共发表专业论文 30 多篇。

二、发展历程

1. 初步建设阶段

湖南省农业科学院图书情报工作中华人民共和国成立前的情况已无详细史料可考，据一些资料零星记载，1906 年，清朝湖南地方当局将 1901 年在长沙设立的农务实验场改为湖南中等农业学堂，科研教学合一，从那时起购置图书报刊，以适应科研教学的需求。民国期间，湖南的农业科技研究有所发展，1938 年由 3 个农事实验场、湘米改进委员会和 3 个林务局合并，成立省农业改进所，所部设立秘书、总务和会计三室，图书报刊资料归属秘书室管理。1946 年，所部增设编译室，图书资料改由该室管理。编译室除了提供图书资料阅览外，还开展了简单的图书资料编译加工，服务功能有所提高。

2. 稳步发展阶段

中华人民共和国成立初期，旧农改所的文书档案和科技资料均由省档案馆接管，仅留下专业图书 300 多册。中华人民共和国成立初始，百废待兴，省农业科研机构也经过了几次调整。1956 年，成立了湖南省农业科学研究所，同时正式建立了图书馆，归口所办公室管理，工作人员增至 3 人，馆舍面积扩大到 200 平方米，分设了阅览室和书库，文献资料逐年增多。1964 年，随着省农科所升格为省农业科学院，院属科研机构设四系二室，情报资料室为其中一室，配备了 8 名工作人员，其工作内容除了围绕科研、生产需要从事图书情报资料的收集、整理、编目和提供利用等工作外，还下乡总结群众经验，进行情报调研，给领导决策提供咨询服务，为科研、生产等方面的重要会议起草文件。

1984 年，我院投资 106 万元新建 3 180 平方米的图书馆，其中书库 1 000 平方米，设中文期刊、外文期刊、内部资料和科普 4 个阅览室，共有阅览座位 120 个，均为开架管理。此外，新馆还设有文献检索室、借书处和一个可容纳 120 人的学术报告厅。工作人员有 15 人（含临时工 6 人）。1989—1998 年，每年图书专项购置经费维持在 5 万元，每年订购图书 6 000 余册、中文期刊 300 余种、外文期刊 100 余种。着重收藏农业科技书刊及相关学科的文献资料，除了满足科技人员的工作需求外，还适当地收藏部分非专业书刊，如哲学、历史、政治、经济、文学名著等。生物科学、农业科学占藏书的2/3。1988年12月，以院图书馆、情报资料室和《湖南农业科学》编辑部3个科室为基础，成立了湖南省农业科学院科技情报研究所，后更名为湖南省农业信息与工程研究所。1992年8月，省编委批准湖南省农业科学院科技情报研究所为正处级单位，湖南省农业科学院图书馆为正科级部门。在此阶段，院图书馆无论是书库还是阅览室的条件在当时都是比较先进的。图书管理人员配备结构合理、图书经费充裕，图书购置复本较多，只要是有关农业的书藉一律购买，同时还购进了大量的社科类图书。图书经费专款专用，工作人员经费全额保障。图书馆的建设正式跃上了一个新台阶，至20世纪90年代末，这段时期是院图书馆发展的黄金时期，也是纸质文献收藏最丰富的时期。

3.稳定过渡阶段

进入21世纪后的10年间，随着电子文献资源的普及，网上搜索的便捷，给读者带来了新的思维方式，院图书馆场地已不适应数字化图书馆建设的需要，湖南省农业科学院对整个院办公区域重新进行了规划，修建了高规格的创新实验大楼，将实验室、图书馆、网络中心整合到一起。为了配合院内统一规划，院图书馆原办公大楼交由湖南省水稻研究所管理，而所有的图书资料搬运到院原行政楼进行过渡保管，流通阅览工作暂时停止，人员精简到两人，主要负责图书资料的日常保护，以防图书资料发霉。

4.转型升级阶段

2010年，湖南省农业科学院重新开始重视图书馆的建设，于2012年重新建设图书馆，将院实验大楼中的一层拨付给图书馆使用，面积1 000平方米以上，并把一些陈旧的资料进行整理和剔旧，在此基础上，建成了院图书书目管理系统，将原有图书资料按分类条目进行录入，工作人员定为3人。2016年，湖南省农业科学院加大了对图书馆的支持力度，无论是实体图书馆还是电子图书馆的建设得以快速发展，对实体图书馆的阅览室进行了提质改造；着手开始建设数字图书馆服务平台，并在院局域网开通运行，为我院科研人员科技创新提供了强有力的文献信息支撑。

三、主要业务与成效

院图书馆在各个发展时期的业务和取得的成效各具特色。

1.1956—2000年期间

一是加强藏书建设和管理工作。1956年建立院图书馆后，将原由各自购买收藏的图书收归图书馆统一管理利用。随着科技事业的发展，馆藏文献资料也不断丰富，据1966年6月底统计，馆藏图书资料总数53 950册，其中中文图书38 000册，外文图书 3 950 册，科技资料 12 000 册。历年累计订阅中文期刊 220 种，外文期刊 240 种。1966—1976 年 10 年中，图书资料遭受严重损失，据 1978 年清理登记，仅存中文图书 18 500 册，外文图书 3 400 册，共计 21 900 册。

1978 年，党的十一届三中全会和全国科学大会后，科技界出现了又一个春天，科技浪潮兴起，馆藏文献资料快速增长，据 1986 年统计，总量达 131 900 余册，其中，中文图书 84 000 余册，外文图书 7 400 余册，中文期刊合订本 4 300 余册，外文期刊合订本 4 100 余册，科技资料 26 800 余册，报纸合订本 5 300 余册。历年累计订阅中文期刊 1 130 种，外文期刊 381 种，报纸 113 种，内部刊物 786 种。

二是完善服务体系，增强服务功能。院图书馆坚持从科技人员和广大职工读者需求出发，采取多种形式，利用图书馆丰富的信息资源开展图书文献信息服务。

（1）合理布局馆藏文献资源，实行开架阅览服务　从 20 世纪 90 年代起，院图书馆更新服务观念，转变服务作风，变封闭为开放，依据科技人员的需求对馆藏图书文献，按《中国图书分类法》分类体系，多次进行调整重新布局，从而进一步改善文献馆藏布局结构，优化查阅环境，实现了由闭架借阅向开架借阅的转变，让科技人员能入库自由选书，这即方便了读者，也提高图书的利用率；在为院科技人员搞好服务的同时，也注重广大职工和青少年读者的需求，增加了开馆服务时间，从先前每周的 40 小时增加到 66 小时。为全院读者在休息或节假日时间提供了一个学习的好去处，据 1993 年统计全院到图书馆阅览的达 10 000 余人次。这一活动的开展得到了全院科技人员读者的一致好评。

（2）开展图书保护，促进图书流通服务　1998 年，按照院领导开展“资本营运”和“搞活国有资产”的基本指导思想，对馆藏文献资源进行了全面清查，全馆登记入册书刊为 158 016 册，滞留在读者手上的图书近 2 000 余册，面对书刊流通中存在的问题，采取的有效的整改措施，在全院开展了催还书刊的活动，共催还书刊 1 000 余册。

（3）做好书刊资料宣传报道，编制科技情报资料索引　新到馆书刊资料及时著录、标引、加工、编印《新到图书资料报道》和《新到科技期刊目录》，发至各研究所室或课题组，使科技人员能及时了解图书文献的最新情况，深受他们的欢迎。1992 年还编制了《湖南省农业科学院图书馆中文报刊目录》《湖南省农业科学院图书馆外文期刊目录》。

（4）围绕科研重点课题，进行二次文献跟综课题服务　根据课题需要，有针对性的提供文献信息，进行二次文献加工，全面系统地提供有关科技情报资料。加工整理的二次文献主要有水稻病虫害综合防治题录和杂交油菜研究论文题录，科技人员利用这些文献后，既节约查询资料时间，又能正确把握课题研究方向和技术路线，为加快出成果起到了较好作用。

（5）开展图书文献横向利用大协作　积极参加中国农业科学院图书馆、湖南省图书馆开展的图书文献资源共享大协作活动，从20世纪80年代开始先后参加了由中国农业科学院图书馆、湖南省图书馆牵头联合多家图书馆共同编制全国西文出版物联合目录，1990年，获中国图书馆学会二次文献优秀成果奖。1998年参加全国农业文献资源抽查与布局，1999年，获中国农业科学院科技进步二等奖。在此基础上建立了全省农业系统图书情报网，编制成员单位资料联合目录，互通文献信息，实行馆际互借，资源共享，这一活动从1977年坚持到20世纪80年代中期。

2. 1991—2010年期间

进入90年代以来，现代科技信息及其产业的飞速发展，使图书馆面临了新的机遇和挑战，为了适应这一新的发展要求，加强了电子文献资源和自建数据库的建设。

一是增加了电子文献数据库。购买了中文科技期刊数据库，内容包括1989—2001年9月涉农专业2 945种期刊的110余万篇电子全文；国外农业科技文献数据库，内有1999—2000年的1 800余种期刊、1 000余种图书和其他文献资料；中国农业科技文献数据库（2000年）；中国农业科学光盘，载有1960年创刊至于1999年间的3 370篇文章；26万项中国失效数据库查询系统（1985—1995年）；全国技术创新与高新技术产业化数据库和《芦荟》等实用技术光盘以及年鉴数据库。

二是进行二次文献利用自建数据库。在丰富电子文献资源的同时，大力加强馆藏文献资料的开发利用工作，继续做好编制题录、全文数据库与课题跟踪服务。为湖南省蔬菜研究所建成了中国辣椒研究科技论文全文数据库；编制的题录索引主要：1997年《农作物两第法研究论文文摘要汇编》（1990—1996年，402篇），1998年《蔬菜研究论文摘要集》（1990—1997年2 268篇），2000年《农作物两第法研究论文文摘要汇编》（1997—2000年，417篇），2001年编制《辣椒研究论文题录文摘汇编》（1998—2000年850篇），2002年编制《袁隆平院士学术论文英文摘要汇编》（1980—2001年68篇）。工作人员将编制的科技资料题录送到科研人员手上，为他们及时提供信息服务。这种定题跟踪服务的做法，是院图书馆适应当时科技体制改革形势，为科技人员提供文献服务的一种重要方式，对科技人员节约查询资料时间，及时了解科研动态，正确把握课题研究方向和技术路线，起到了较好作用。

三是与外单位合作建设专题数据库。建成了馆藏图书书目数据库、湖南省农业科学院重大科技成果多媒体数据库、中国杂交水稻数据库、袁隆平院士专题数据库，这些数据库的建成，极大地丰富了院图书馆的文献资源。

3. 2011 年至今

这一时期是院图书馆转型升级的发展的阶段，主要承担了实体图书馆提质改造和院数字图书馆服务平台的建设项目。

一是实体图书馆的改造。现代化的图书馆要求集阅读、交流、创新和放松于一体的综合文化性场所，院图书馆经过 60 多年的发展已经成为我院文献信息中心，为我院科研人员科技发展和创新提供重要的文献支撑作用。同时，丰富了职工的业余文化生活，由于时代的发展变化和社会的进步，对图书馆功能和使用要求发生了很大的变化，然而鉴于原有设计、经费、仓促搬迁和评估指标等多种原因，院图书馆在运行多年后呈现出各种问题，致使其文化交流、学术传播等必备的功能一直无法有效的发挥，为了更好地方便服务，为科研人员提供温馨、舒适和方便的阅读环境，2017 年对我院图书馆进行了提质改造。遵照“大气简约、定位准确、功能齐全、特色突出”的设计原则和“实现馆舍设备现代化、馆藏特色化、服务多样化”的设计理念对阅览室进行改造。图书馆阅览室功能按照以阅为主，藏与阅结合为一体的空间布局方式，营造处一个集学习、藏书、研究为一体的共用空间，体现出干净、简约的舒适环境，新建了若干个较为封闭独立的学术交流空间，为读者提供了一个宽松舒适的学术交流场所。

二是院数字图书馆知识服务平台的建设。为了适应我院科研创新发展的需要和解决科学研究的信息需求问题，针对湖南农业的特点，以院图书馆现有的资源为依托，基于现有的网络基础设施，建立以农业数字资源为底层的统一检索平台，并结合调研需求，开发多种符合本单位实际情况的功能模块，构建以面向科研人员提供快捷方便的文献知识服务、以面向不同研究单位、创新团队、学科领域等提供智能化的知识服务为创新点，以支持在线学术交流和紧跟学术前沿为拓展的文献知识服务体系。对农业不同领域的相关科研人员开展服务应用，最终形成图书馆“一站式公共集成服务 + 个性化聚类知识服务”的技术体系，并结合 SNS 思路，让用户从线下获取转至线上的知识享受，实现知识服务的互联网价值，为科研院所、相关企业、农民提供知识与服务为一体的综合性平台。

主要建设内容有：① 平台系统建设。院图书馆知识服务平台项目于 2016 年 8 月正式启动，2017 年 10 月 15 日完成了系统的开发、安装、调试并在院局域网试运行。系统采用合作单位的管理系统作为基础开发，并结合 hadoop 云数据架构做大数据支持，平台支持国际上已普遍应用的技术规范，遵循方便、全面、快捷、无时间限制、最大限度利用、可扩展的原则，采用国际上最为流行和领先的知识管理系统作为内核，基于 B/S 架构的系统，系统涉及信息资源加工、存储、检索、传输和利用的全过程。后台管理主要包括用户管理、发布管理、资源管理、存储、索引管理、统计、系统管理等。浏览器服务端主要包括用户登录、数字资源、知识检索、知识空间等。

② 平台资源建设，院图书馆知识服务平台整合了农业学科相关期刊论文、博硕论文、电子图书、馆藏特色、会议论文、专利、科技成果等数据及自建湖南省农业科学院科技成果数据库、湖南省农业科学院专家数据库，与中国农业科学院国家农业科技信息资源共建共享平台无缝对接，实现一站式统一检索、下载和原文传递。同时支持管理者数据信息及时录入进库，与其他数字类型文献一起，实现资源检索与获取。

③ 平台服务功能建设，院图书馆知识服务平台建立了用户独立空间，完善用户与管理者之间的交互流程，可实现个人订阅、个性化等服务。用户注册登陆后，进入知识空间，可根据自己研究领域定制检索词进行在线个人订阅，系统对云资源和本地资源等海量信息进行筛选，实时反馈该检索词的最新检索结果，以列表的形式展示在个人的知识空间里，实现知识的交流与共享，为广大科研人员提供精准的数字资源服务。

院实体图书馆提质改造和图书馆知识服务平台建设的双重效应。院实体图书馆提质改造工程已于 2018 年 6 月顺利完成，正准备验收。院图书馆知识服务平台已于 2018 年 1 月正式上线运行，应用实践表明，院图书馆知识服务平台已取得了较好的成效。

① 提升了图书馆文献服务能力。知识服务平台以用户为核心的服务理念和用户参与式的服务设计，准确把握科研人员需求的同时，利用知识集成、数据挖掘技术实现了各模块的智能化、个性化功能，为科研人员提供了全面的文献资源，促进了院所科技创新、成果转化、技术推广，不断满足农业科研生产的信息需要，为农业科研的持续高效发展提供强有力的知识支撑，提升了院图书馆的整体文献服务能力。

② 提高了图书馆综合影响力。图书馆知识服务平台的构建，以需求为导向，通过互联网、大数据、云计算等信息技术，拓展到各相关领域，信息资源及时更新，使信息无处不在，无论科研人员在办公室、在家还是在出差途中都能实现数字文献的一站式检索、下载及原文传递，满足科研人员快捷、多层次、全方位、动态化的信息需求，图书馆的综合影响力也得到大幅提高。

③ 丰富了图书馆的文献资源。图书馆知识服务平台的建设，在资源方面有了较大的突破。一是完成了图书馆知识服务平台馆藏文献检索系统，科研人员可在计算机或手机上方便地检索院实体图书馆书目数据和文献资源；二是建设了部分馆藏特色资源数据库，如湖南省农业科学院科技成果库、湖南省农业科学院专家库等，完成了部分特色纸质图书的电子化；三是与国家农业科技信息资源共建共享平台实现无缝对

接，有效地补充了我馆由于经费不足而无法订阅的电子文献资源，全方位地满足了科研人员对各种文献资源的需求。

④ 加强了图书馆的队伍建设。注重效应，内外联动，通过图书馆服务平台的建设，采用一对一帮带的形式，积极参加数字图书馆相关会议及建设学习实例，接受数字图书馆业务知识与技能的培训，建立微信服务群及微信公众号平台，实现了人与信息聚集、动态信息与静态信息汇合，实现了内外地有效联动，使图书馆服务队伍的建设进一步加强，人员综合素质进一步得到提升。

湖南省农业科学院图书馆知识服务平台经过半年的正常运行，截至 6 月，注册用户达 528 人，与国家农业科技信息资源共建共享注册用户同步，服务人次达 31 000 次，下载文献 32 000 篇，原文传递达 6 278 篇，基本满足了我院科研人员对各类型数字文献的需求。

四、展　望

新技术、新理念的出现为湖南省农业科学院图书馆带来了新的挑战与机遇，院图书馆工作人员应在当前互联网大数据时代的背景下，融合创新思维，将图书馆的学科服务由被动服务向主动服务转变、利用新媒体实现文献快速传递，由文献服务向知识服务转变，根据学科需求进行文献归类分析，为创新团队及研究人员提供技术背景资料及发展方向的参考文献，整合各类信息技术、更新服务理念，发挥高效的知识服务功能，从而推动我院图书馆事业的发展，更好地为科研人员服务，助推农业科技发展。

（湖南省农业信息与工程研究所　罗建军　曾晓娟　刘翠娥
刘学文　谢培庚　文红霞　谢小新　戴明华）

第八部分

中国农学会农业图书馆分会
学术论文交流

不同学科背景下我国农业科技人才的学术竞争力分析①

程金花，郭　婷，任　妮 *
（江苏省农业科学院信息服务中心，南京　210014）

摘　要：研究基于 ESI 学科分类体系，遴选出农业科学、植物和动物科学领域 105 位中国学者作为本研究的评价对象，分别从学术生产力、学术影响力、学术卓越性、学术创新力 4 个维度、44 项指标对 105 位学者进行计量，并比较各项指标的学科均值，采用因子分析和模糊综合评价法对 105 位学者分学科进行综合竞争力评价；综合指标计量和综合竞争力评价的结果表明：学科间单项优势指标的类别和数量、单项指标的贡献存在差异，不同学科学者的竞争力差距不平衡，应侧重在同一学科内进行评价。

关键词：农业；科技人才；竞争力评价

Evaluation on Comprehensive Competitiveness of Agricultural Science and Technology Talents in Different Disciplines

Cheng Jinhua, GuoTing, Ren Ni
(Information Service Center, Jiangsu Academy of Agricultural Sciences, Nanjing 210014)

Abstract: 105 Chinese Agricultural Science and Technology Talents were screened base on subject classification of ESI. 44 indexes converring academic productivity, influence, excellence and innovation were selected and calculated by bibliometric analysis, and average values of each displine were compared. Factor analysis and Fuzzy Comprehensive Evaluation were employed to evaluate comprehensive competitiveness of 105 Agricultural Science and Technology Talents in displines. The results proposed that, there were differences in preferred index and effects of each displine, and unbalanced comprehensive competitiveness within displines, evaluation should be carry out in the same displine to improve the accuracy.

---

①　基金项目：江苏省农业科学院基本科研业务专项（ZX（17）4036）

*　作者简介：程金花（1981.10），女，博士，副研究员，研究方向：畜牧学，信息服务，第一作者发表论文 8 篇；Email：chengjh0531@163.com

通讯作者：任妮（1983.5），女，博士，副研究员，研究方向：文献计量、信息服务，第一作者（通讯作者）发表论文 14 篇；Email：rn@jaas.ac.cn

Keywords: agriculture, science and technology talents, competitiveness evaluation

1　引　言

人才评价主要有定量评价和定性评价。传统的定量评价指标主要有文献产出量和被引情况、期刊影响因子、承担的科研项目数和获奖次数等，随着基于引证分析的学术影响力评价指标的出现，科技评价的指标不断趋向于合理和完善[1-4]。邱均平和缪雯婷（2009）、许新军（2008）、张雪梅（2009）、唐圣琴和艾复清（2008）等分别利用 H 指数、G 指数评价了我国农业等领域研究人员的学术影响力[5-8]。与此同时，亦有综合运用专家调查法、德尔菲法、层次分析法、主成分分析法、因子分析法、模糊综合评价法等构建科技人才评价指标体系和模型的研究[9-12]。

本文以开放可获取科研数据为基础，对不同学科农业科技人才综合竞争力进行分析和评价，为科技人才选拔、人才队伍建设与管理等科研管理过程提供数据支撑与参考。

2　研究数据源及方法

2.1　研究对象与数据源

基于 ESI 学科分类中农业科学、植物与动物科学的期刊列表，以 Web of Scicence 核心合集为数据源下载列表期刊 2008—2017 年的数据，筛选出 SCI 发文量大于 50 的 105 位中国学者作为研究对象。105 位学者的学科领域分布情况为：食品科学（44 人）、作物科学（19 人）、畜牧水产学（17 人）、植物保护学（16 人）、资源与环境科学（5 人）、动植物生理生态学（4 人）。

评价数据包括期刊论文、专利、专著、荣誉称号和学术奖项等类型；数据源有 SCI 数据库、中国知网平台、IncoPat 科技创新情报平台、读秀电子图书数据库、公开网页等。

2.2　方法与工具

从学术生产力、学术影响力、学术卓越性、学术创新力四个维度，选取了 44 个指标进行综合评价（表 1）。研究方法主要有文献计量法、因子分析法和模糊综合评价法；数据分析采用 Excel 2016 和 SPSS 20.0。

表 1　农业科技人才评价指标

指标维度	指标含义	指标名称	指标维度	指标含义	指标名称
	生产力	CNKI 文献量	学术影响力	CNKI 和 SCI 影响力	总被引频次
		SCI 文献量			篇均被引频次
	专著生产力	专著量			总影响因子
		基金文献量			篇均影响因子
		国家部委基金文献量			潜在被引指数
	CNKI 基金文献量	省级基金文献量		专著影响力	总被引频次
学术生产力		院校级基金文献量			
		市厅级基金文献量	学术创新力	专利创新力	专利申请量
		基金文献量			专利授权量
		国家部委基金文献量			专利授权率
		省级基金文献量			专利引文数量
	SCI 基金文献量	院校级基金文献量			有效专利数
		市厅级基金文献量			同族专利数
		国际基金文献量			同族被引证次数
		H 指数	—		
		G 指数			
	CNKI、SCI 卓越性	P 指数			
学术卓越性		R 指数			
		AR 指数			
	荣誉称号和获奖	国家级荣誉称号数			
		国家级奖项数			

3　不同学科学术竞争力对比分析

3.1 学术生产力分析

分别统计了不同学科学者的期刊文献量、专著量和基金文献量，并计算学科均值以衡量学科间的基本科研产出能力（表 2）；其中，期刊文献量越多，表明学术生产力越高；专著量越多，表明研究程度越深。

由表中可见，食品科学、资源与环境科学 4 个学科的 CNKI 和 SCI 文献的平衡性较好，其他 4 个学科平均 SCI 文献量显著高于 CNKI 文献量；除畜牧水产学外，各学科的平均专著数量相当；各学科基金文献量指标总体均表现为省级以上基金文献量显著高于其他级别的基金文献量，说明遴选出的各学科的学者承担科研项目的层次较高，在这些项目资助下的科研产出较多；动植物生理生态、资源与环境 2 个学科学者承担的国际基金数量显著优于其他 4 个学科的学者，说明这 2 个学科学者的国际交流与合作相对活跃。

表2 不同学科学术生产力指标均值对比

学科	文献量				CNKI					SCI				
	CNKI	SCI	专著	基金文献	部级基金	省级基金	院校基金	市级基金	基金文献	部级基金	省级基金	院校基金	国际基金	市级基金
畜牧水产	78	151	1	71	63	24	12	3	144	136	69	19	9	4
食品科学	164	139	3	141	115	58	19	6	121	111	57	21	5	4
植物保护	74	124	4	71	64	19	7	2	113	109	28	8	9	2
作物科学	83	132	4	75	66	31	11	3	115	110	40	16	9	2
动植物生理生态	55	126	3	49	45	7	13	1	116	110	43	42	20	1
资源与环境	141	169	4	138	130	30	45	2	158	152	65	30	16	2

3.2 学术影响力分析

分别统计不同学科学者文献的总被引频次，期刊文献的篇均被引频次、总影响因子、篇均影响因子和潜在被引指数，并计算学科均值（表3），以衡量学术影响力。其中，总被引频次越多，表明学术影响力越高；篇均被引频次越多，表明学术论文质量越高；总影响因子越高，表明期刊论文数量和质量的平衡性越好；篇均影响因子越高，表明期刊论文的层次越高；潜在被引指数越小，表明期刊论文的被引潜力越强。

各学科SCI总被引频次、总影响因子和篇均影响因子均高于CNKI总被引频次、总影响因子和篇均影响因子；除资源与环境学科外，SCI篇均被引频次均高于CNKI篇均被引频次。作物科学、资源与环境科学期刊文献总被引频次、篇均被引频次较高，资源与环境学科CNKI文献篇均影响因子和潜在被引指数高于或优于其他学科，植物保护、作物科学和动植物生理生态学3个学科的专著总被引频次远高于其他学科。

表3 不同学科学术影响力指标均值对比

学科	CNKI					SCI					专著
	总被引频次	篇均被引频次	总影响因子	篇均影响因子	潜在被引指数	总被引频次	篇均被引频次	总影响因子	篇均影响因子	潜在被引指数	总被引频次
畜牧水产	635	8	104.869	0.921	0.073	1871	12	376.529	2.605	−0.105	7
食品科学	1 401	9	125.356	0.938	0.072	1819	13	376.453	2.779	−0.064	31
植物保护	643	5	94.548	0.943	0.255	761	6	382.039	2.928	0.111	84
作物科学	1 250	15	103.099	0.861	0.063	2514	19	378.871	2.608	−0.049	83
动植物生理生态	474	9	114.890	0.854	0.085	1785	14	444.234	2.684	−0.038	82
资源与环境	2 983	21	120.155	1.170	−0.006	2842	18	311.546	2.545	−0.106	45

3.3　学术卓越性分析

分别统计不同学科学者期刊文献的 H 指数、G 指数、P 指数、R 指数和 AR 指数，国家级奖项和荣誉数，并计算学科均值（表 4 和表 5），以衡量学术影响力。

资源与环境学科 CNKI 文献与 SCI 文献各项指标相当，其他 5 个学科 SCI 文献的各项指数均优于 CNKI 文献的各项指数；资源与环境学科除 SCI AR 指数外的各项指数均高于其他学科，表明该学科学者的文献数量与质量平衡性较好，科研产出具有较好的持续活跃性；各学科学者获得国家级荣誉称号和国家级奖项的平均数量相当。

表 4　不同学科学术卓越性指标均值对比

学科	CNKI					SCI				
	H 指数	G 指数	P 指数	R 指数	AR 指数	H 指数	G 指数	P 指数	R 指数	AR 指数
畜牧水产	11	16	14.252	14.979	5.773	24	32	27.767	29.802	12.555
食品科学	17	25	21.217	22.848	10.415	22	33	27.853	29.728	13.657
植物保护	10	15	10.765	14.197	5.457	12	18	15.455	16.829	7.088
作物科学	15	25	22.745	23.254	8.830	25	41	34.603	38.122	15.713
动植物生理生　态	12	18	15.421	16.942	6.936	22	33	28.470	30.179	12.470
资源与环境	27	44	37.652	40.558	14.917	26	42	35.903	38.336	15.683

表 5　不同学科国家级荣誉称号和奖项均值对比

学科	国家级荣誉称号	国家级奖项
畜牧水产	1	1
食品科学	1	2
植物保护	1	2
作物科学	1	1
动植物生理生态	1	2
资源与环境	2	2

3.4　学术创新力分析

分别统计不同学科学者的专利申请量、专利授权量、专利授权率、专利被引频次、有效专利数、同族专利数、同族被引频次，并计算学科均值（表 6），以衡量学术创新力。其中，专利申请量越高，表明专利生产力越高；专利授权量越高，表明基本创新能力越高；专利授权率越高，表明专利创新质量越高；专利被引频次越高，表明专利技术影响力越高；有效专利数越高，表明专利创新价值越高；同族专利数越高，表明专利市场价值越高；同族被引频次越高，表明专利技术的整体影响力越高。

各学科专利授权率相当；食品科学学科的专利申请量、授权量、有效专利数、同族专利数、专利被引频次均优于其他学科；植物保护学科专利各项指标略低于其他学科。

表 6　不同学科学术创新力指标均值对比

姓名	申请量	授权量	授权率	被引频次	有效专利数	同族专利数	同族被引频次
畜牧水产	44	21	0.492	18	13	63	37
食品科学	93	47	0.502	51	35	137	108
植物保护	13	8	0.411	7	5	19	16
作物科学	50	29	0.562	26	21	73	40
动植物生理生态	25	11	0.464	15	8	39	26
资源与环境	37	19	0.466	11	18	63	43

4　不同学科农业科技人才的综合评价

采用因子分析法对各学科不同学者的 44 项指标进行综合分析，提取 9 个公共因子作为主成分进行分析，采用模糊综合评价法计算综合评价值（表 7）。

表 7　9 个公共因子初始特征值和旋转后主成分贡献率表

公共因子	主成分贡献率		
	特征值	方差贡献率（%）	累计贡献率（%）
1	6.937	15.765	15.765
2	5.506	12.513	28.278
3	5.381	12.229	40.508
4	4.593	10.439	50.947
5	4.326	9.832	60.779
6	2.729	6.202	66.981
7	2.673	6.076	73.057
8	2.592	5.892	78.948
9	2.445	5.558	84.506

4.1　畜牧水产学

畜牧水产学科领域 17 位学者中，印遇龙学术生产力各项指标均高于其他学者，孙黎 SCI 国际基金文献量排名第二；学术影响力指标中，印遇龙 CNKI 文献总被引频次、CNKI 文献总影响因子、SCI 文献总被引频次、SCI 文献篇均被引频次 4 个指标最高，张峘 CNKI 文献篇均被引频次、SCI 文献总影响因子 2 个指标高于其他学者；学术卓越性指标中，印遇龙 SCI 文献的各项指数及国家级荣誉数均优于其他学者，麦康森 CNKI 文献 H 指数、G 指数、R 指数和 AR 指数优于其他学者；学术创新性指标的优势值在学者之间相对均衡，其中，李琪的专利被引频次、同族专利被引频次高于其他学者。

17 位学者按综合评价值可分成 2 个梯队，排在第一梯队的印遇龙、孙黎、宋林生和麦康森 4 位学者的综合评价值均高于平均值；学者间差异明显，最高差异在 3 倍左右；该学科内总体趋势表现为具有优势的单项指标数越多，综合评价值就越高（图 1）。

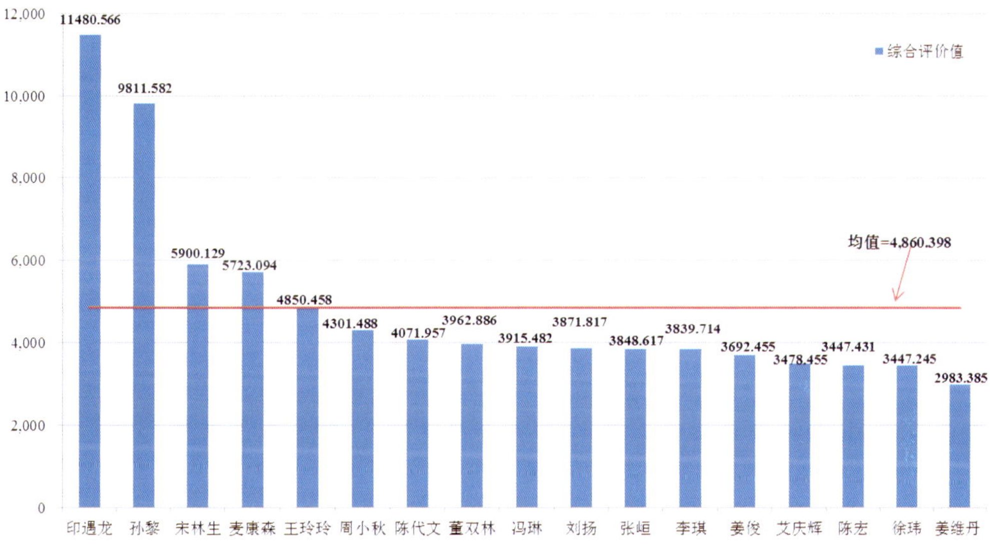

图 1　畜牧水产学科综合学术竞争力

4.2　动植物生理生态学

动植物生理生态学科领域 4 位学者学术生产力指标中，戈峰的 CNKI 期刊文献总量和 CNKI 基金文献量、李德铢的 SCI 基金文献量高于其他学者；学术影响力指标中，戈峰 CNKI 总被引频次、CNKI 总影响因子、CNKI 篇均影响因子、SCI 总影响因子、专著总被引频次 5 项指标优于其他学者，张大兵 CNKI 篇均影响因子、SCI 总被引频次、SCI 篇均被引频次、CNKI 和 SCI 潜在被引指数 5 个指标优于其他学者，张大兵 CNKI 和 SCI 潜在被引指数、SCI 总被引频次和篇均被引频次 4 个指标优于其他学者；戈峰 CNKI H 指数、G 指数、P 指数、R 指数和 AR 指数、国家级获奖数、国家级荣誉称号数7个指标优于其他学者，张大兵SCI H指数、G指数、P指数、R指数和AR指数优于其他学者；学术创新性指标中，张大兵除专利授权率外的6个指标均优于其他学者。从综合评价值看，排在首位的学者是张大兵，戈峰、李德铢和李凤民3位学者的综合评价值均在平均值以下，说明SCI卓越性指标和学术创新力指标是动植物生理生态学的优势指标（图2）。

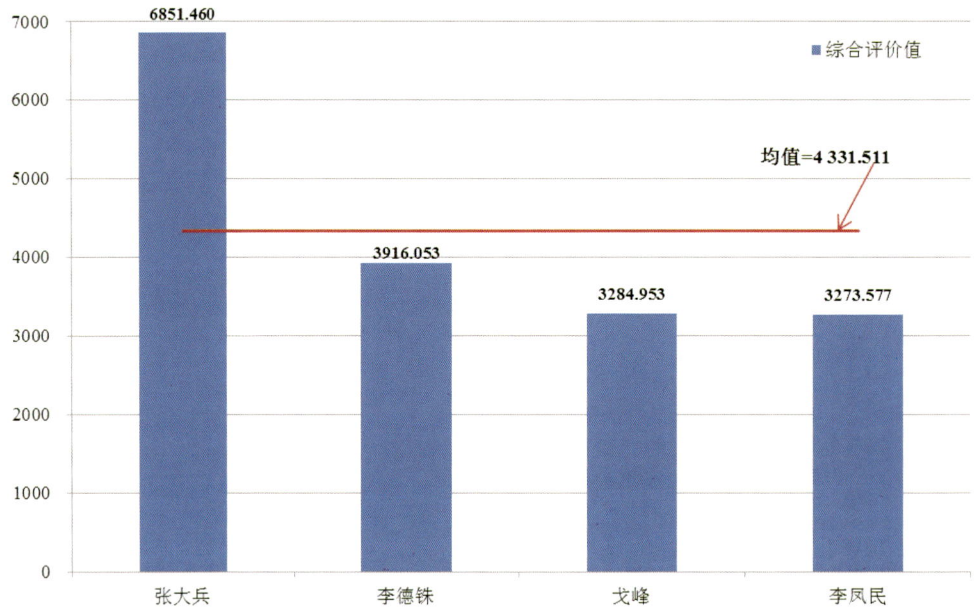

图2　动植物生理生态学科综合学术竞争力

4.3　食品科学

食品科学领域学术生产力指标中（图3），励建荣CNKI文献量和基金文献量、赵谋明SCI文献量、周光宏SCI基金文献量、罗云波专著量、陈洁SCI国际基金文献量优于其他学者；学术影响力指标中，孙大文CNKI篇均被引频次、SCI总被引频次和篇均被引频次3个指标高于其他学者，陈洁SCI篇均影响因子和SCI潜在被引指数、励建荣CNKI篇均影响因子和CNKI潜在被引指数优于其他学者，周光宏CNKI总被引频次、专著总被引频次高于其他学者；学术卓越性指标中，孙大文SCI卓越性5个指数均高于其他学者，周光宏CNKI卓越性指标除AR指数外的4个指标均高于其他学者；学术创新性指标中，张愍申请与授权专利数、同族专利数和同族专利被引频次高于其他学者。该学科赵谋明、周光宏和励建荣3位学者综合评价值排名前列，他

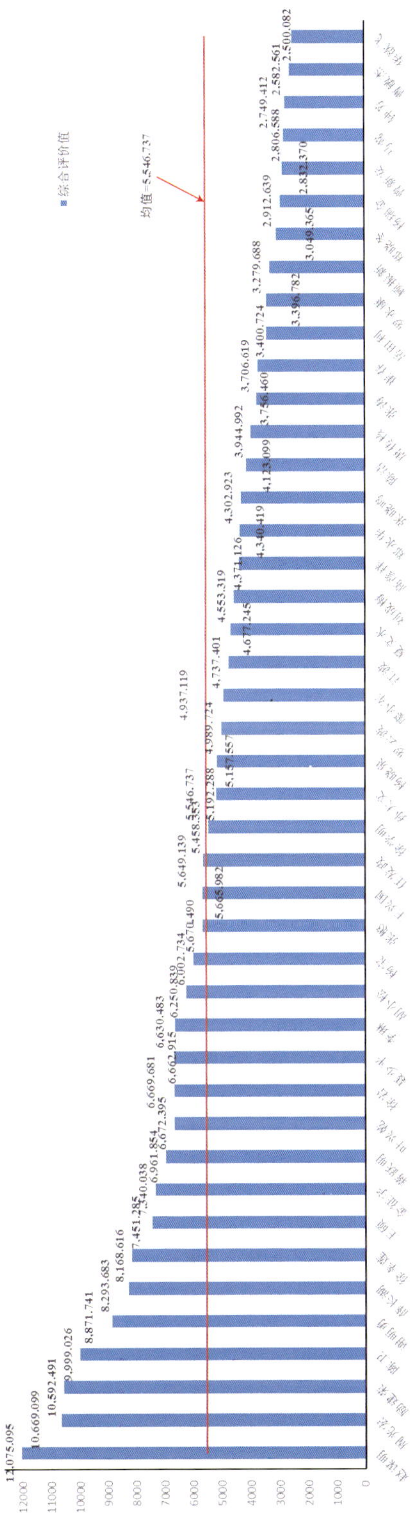

图 3　食品科学综合学术竞争力

们分别在期刊文献量、CNKI 影响力指标和卓越性指标上有优势；学者之间综合评价值存在一定差异；尽管孙大文的 SCI 被引指标和 SCI 卓越性指标、张慜专利创新性指标相对突出，但这两位学者综合评价值均不具备优势，表明 CNKI 学术生产力指标、CNKI 影响力指标、CNKI 卓越性指标为该学科的优势指标。

4.4　植物保护学

植物保护学科学术生产力指标中（图 4），杨定 SCI 文献量、专著量、SCI 基金文献量高于其他学者，万方浩 CNKI 文献量和 CNKI 基金文献量高于其他学者；学术影响力指标中，李国清 CNKI 总影响因子和篇均影响因子、SCI 总影响因子和潜在被引指数优于其他学者，吴孔明 CNKI 篇均被引频次、SCI 总被引频次和篇均被引频次高于其他学者，万方浩 CNKI 总被引频次和专著总被引频次高于其他学者；学术卓越性指标中，吴孔明 SCI G 指数、P 指数、R 指数和 AR 指数高于其他学者，万方浩 CNKI H 指数、G 指数、R 指数和 AR 指数高于其他学者，康振生 CNKI P 指数和 SCI H 指数高于其他学者，李国清国家级获奖最多；学术创新性指标中，张修国专利被引频次、有效专利数和同族专利数高于其他学者，万方浩申请专利数和授权专利数高于其他学者；16 位学者间综合竞争力差距较大，按综合评价值可分为 4 个梯队，其中，前两个梯队的学者综合评价值均高于平均值；综合评价值排名前列的学者 CNKI 文献量、CNKI 和 SCI 影响力指标、CNKI 和 SCI 卓越性指数等指标优于其他学者。

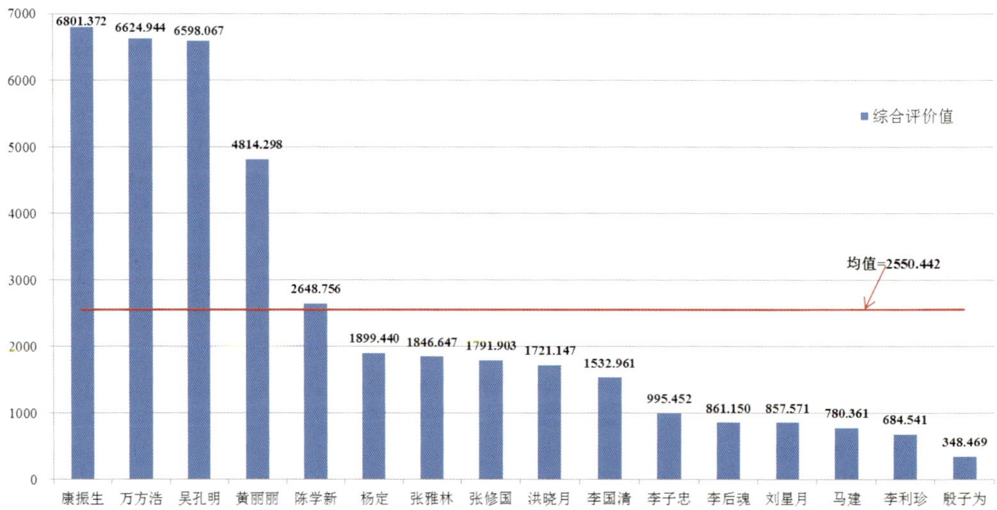

图 4　植物保护学科综合学术竞争力

4.5　资源与环境科学

资源与环境学科领域学术生产力指标中（图 5），沈其荣 SCI 文献量及基金文献量高于其他学者，骆永明 CNKI 文献量和基金文献量高于其他学者，陈新平 SCI 国际基金文献量高于其他学者；学术影响力指标在 5 位学者间分布相对均衡，沈其荣 CNKI 和 SCI 总被引频次、CNKI 篇均影响因子、SCI 总影响因子和篇均影响因子高于其他学者，陈新平篇均被引频次和专著总被引频次高于其他学者；学术卓越性指标中，陈新平 SCI P 指数、R 指数和 AR 指数优于其他学者，其余指标以沈其荣最高；沈其荣学术创新性各项指标均优于其他学者；综合评价值排在首位的是沈其荣，该学科内表现为优势指标数越多，综合评价值越高。

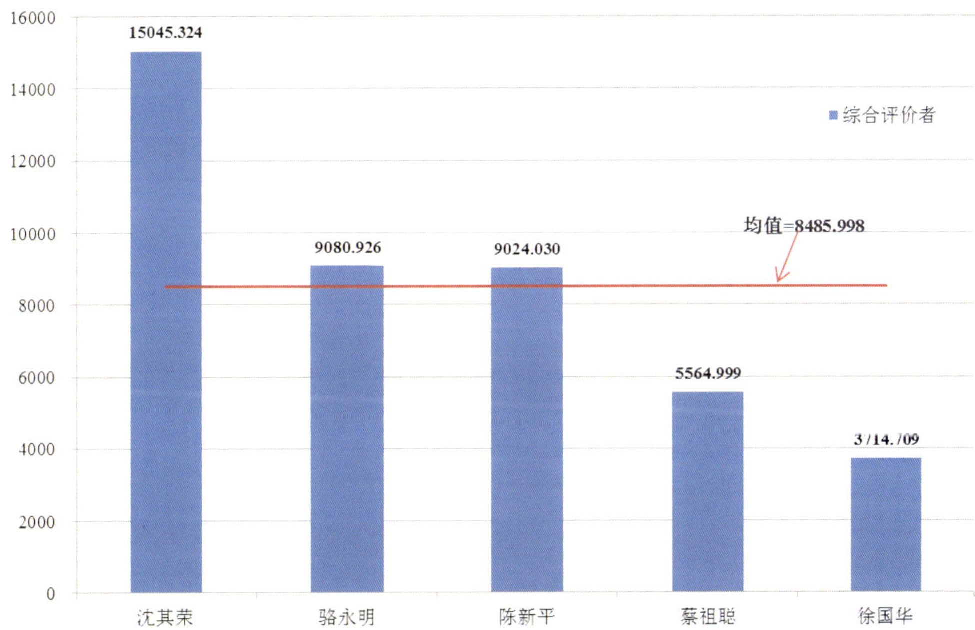

图 5　资源与环境学科综合学术竞争力

4.6　作物科学

作物学科领域学术生产力指标中（图 6），张福锁 SCI 文献量和基金文献量、SCI 国际基金文献量、专著量优于其他学者，而何勇 CNKI 文献量和基金文献量最高；学术影响力指标在学者间分布比较均衡；学术卓越性指标中，张福锁除 CNKI H 指数外的 9 个指标均为最高值；学术创新力指标中，何勇除专利授权率的 6 个指标均高于其他学者；19 位学者按综合评价值均值可分成 2 个梯队，第一梯队学者的综合评价值均高于平均值，该学科内总体表现为具有优势的单项指标数越多则综合竞争力越强。

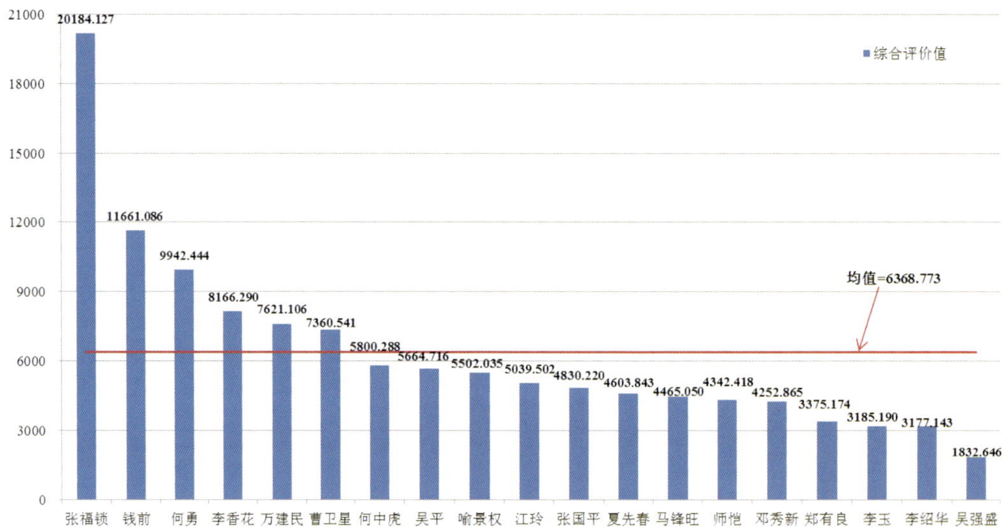

图 6 作物科学综合学术竞争力

5 结 论

5.1 学科间单项优势指标的类别和数量存在差异

食品科学 CNKI 文献量和基金文献量、专利各项指标上综合表现比较突出，资源与环境科学 SCI 文献量和基金文献量、5 项学术影响力指标和 10 项学术卓越性指标表现最优，作物科学 CNKI 篇均被引频次、SCI 总被引频次和篇均被引频次 3 个指标值最高。

5.2 不同学科内单项指标的贡献存在差异，应侧重在同一学科内进行评价

作物科学、资源与环境科学、畜牧水产学 3 个学科单项指标的贡献分布均衡，总体表现为单项优势指标数越多、指标值越高，学者的综合评价值越高；动植物生理生态、食品科学和植物保护 3 个学科内存在单项指标计量排名与综合评价值排名不匹配的现象，动植物生理生态学的 SCI 卓越性、学术创新力指标，食品科学的 CNKI 生产力、影响力和卓越性指标，植物保护学科的 CNKI 文献量、影响力和卓越性指标对学者的综合评价值影响更大。因此，应尽量在同一学科内部对学者进行评价，以提高评价的准确性。

5.3　不同学科学者的综合学术竞争力差距不平衡

植物保护学科、作物学科学者间综合竞争力差距较为显著，最高差异分别为 18 倍和 10 倍左右；畜牧水产学、食品科学和资源与环境科学 3 个学科学者间综合竞争力差距在 3 倍左右，动植物生理生态学学者之间综合竞争力差异不明显。

参考文献

[1] 杜健，张玢．学术影响力评价指标之间的相关性分析——基于医学领域某一细分学科的视角[J]．评价与管理，2010, 8(4): 68-76.

[2] Hirsch, J E. An Index to Quantify an Individual's Scientific Research Output [J]. PANS, 2005, 102(42):16 569-16 572.

[3] 金碧辉 Rousseau Ronald. R 指数、AR 指数：h 指数功能扩展的补充指标 [J]．科学观察，2007, 2(3): 1-8.

[4] 王志军，郑德俊．p 指数运用于人才评价的有效性实证研究 [J]．图书情报工作，2012, 56(14): 93-97.

[5] 邱均平，缪雯婷．h 指数在人才评价中的应用——以图书情报学领域中国学者为例 [J]．科学观察，2007, 2(3): 17-22.

[6] 许新军．H 指数在人才评价中的应用——以经济学领域高被引学者为例 [J]．情报杂志，2008, 10: 22-24 .

[7] 张雪梅．H 指数及其改进形式在学者评价中的应用——以中国经济学领域学者为例 [J]．数字图书馆论坛，2009, 7: 54-59.

[8] 唐圣琴，艾复清．H 指数在个人绩效评价上的应用——以国内农业烟草专业科研人员为例 [J]．商场现代化，2008, 11: 307-309.

[9] 陈韶光，徐天昊，袁伦渠．优秀中青年科技人才评价研究与应用 [J]．科技管理研究，2001, 2: 63-66.

[10] 黄显慧．东辛采油厂科技人才评价体系构建 [D]．青岛：中国石油大学，2007.

[11] 刘保民．河南省科技人才开发与评价研究 [D]．天津：天津大学，2008.

[12] 胥效文．航空科技人才评价体系与方法研究 [D]．西安：西北工业大学，2003.

大数据科研环境驱动下的农业机构知识库服务功能研究与实践

孟　静　唐　研　孔庆富　封文杰　王　磊*

（山东省农业科学院科技信息研究所，济南 250100）

摘　要：大数据科研环境背景下，机构知识库作为科研产出数据的存储与共享平台越来越得到重视。本文通过对农业机构知识库的用户需求分析、服务功能构建的SWOT分析，提出它的功能要素构成及设计，分享了山东省农业科学院机构知识库的实践案例，以期为农业机构知识库的建设和推广提供借鉴意义。

关键词：农业机构知识库；IR；用户需求；SWOT分析；服务功能

Research and Practice on Service Function of Agricultural Institutional Repository Driven by Big Data Research Environment

Meng Jing, Tang Yan, Kong Qingfu, Feng Wenjie, Wang Lei*

(Institute of Science and Technology Information, Shandong Academy of Agricultural Sciences, Jinan 250100)

Abstract: Under the background of big data research environment, institutional repository as a storage and sharing platform of scientific research output data has been paid more and more attention. This paper analyzes the user demand of agricultural institutional repository, SWOT analysis of service function construction, then put forward its functional element composition and design. The practical cases of Institutional Repository of Shandong Academy of Agricultural Sciences were shared, so as to provide reference for the construction and promotion of agricultural institutional repository.

Keywords: agricultural institutional repository; IR; user demand; SWOT analyses; service function

21世纪，大数据浪潮席卷而至，继实验科学、理论科学、计算科学之后，科学研究活动正式迈入第四范式阶段——数据密集型科学发现(Data-Intensive Scientific Discovery)。这一研究范式的出现反映了科学研究的驱动因素已由研究假设转变为数

---

*　为通讯作者

据探索，其显著特征是将数据作为科学发现的核心和科研活动的驱动力[1]，通过分析与挖掘科学数据发现科学规律，数据成为科学研究的基础资源和有力工具[2]。农业是以土、热、光、气、水等自然要素为基本生产资料，研究生命物质生产的科学，由于农业生产的广泛性、周期性和地域性，农业科研产出数据因而具有数据体量大、内容综合复杂、成果类型多样、时效性要求高、区域差异明显等特点。如何有效获取、存储、管理和应用农业科研数据，将数据转化为知识资产，是农业科研机构和管理人员面临的一个重要挑战。

机构知识库（Institutional Repositories，IR）始于开放获取运动，是公共教育与科研单位保存、利用和传播科研成果的一种新型资源共享模式[3]。2012 年英国皇家学会在《科学作为一种开放的事业》报告中指出，科学家应将研究数据存储在合适的数据知识库中以供他人使用和验证；高校和研究社区通过发展数据政策，监护本机构的知识资源并支持研究者的数据需求[4]。近年来，国家相继颁布了《国家创新驱动发展战略纲要》《“十三五”农业农村科技创新专项规划》，加强国家农业信息化建设、提高农业科研数据管理的规范化、科学化和精细化水平，已成为刻不容缓的重任。存储科研产出数据的 IR 的重要性不言而喻，农业机构知识库的研究与构建将成为提升农业科研产出数据管理水平的重要机遇。

据 Open DOAR 网站统计，2005 年全球注册 IR 128 个，2018 年已经超过 3 300 个，其中被收录的中国 IR 40 个。国内 IR 可大致分为两个系统：以中国科学院为首的科研院所系统和以教育部中国高等教育文献保障中心（CALIS）牵头的高校系统[5]。农业机构知识库的建设仍处在摸着石头过河的探索阶段，目前仅有中国农业科学院和山东省农业学院 IR 初具雏形，同时还面临着内容建设不丰富、服务定位不准确、协同机制不同步、升级转型困难等现实问题。在当前大数据科研环境背景之下，本文探讨农业机构知识库的服务功能建设与实践问题，以期为农业机构知识库的深度发展添砖加瓦。

1 农业机构知识库目标用户群需求分析

传统 IR 的建设以对抗出版商垄断为目的，功能多局限于科研产出数据的存储及再利用，现代农业机构知识库的建设应当直接面向目标用户群，转型升级为具有功能侧重点的个性化、服务型 IR。为了解目标用户群需求，本文选取某农业科研机构为对象，以访谈法的形式多角度分析各类用户行为，深度挖掘 IR 面向不同用户的增值服务功能（图 1）。

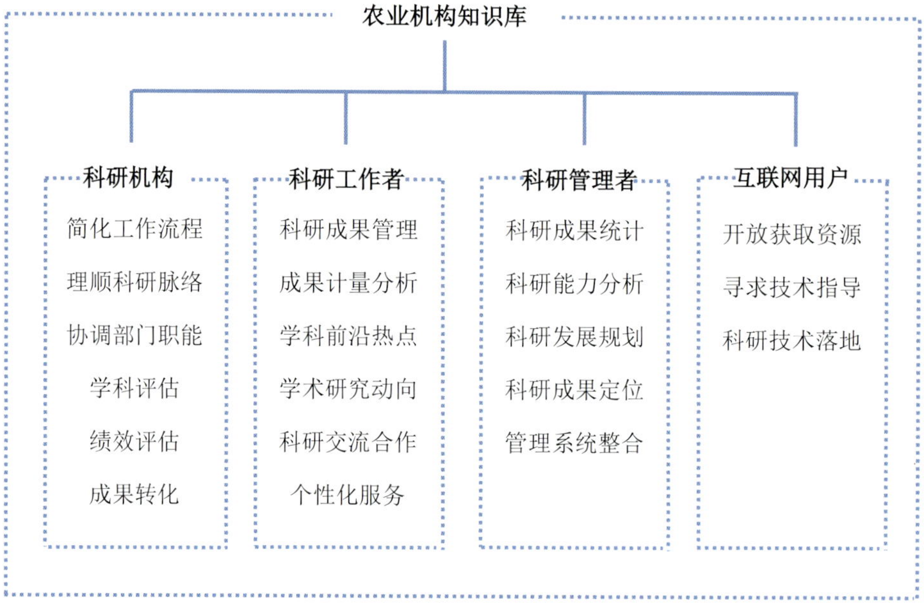

图 1　面向用户的 IR 服务功能图

1.1　农业科研机构

IR 包含不同类型、数量不断增长的内容，需要持续的管理以保持其生命力。农业科研机构不仅是 IR 的创建者，还是 IR 的推广者、运营者和受益者。农业科研机构的需求主要是简化工作流程、理顺科研脉络、协调部门职能等，机构的学科评估、成果转化、绩效评估等都可以以 IR 的数据为支撑。IR 作为数据的存储共享平台，既可以保存机构成员的研究成果，提高机构的学术声誉，也是展示机构学术成就的重要窗口。

1.2　农业科研工作者

农业科研工作者是知识资产的主要生产者，其出版的论著、发表的论文、撰写的科研报告和研究数据、申请的专利等都是 IR 的收录对象。他们关注更多的是成果数据的多格式提交、修改和自由导出，成果的被引、关注和评价情况的统计分析，以便在职称晋升、项目申请、考核评奖时作为支撑材料。科研工作者还对学科前沿热点、学术研究动向、科研交流合作、个性化定题服务等有着强烈的需求。

1.3　农业科研管理者

农业科研管理者的需求主要集中在科研产出的统计和奖励，利用 IR 的知识分析功能，掌握所属单位和个人的科研水平和优势，部署科研发展规划。IR 的海量数据存储和专业统计分析功能，不仅能及时、准确地实现科研成果定位，还能协助科研管理者统计科研成果[6]。IR 提供的数据接口可实现与科研管理系统的整合，依靠流程的紧密配合提升科研管理能力。

1.4 互联网用户

IR 是否对机构外互联网用户开放使用一直是一个有争议的话题。在农业领域，广大农业一线的劳动者在生成过程中需要科学技术的指导，而往往由于渠道的限制无法及时获取所需信息。IR 建设的初衷，是为了实现科研成果的开放获取，从促进科研成果转化、实现技术落地的角度，IR 是应当面向互联网用户开放的。当然，这种开放是在符合信息传播政策和知识产权保护下进行的有选择的开放，对一些内部资料和个人隐私信息则应当采取严格的保护措施。

2　农业科研单位建设 IR 的 SWOT 分析

SWOT 分析又称战略态势分析，20 世纪 80 年代由美国旧金山大学教授安德鲁斯提出，在管理学领域广泛应用。应用 SWOT 分析法对组织内部优势（Strengths）、劣势（Weaknesses）和组织外部机会（Opportunities）和威胁（Threats）进行提取，运用系统分析方法将各要素相互组配分析，制定符合组织发展方向的战略[7]。本文借助 SWOT 分析法，揭示农业科研单位建设 IR 的内部优势和劣势、外部机会和威胁，通过组配分析，提出 IR 建设策略。

2.1　内部优势 (Strengths) 分析

① 高质量的人才队伍和专业基础。农业科研机构人才素质过硬、人才队伍结构合理，不仅有支撑 IR 多维数据分析的图书情报学专业人才，还有各个农业学科的专家、学者。

② 海量的科研产出数据。农业科研机构拥有一定数量并不断增长的科研产出数据，包括学术论文产出数据、专利和标准数据、品种和兽药授权数据、科研项目和平台数据及成果奖励数据等。

③ 信息技术和设备优势。信息处理技术、数据库技术、信息压缩及传递技术、数据分布式处理技术、安全及保密技术、数据挖掘及抽取技术、各种检索技术等均有着广泛应用，为信息的收集、加工、整理、传播与应用提供了保障[8]。

④ 良好的合作条件和组织基础。中国农业科学院信息研究所牵头成立的农业机构知识库联盟为联盟成员提供快速构建 IR 的解决方案，利用联盟合作优势可实现跨机构的信息共享和交流。

2.2　内部劣势 (Weaknesses) 分析

① 相关政策和规范不够完善。农业机构知识库在建设方面进步很快，但配套政

策的制定仍比较滞后，相关的评估指标体系尚未建立。

② 缺乏有效的管理模式。国内 IR 大多采用传统的管理模式，单向性的服务缺少与用户的沟通、交流、反馈，限制了 IR 功能的发挥。

③ 缺乏经费支持。IR 建设前期有固定的资金投入，而后期的运营和维护往往因缺少资金的支持而难以为继，制约其长远发展。

④ 数据来源单一。IR 数据绝大多数来自于建设部门的被动采集，用户囿于上传流程复杂、费时费力，数据上传的参与性和主动性较低。

2.3 外部机会（Opportunities）分析

① 大数据时代，数据为王的大背景。科研数据是知识型社会最重要的战略资源，数据不仅是一种能源更是一种驱动力。谁能拥有最好的大数据基础设施、谁能生产和占有最多最全的数据、谁有最快最好的数据分析能力、谁能最有效地利用与开发数据的价值，谁就抓住了时代的机遇。

② 科研机构成果转化的内在需要。随着科研机构研究实力的提高，很多成果都需要以合适的方式展示出去，IR 正是一个发展中的宣传窗口，更是成果落地转化的一个重要途径。

2.4 外部威胁（Threats）分析

① 开放网络环境的威胁。开放网络环境中用户群体多样化，以往单一的需求变得更加多元，对 IR 存储内容的知识产权权限界定以及用户隐私保护提出了更高的要求。

② 竞争意识和竞争力有待提升。随着商业公司参与到 IR 的建设行列之中，农业科研机构建设的 IR 往往在用户体验和认可度方面稍逊于商业公司，在市场竞争中不占上风。

对以上四要素进行组配分析，形成策略矩阵（图 2）：SO 组合（优势—机会）、ST 组合（优势—威胁）、WO 组合（劣势—机会）和 WT 组合（劣势—威胁），由此可以看出农业科研机构在人才、数据、技术、组织合作中具有显著优势，并面临着数据为王的大环境和自身成果转化需求的机遇，而最大的短板是自身管理和经费的欠缺。因此农业科研机构要将 SO 战略和 WO 战略相结合，发挥优势克服劣势、抓住机遇规避风险，稳步推进 IR 的建设工作。

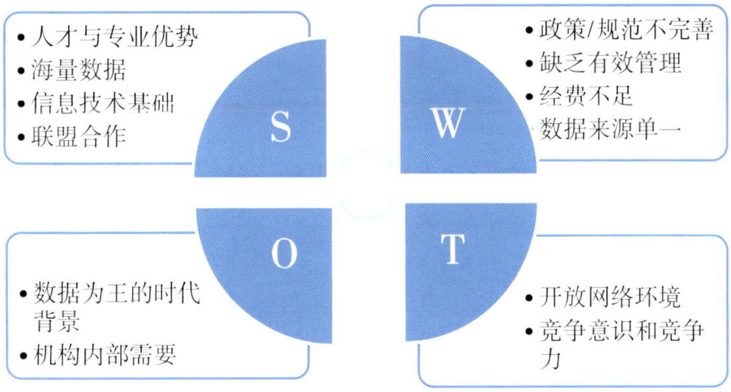

图 2　农业科研单位 IR 建设的 SWOT 策略矩阵

3　农业机构知识库服务功能的构建

3.1　农业机构知识库服务功能的建设目标

农业机构知识库不仅是农业科研机构的成果存储空间，更是信息的共享和交流平台。IR 服务功能建设有以下 4 个目标：① 对机构内部的知识成果进行甄别、收集、存储、传播和利用；② 促进机构科研工作者共享资源、交流成果，提高科研成果转化效率；③ 评估机构整体和个人的学术研究热点和发展趋势，提高科研工作管理效率；④ 彰显机构的科研地位和提高对外知名度，推进机构科研质量提升、人才队伍建设等各项事业的全面发展。

3.2　农业机构知识库服务功能的构成要素

通过目标用户的需求分析，面向服务的农业机构知识库功能主要包括：① 基本功能：用户注册和登录、用户权限管理；学术成果管理与动态更新；多种方式组织、浏览、检索数据；友好的人机交互界面等。② 核心功能：数据采集、数据存储、统计分析、知识挖掘、知识整合等。③ 延伸功能：信息订阅与推送、研究前沿与热点预测、学科服务与评估、信息交流与共享、学术影响力与贡献度分析、科研绩效评估、提供外部数据接口、个人和单位知识库列表等。

3.3　农业机构知识库服务功能的设计

根据农业机构知识库服务功能建设的目标与构成要素，针对不同层面、不同类型的目标用户需求，IR 的服务功能设计可以从数据层、管理层、服务层 3 个层面来实现（图 3）。

① 数据层：IR 收录资源的数量和质量是影响其服务功能发挥的基础，也是 IR 得以长久良性发展的保障。IR 服务功能的实现首先要对收录的数据进行细粒化揭示，

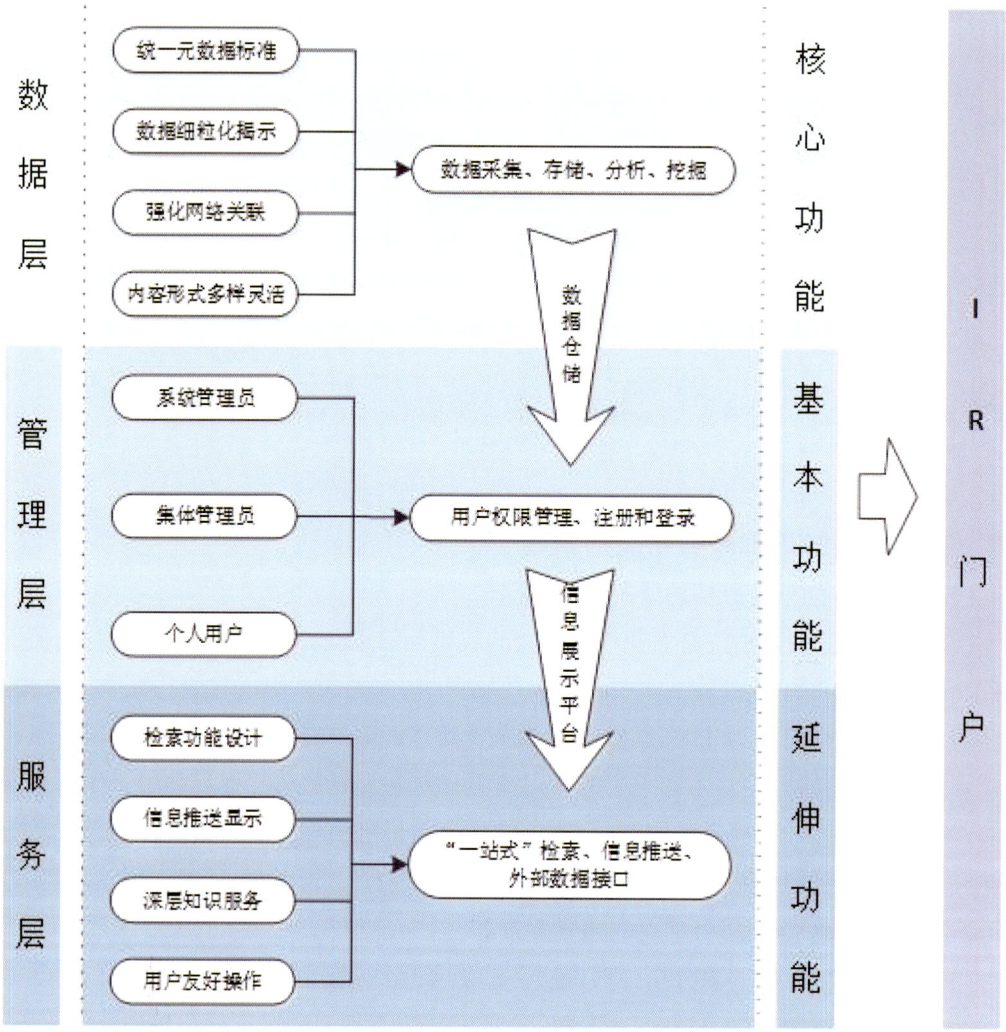

图 3 农业机构知识库服务功能

按照最基本粒度对象及其组合进行数据保存、管理和展示，并逐步完善学者、团队和学科的揭示。收录数据在形式、内容等方面要遵循统一的元数据标准规范，以加强对数据质量的把控，又要保证数据形式、内容的多样化和灵活性。同时，要加强 IR 数据关联，将以往以成果为中心的关联转变为围绕人的学术产出、团队、科研过程等综合数据的关联网络。

② 管理层：IR 系统管理员被赋予最高的管理权限，包括制定 IR 的相关制度与规定、管理功能模块、分配集体和个人用户权限、批量导入和导出数据、把握收录数据的开放程度等；集体管理员的权限仅次于系统管理员，可分配个人用户权限，对集体

的数据进行实时动态管理、统计分析集体数据以做出准确的学科评估和发展规划、拥有集体内部独立的资源共享平台并配置平台功能和权限；个人用户是 IR 服务功能的享受者，处于 IR 管理的最底层，注册个人账户、登录后可以管理个人成果数据、有权决定个人提交数据的共享范围、提交需求后可获得个性化定题服务推送数据。

③服务层：在检索功能设计层面，提供基本检索和高级检索两种检索方式，并实现“一站式”跨库检索、单库检索，常用检索字段可设置作者、机构、关键词、摘要、全文、年代等；在信息推送显示功能层面，为方便检索和快速浏览，推送信息应包含重点成果介绍、著者介绍、科研成果、科研项目等，并在主界面和导航栏做突出显示；在深层知识服务功能层面，要基于多种计量指标，按照最基本单元及所需组合进行深度的知识挖掘和可视化展示，建设面向个人用户的学术空间、为科研团队提供定题服务和学科发展分析报告以及 RSS 源订阅推送服务等；在用户友好操作层面，可根据用户需求反馈对身份认证、检索浏览、在线咨询等常用操作进行简化并及时修复功能缺陷。

4　农业机构知识库建设的实践——山东省农业科学院机构知识库

山东省农业科学于 2017 年 7 月开始与中国农业科学院信息研究所合作共建机构知识库，依托中国农业科学院信息研究所良好的资源基础和技术条件，经过近 1 年的建设，现已进入上线运行阶段。IR 的数据抽取与处理参照国家科技图书文献中心、中国工程科技知识中心元数据标准，并进行了个性化和可扩展性设置，目前，已收录山东省农业科学院及其下属机构的中外文期刊文献、专利、成果等数据 26 289 条，各类资源数量如表 1 所示。

表 1　山东省农业科学院机构知识库数据量统计表

类型	数据量（条）	年限范围
中文期刊	18 623	1959—2016
外文期刊	1 388	1995—2016
会议论文	878	
科技成果	506	2002—2016
专　利	4 894	1998—2016
合　计	26 289	

山东省农业科学院机构知识库系统采用 SaaS 架构和 Bootstrap 自适应架构，实现 PC 端与移动端的完美匹配；应用云存储、云计算技术，实现科研产出数据的云端自

动更新；基于农科数据仓储的支撑，实现高效的知识聚类功能；全新 Echart 数据报表设计，实现数据的多维度、多指标可视化计量分析；通过机构横向科研产出数据对比，实现学科热点与研究前沿的深入挖掘。IR 已完成机构内 85% 的科研产出数据收录和现有各类数据库的整合，实现了“一站式”跨库检索和单库检索。信息检索、文献传递、主动推送、科技查新、数字图书馆、用户访问统计等功能也在不断的实现和完善过程中。

5　结论与反思

农业机构知识库的建设在国内仍处于探索阶段，任重道远并非一蹴而就。大数据科研环境背景下，农业机构知识库的建设要不断推陈出新，不拘泥于传统的资源典藏功能，而是要结合自身的优势和特色，在服务上做进一步的延伸拓展。本文仅从服务功能的视角对农业机构知识库的构建进行了分析，如何让 IR 的服务功能得到更加充分的发挥，真正实现它的潜在价值，有待做进一步的研究和探讨。

参考文献

[1] 朱维乔 . 大数据科研环境驱动的长尾数据策管机制研究 [J/OL]. 图书馆工作与研究，2018(5)：53-58.

[2] 司莉，曾粤亮 . 机构科研数据知识库联盟创建的动因与条件分析 [J/OL]. 图书馆论坛 ,2018:1-8.

[3] 刘悦如，王从军，余育仁 .“双一流”建设背景下面向用户的机构知识库建设策略探析 [J/OL]. 图书馆工作与研究，2018(5)：118-123.

[4] Boulton G, Campbell P, Collins B, et al. Science as an open enterprise [EB/OL]. [2018-03-20] .https://royalsociety.org/~/media/policy/projects/sape/2012-06-20-saoe.pdf.

[5] 呼和木其，王文婷 . 以用户需求为导向的民族地区高校机构知识库服务功能设计研究——以内蒙古工业大学为例 [J]. 农业图书情报学刊，2017，29(12)：180-185.

[6] 师俏梅，李晶，谭英 . 面向服务的高校机构知识库研究与实践 [J]. 数字图书馆论坛，2017(3)：54-59.

[7] 侯雪婷，杨志萍，陆颖 . 基于 SWOT 分析的公共图书馆文化精准扶贫战略研究 [J]. 图书情报工作，2017，61(11)：29-36.

[8] 黄钰新 . 基于 SWOT 分析的数字图书馆信息服务质量评价研究 [J]. 图书馆学刊，2016，38(2): 23-25.

大数据时代农业类专业图书馆数字化建设探索

张　研*

（黑龙江省农业科学院信息中心，哈尔滨　150086）

摘　要：本文介绍了大数据的概念与含义，调研了大数据在农业领域中的应用，分析了农业专业类图书馆的职能变化，指出了大数据背景下农业类专业图书馆面临的挑战，提出了农业类专业图书馆应对大数据的策略。

关键词：大数据；农业专业图书馆；数字图书馆

进入2018年，数据已经渗透到当今每一个行业和领域，成为重要的生产要素。人们对于海量数据的挖掘和运用，预示着新一轮生产模式的到来。“大数据”因为近年来互联网和信息行业的快速发展而被极度关注。图书馆作为重要的信息情报获取机构与大数据息息相关，本文详细分析了大数据时代农业类专业图书馆面临的挑战，并提出对策。

1　大数据的概念

大数据（big data），指无法在一定时间范围内用常规软件工具进行捕捉、管理和处理的数据集合，是需要新处理模式才能具有更强的决策力、洞察发现力和流程优化能力的海量、高增长率和多样化的信息资产。在维克托·迈尔-舍恩伯格及肯尼斯·库克耶编写的《大数据时代》中大数据指不用随机分析法（抽样调查）捷径，而采用所有数据进行分析处理。大数据的5V特点（IBM提出）：Volume（大量）、Velocity（高速）、Variety（多样）、Value（低价值密度）、Veracity（真实性）。大数据分析是指对规模巨大的数据进行分析。[1]

* 作者简介：张研（1982— ），女，硕士，哈尔滨人，助理研究员，从事农业文献资源管理；
E-mail：49664922@qq.com，Tel：13946188806

2 大数据与农业专业图书馆

2.1 农业大数据

大数据在农业的应用和发展，将有助于加快推进国内农业转型升级，为农民生产生活提供极大便利，为政府监管部门的服务能力提升提供有力保障。用大数据改变传统农业，装备农业生产是破解当今农业发展难题的迫切需要，是促进农业现代化发展的重要途径。

2.2 大数据时代下农业专业图书馆

专业图书馆即专门图书馆，凡图书馆的藏书是专业化的，服务的读者对象是专业群体，工作人员在某一特定学科领域受过专业训练，并为读者提供专门化的服务，都称之为专业图书馆。以此标准，政府机关、科研机构、事业单位、专业院校、工矿企业、行业协会的图书馆等均为专业图书馆的范围。但事实上我国更多将专业图书馆定位为科研系统的图书馆，称为“科学专业图书馆”或“科研图书馆”。高校系统图书馆、科研系统图书馆、公共系统图书馆并称为我国三大系统图书馆。近年来，与公共图书馆和高校图书馆相比，专业图书馆因资源环境、技术环境和用户需求的变化以及科研体制改革等因素，发生了巨大的变革。[2]

2.2.1 农业类专业图书馆的职能变化

大数据对农业生产的影响也直接影响了农业系统的科研活动，对农业类专业图书馆的服务模式提出了新的时代需求。大量的复杂的数据使得数据收集工作范围越来越广，推动了科研服务模式的转型。科技情报服务已经逐渐由传统服务模式向基于海量数据的知识发现过程和数据分析过程转型，科技情报服务正在成为基于海量数据的知识发现知识分析的工作。数据的开放性促使农业类专业图书馆向开放知识服务方向转型。[3]

2.2.2 农业类专业图书馆拥有的大数据

目前农业类专业图书馆已经初步拥有的数据包括以下几类。

一是传统的馆藏数据，主要包括馆藏电子期刊、电子图书、电子会议文献、电子科技报告等。读者的检索主题、下载频次、等资源信息的检索利用情况。各单位馆际共享等情况。

3 农业专业图书馆面临的挑战

随着互联网的兴起和信息技术的迅速发展，主流科研文献、学术性期刊基本实现了数字化网络化存取。全球新产出的信息量每年翻一番，大约90%的信息都以数码形式储存在某种计算机装置里，如此庞大的数字化信息和资源，使得任何图书馆的印本资源都无法比拟。[4]

在传统的学术交流中，图书馆具有独一无二的优势。然而随着信息技术的发展，数字学术文献已经成为科研教育用户学习与创造的基本保障，很多科技期刊和主要国家的专利文献已完全实现数字化出版，主要科技会议录、专著、工具书等学术型图书的数字化快速推进并迅速逼近市场转换的转折点，开放获取期刊和开放获取知识库迅速发展，数字流通渐成主流。数字环境下，科研人员更倾向于优先使用网络资源。发表研究成果也不再局限于传统的纸质刊物，开放获取、博客等成为便捷的学术交流方式和渠道。科研过程中的实验数据、科研成果可以随时在网络公布并与他人共享。这部分网络“灰色文献”也成为科研活动的更具有时效性的重要信息来源。[5]

4　大数据下农业专业图书馆的对策

4.1　数据图书馆将成为未来数字图书馆的一部分

图书馆在科学文献（纸质或是电子）的组织与服务方面积累了富的经验，已成为科研活动和学术交流体系中的有力支撑。但随着学术信息交流方式的变化，既有数据档案库，也有文献档案库，而数据则进入数据档案库中。因此，数据图书馆将成为未来数字图书馆的一部分。存储在各类数据库和文档系统中的科学数据以及以业界标准化关系数据库所产生的元数据体系，将构成一种新型的、分布式的和整合式的数字图书馆。这种数字图书馆既包括传统数字图书馆的各类处理、管理、检索服务等功能，又包括数据转换、可视化和数据挖掘服务等新型数据服务功能。

4.2　加强合作实现资源共享

数字图书馆的建设发展需要投入大量的信息资源，而农业数字信息资源的开发利用需要跨部门、跨行业、跨地区的协同作战，需要政府部门加强、规划与协调，保证这一信息服务链条的有效转动。一方面，建立不同层次的共建共享联盟，共同开发和建设内部资源和外部资源；另一方面，加强与兄弟馆之间的沟通联系，合理建设和使用文献资源，努力建立一个合理的资源存取管理机制。目前，省级农业科学院图书馆应该积极采取多方面合作的形式建设数字图书馆。首先，获得中国农业科学院国家农业图书馆的支持，积极加入该中心创建的全球农业大数据与信息服务联盟，参与农科联盟实现快速原文传递。通过国家农业科技信息资源共建共享平台，可以享受信息资源共享。其次，通过合作来节约数字图书馆建设的投资，如与中国数字图书馆工程文献信息中心等单位签约，通过签约加入这些组织，从而获得信息资源上支持。最后，与公共馆联合共享信息资源，采取明确分工合作形式，加强具有本省农业特色的文献信息资源的数字化建设，建成数字文献保障体系框架使彼此在资源共享上得到了较好互补。

4.3 特色纸质文献数字化

专业图书馆经过长期的积累，典藏了大量的纸质文献，这些文献具有极高的专业性、学术性、系统性，有着宝贵的学术研究价值。然而纸质文献经过频繁的查阅不仅不利于文献的保护，也不利于有效的检索。而且因时间影响，纸质文献极易老化、破损、变质直至慢慢消失。通过文献的数字化不仅可以避免珍贵典籍的丢失和损坏，也可以扩大文献的利用范围，通知满足科研人员对文献的共享等需求，使宝贵的文献资源得以充分利用。

4.4 加快人才队伍建设

建设优质的人才队伍是推动图书馆数字化的持续健康发展的重要保障。高素质的专业化人才队伍建设工作和数字图书馆研究工作，是未来图书馆的重要任务。在图书馆服务所发挥的具体作用中，信息人才是至关重要的因素。数字图书馆的建设是较大的系统工程，涉及数字图书馆组织管理、数字信息资源采录等一系列复杂的技术流程，这就需要一个多学科的、能力强的高素质复合性的人才队伍，从具体工作而言，需要有图像处理、数据库建造、全文录入与转换、音视编辑加工、数据集成与网页设计等方面人才的合理配置，数字图书馆技术需要具有勇于创新人才，具有不懈探索的创新能力，接受信息技术带来的改变，以及综合判断和推动时势的能力等。因此，省级农业科学院图书馆根据本馆数字图书建设目标要求，一方面要对馆员进行继续教育，系统地组织在职员工进行业务技能和现代信息技术的培训和进修，采取派骨干馆员进修学习、外出参观考察、内部业务研讨交流等形式，提高数字图书馆基本理论水平和业务技能。另一方面要引进既有图书情报学知识和技能，又掌握先进的自动化、网络化技术和一定的外语水平的高素质复合型人才，为数字图书馆建设的持续发展提供人力资源保证。

5 结　语

网络及信息技术革命给图书馆的发展带来了全新的机遇，以数字化资源为代表的数字图书馆建设是未来图书馆的发展方向。省级农业科学院图书馆的数字化建设，不仅能最大效率地搜集和保存农业科学技术等信息资源，还能改变科研人员对信息资源的使用方式，提高信息服务质量，更好地为农业科技创新、农村农民的生活和生产发挥支持和保障作用。

参考文献

[1] 张文彦．武瑞原．于洁．大数据时代的图书馆初探 [J]．图书与情报，2012 (6)：1-21.

[2] 王天泥．知识咨询：大数据时代图书馆的知识服务增长点 [J]．图书与情报，2013 (2)：74-77.

[3] 高宇伟．关于高校数字图书馆信息资源整合的研究 [J]．河南图书馆学刊，2015 (5)：64-66.

[4] 周薇．大数据环境下智慧图书馆创新服务策略研究 [J] 河南图书馆学刊，2014 (11)：98-100.

[5] 安宗玉．浅析大数据对图书馆的影响及对策 [J]．河南图书馆学刊，2014 (1)：109-110.

大数据时代上海市农业科学院图书馆的转型发展与服务创新模式探析

（上海市农业科学院图书馆）

摘　要：大数据时代的到来推动了许多行业的变革，也给上海市农业科学院图书馆带来了冲击，面对快速增长的信息与服务需求，通过对图书馆发展相关信息的搜集、分析与整理，简述了上海市农业科学院图书馆的功能定位，探析了今后转型发展与服务创新模式，力求建立新业态、新服务与新方向，为上海建设高效生态农业的发展保驾护航。

关键词：大数据时代；转型发展；服务创新；图书馆

大数据（Big Data）又称巨量资料，是建立在巨大的多样化的数据集合的基础上，通过全新的数据分析及价值的挖掘技术，从而实现数据的最大化利用。随着计算机、互联网等技术的快速发展，终端设备的日益普及，数据产生与传播速度不断加快，大数据正在以前所未有的速度渗透到生活、工作和学习的各个角落，引领社会实现由数据到数据源发展规律的转化，再到执行标准的跨越式发展，推动各行业的发展。大数据时代的到来，已经影响到社会的各个层面，为各行各业的发展带来了新的机遇和挑战。农业图书馆是搜集、组织、管理、收藏和保护农业信息，为农业生产、教学科研提供高质量农业信息服务的机构，承担着农业信息资源管理领导者的职能。大数据时代促进了大数据技术与农业领域的相关科学研究相结合，也给农业图书馆业界带来全面的冲击和新的发展机遇[1-5]。

上海农业有着自身的特殊性，农业体量较小，农业增加值占比较低，上海需要增强都市农业的竞争力，提高农业劳动生产率、土地产出率和资源利用率等，打造集多种功能为一体的现代都市农业[6]。大数据时代，如何发挥上海农业图书馆的资源优势，利用大数据技术，通过全方位的创新，实现转型发展与模式变革，构建适合上海农业发展的图书馆数字资源库，将上海农业图书馆打造成知识、信息、技术、资源的学习、研讨、创新、交流场所，这对实现上海农业多种功能的拓展具有重要意义。

1　大数据时代上海农业科学院图书馆的功能定位

上海市农业科学院图书馆创办于1959年，是上海地区唯一的综合性省市级农业专业图书馆，也是唯一拥有最完整农业资料的单位，作为上海农业信息储藏和农业知识储藏最集中的农业图书馆，在上海的社会经济与科技发展进程中无疑发挥着重要的作用。随着社会的发展，科技的进步，信息通信技术带来了人类知识更新周期越来越短，知识信息更新日益加快，传统农业图书馆提供的信息服务已经完全满足不了广大农业科研人员和农户的需求，未来大数据、大协作、大平台的发展趋势，对图书馆提出了新的要求。

1.1　农业知识传播与普及功能

随着全球信息化的深入推进，获取信息的渠道日益丰富，图书馆作为信息、文化与教育平台，是社会化信息的传播纽带。上海是中国的经济、金融、科技、信息、文化中心，拥有更加开放的网络环境与信息资源，通过拓展数字图书馆建设，广泛收集各种涉农信息与相关知识，构建大容量电子信息数据处理中心，借助数据远程传输，实现农业的远程教育，向农业院校师生、涉农人员及农业爱好者传播农业知识，普及绿色农产品常识。

1.2　农业信息查阅与信息服务

通过建立电子阅览室编目、流通、阅览、文献检索及二次文献的开发等自动化的工作平台，为科研人员、农技人员、一线生产人员和知识型农民等相关人员提供全面完整的信息服务链，包括多种农业信息检索手段、农业资料服务、信息分类定制服务、知识服务等，以高效、精准的服务满足相关人员的信息需求。

1.3　都市农业体验馆

上海作为我国经济发展最活跃的地区之一，早在20世纪90年代，便将农业定位于都市农业，随着外部环境的变化，在一系列的政策支持下，上海都市农业已进入一个新的发展阶段。上海农业大发展要求不仅是农业本身功能，同时具有经济、生态、服务等集成性功能[6]。基于此，利用虚拟现实技术和可视化技术，在计算机和网络的支持下，对都市农业的经济、生态、服务功能在计算机上进行全面模拟和再现，从食物保障、原料供给、就业增收、调节生态、增加景观、防御灾害、旅游休闲、文化传承、示范服务等功能让人们能够切身感受到都市农业的多种功能的拓展魅力，进一步推进我国农业结构性改革，创新现代农业体制机制，加快农业现代化发展步伐。

1.4　专家咨询平台

在服务“三农”的基础上，进一步深化咨询服务，拓展咨询服务平台，根据不同学科类别，邀请各领域专家与学者建立专家档案，构建农业专家咨询网，设置专家名录、专家答疑、学术讨论等栏目，丰富图书馆的资源与服务内容，更好的发挥图书馆的资源与信息服务作用，促进上海农业的快速发展。

1.5 学科服务站

各学科交叉渗透，学科分支越来越细。科研人员要出色完成一项科学研究，获得科研成果，需深入了解本专业研究的前沿、最新动态以及边缘学科动态[4]，这种对信息内容的深度需求，亟待专业信息检索与分析人员的指导。图书馆拥有专业的检索查新、信息分析与加工人员，为了减少科研人员在信息检索中造成的不必要的时间与精力浪费，主动帮助科研人员充分利用图书馆的资源，建立“学科馆员制度”，实现精准服务，充分利用各种查询软件、数据挖掘软件、数据处理软件、数据分析软件，抓取、收集、处理相关信息资源，从海量资源中分析、筛选、总结和归纳，为科研人员甄别、筛选真实有用的信息，确保信息质量的精准性、时效性，为科研人员提供更专业、全面、系统性的学科服务，确保科研工作的顺利开展。

1.6 休闲娱乐场所

利用部分公共区域开设集休闲阅读、书画、棋牌等休闲娱乐场所，丰富科研人员的精神生活，使其劳逸结合，以更加饱满的精神状态投入科研工作中。

2 大数据时代上海农业科学院图书馆的转型发展与服务创新模式

大数据时代，图书馆信息资源利用和管理发生了本质的变化，原有的资源和管理模式已不能适应新的信息技术的需求[3]。大数据时代给图书馆科技信息服务带来了颠覆性的变化，从服务理念、资源建设到服务方式，都必须注入全新的概念和模式[4]。转型发展是图书馆发展的必然趋势，通过全方位的创新，主动应对图书馆外部信息和社会环境的变化，实现模式变革，使图书馆逐渐脱胎换骨，建立新业态、新服务与新方向。

2.1 转型发展模式

图书馆的转型不是一蹴而就的，而是一个持续发展的阶段，就目前国内图书馆发展而言，大部分图书馆介于转型前和转型中的状态。基于对上海市农业科学院图书馆的功能定位，图书馆需要在组织结构、资源建设、资源利用、服务理念和形式重新思考与规划，实现服务创新、研究创新、运用创新，转型之路是曲折的，依托互联网、大数据对传统的图书馆进行改造和提升。

2.1.1 实现开放共享

开放、共享、共用，实现图书馆价值最大化，共享一直是图书馆行业的理想，

20 世纪 50 年代全国成立了两个国际级中心，9 个地区中心，开展文献资源建设的协作协调工作。20 世纪 80 年代，四部委联合成立了文献信息资源协作协调组织。在大数据的背景下，农业数据资源的共享是必然趋势，各个涉农部门也逐渐认识到信息共享的重要性，分别加强了农业资源的共享工作。2015 年 12 月，农业部制定并发布了《关于推进农业农村大数据发展的实施意见》，明确提出了未来 5~10 年内农业大数据发展的主要目标，到 2025 年，实现农业产业链、价值链、供应链的连通。近几年，为了促进农业信息资源共享共作，农产品监测预警数据仓库、国家农业科学数据共享中心、中国科学院数据云等平台也相继建成[7]。开放性获取信息已经是科技领域进行信息沟通的主要趋势。

开放数据的获取渠道较多，可以利用网络上下载 OA 文献，可以访问互联网上对应的文献存储网站，也可以依托图书馆主页，综合利用学科博客、微信公众号、移动图书馆等多维度互联网平台，让图书馆资源更具广泛获取性，是图书馆数字化发展的大趋势，开放数据的获取与组织利用，是图书馆建设开放资源体系的必要途径[8-10]。

2.1.2　加强图书馆信息资源建设

信息资源建设是图书馆赖以存在的物质基础和保证，是衡量图书馆实力的重要指标。而信息资源体系建设的优劣会直接影响着图书馆信息服务的水平和效率。在数字化发展快速推进的今天，以数字资源为核心的信息资源建设已经成为图书馆发展的重要趋势，数字图书馆充分利用先进技术收集学科信息，实现特色信息资源融合，根据互联网环境下的多学科交叉的趋势，以传统馆藏为基础整合信息资源，对馆藏资源建设进行合理定位，发展特色数字化资源建设体系，将推动数字图书馆的跨越式发展[11-12]。

充分利用大数据技术和数字信息技术，加快数字新媒体移动平台和互动平台的建设。根据用户资源需求、学科门类、专业领域等，对这些资源进行科学分类与深层次分析，并构建合理的信息资源描述模型，为完善特色资源服务体系提供保障。同时对现有的信息进行分类、整理、更新，使信息资源合理配套，在共建共享保障体系条件下，进行深度的信息资源交换和流转，实现各单位的系统全方位的联通与资源的快速传递，使用户享受到更加便利的服务。

2.2　创新服务模式

随着信息和知识获取途径和速度的多样化和快速化，传统的图书馆的服务模式受到了很大的冲击，为了促进图书馆的发展，需要对图书馆的服务进行创新，为广大农业人员提供更优质的服务。利用大数据技术可使图书馆即时、全面掌握用户利用图书馆的行为，包括使用的时间、频率、资源、设施、偏好等，从而提供更为个性化、精细化的服务。

为各研究领域提供高质高效的知识应用，是近年来数字图书馆知识服务的重点研究内容。在趋同和趋向作用影响下，数字图书馆知识服务会逐渐建立一种创新型的模式，通过可视化工具来实现交叉学科结构、内容和方法的整合，最终实现知识的再创造。从而在学术科研、教育教学和社会人文层面进行支撑，有效地将知识进行层次结构的重新定位和划分，从单纯的知识服务转化为图形化的知识结构，从而提高了知识应用的整体效果。构建多元服务体系，依照研究人员需求构建多元化、层次化服务体系，将服务工作与服务需求全面结合在一起，从根本上提升图书馆服务质量[13]。

2.2.1　提供个性化服务

图书馆服务建设需要跟上大数据时代的步伐，努力去创新，发掘更贴近读者需求的服务，针对不同科研个体，通过开展准确的数据分析，建立新的服务体系，提供个性化服务和参考咨询服务等[14]。

依托信息技术完善资源储备，以用户个性化、多样化知识需求为出发点，利用移动互联网、物联网、云计算等先进的信息技术，为用户提供图文并茂的细致化、个性化、全方位的服务，通过微信平台实现智慧型学科信息发布与推送，向读者推送高质量的学科信息资源、最新资源信息、图书资源内容等，同时借助大数据平台和图书馆数据库中的科研人员书刊资源需求信息向其定向推荐相关资源，以保证研究人员能够快速获取所需的图书信息，形成便捷化服务；同时根据不同个体需求进行定制服务，依照相关人员定制的资源信息向其提供相应的资源内容[15]。

2.2.2　提供更深层次服务

随着大数据时代的到来，以往的服务很难满足用户深层次、多元化、个性化、系统化的需求，建立信息服务电子平台，通过提供学科知识的数据分析、信息可视化数据应用以及数据挖掘服务，提高信息检索效率，拓展大数据分析和处理业务能力。始终站在学科的最前沿，追踪学科前沿动态，进行学科态势分析，了解学术研究的前沿问题、科技发展的最新动态，为科研人员提供更深层次的信息内容和数据产品，在学科预警分析、学科发展态势、学科竞争力方面提供相关的服务[16-17]。

从课题开题立项到鉴定成果，包括查收查引服务、科研课题咨询信息搜集、学科资源评估、学科信息门户建立等，图书馆全程跟踪并提供海量学科文献资源与配套学科信息服务。让学科服务环环相扣，层层深入，切实发挥文献资源在科研中的支撑作用。

2.2.3　促进学术交流

学术交流活动是传递、交流科技信息和学术观点的重要途径，也是促进学科发展，促进科技进步的推动力，上海是开放型城市，图书馆作为信息服务中心，可以利用资源优势了解国内外不同领域的研究特色，结合上海市农业科学院的重点学科、专业情况以及研究学者的领域专长，整合资源，搭建平台，提供相关信息，为双方科技人员的传递、交流科技信息和学术观点牵线搭桥，加强国内外学术交流，促进学科发展。

3 结　语

上海市农业科学院图书馆已基本完成自动化、数字化和网络化建设，由其承办的上海市农业数字图书馆为广大农业工作者提供了更加便捷的农业信息服务。农业信息对农业产业发展具有巨大的推动作用，作为农业信息中心的农业科学院图书馆，对促进上海建设高效生态农业的发展具有重要影响，为此，在现有资源建设与服务的基础上，在大数据背景下，对上海市农业科学院图书馆进行转型发展与服务创新，进一步完善信息资源与服务体系，切实做好上海农业发展的耳目与参谋。

参考文献

[1] 段思伟 . 大数据背景下图书馆信息服务研究进展 [J]. 农业图书情报学刊，2017，29（9）: 87-90.

[2] 赵剪 . 大数据思维下高校学科馆员和学科服务的探究 [J]. 农业图书情报学刊，2017，9 : 169-172.

[3] 陈文兰 . 大数据时代的图书馆信息资源建设 [J]. 农业图书情报学刊，2017，29（5）: 47-49.

[4] 曾晓娟，罗建军，龚浩如，等 . 大数据时代省级农业科学院图书馆创新服务建设的探讨 [J]. 农业图书情报学刊，2017，29（10）: 153-156.

[5] 文竹，雍春玲，潘延给 . 大数据背景下农业图书馆服务模式探索 [J]. 科技经济导刊，2015，16 : 69-70.

[6] 顾海英 . 上海都市农业效益提升研究 [J]. 科学发展，2017，103 : 45-54.

[7] 潘松松，陈旭，何晓丰，等 . 上海农业数据资源梳理和共享服务研究，上海农业学报，2017，33（6）: 101-106.

[8] 刘紫薇，牛晓宏 . 图书开放获取模式选择—以 Open Book Publisher 为例 [J]. 农业图书情报学刊，2017，29(9) : 100-103.

[9] 沈云霞 . 大数据时代图书馆开放数据的多维安全保障体系研究 [J]. 农业图书情报学刊，2017，29（12）: 56-59.

[10] 陈臣 . 大数据时代基于个性化服务的数字图书馆数据搜索引擎设计 [J]. 图书馆理论与实践，2015，（4）: 91-94.

[11] 杨柏勤，孙秀斌，邹晓华，等 . 大数据背景下高校图书馆信息资源建设机制研究 [J]. 经济师，2018，1 : 226-228.

[12] 陈建平．谈以数字资源为核心的图书馆信息资源建设[J]．中国管理信息化，2018，21，(2)：131-132.

[13] 虞乐．基于知识可视化的数字图书馆知识服务模式研究[J]．农业图书情报学刊，2017，29(12)：171-174.

[14] 贺滔，鹿建银．大数据与高校图书馆创新服务[J]．农业图书情报学刊，2017，29(6)：189-192.

[15] 刘江红，贺延辉，赵桂荣．“互联网+”背景下高校图书馆智慧型学科服务探析[J]．农业图书情报学刊，2017，29(11)：15-18.

[16] 万文娟．我国高校图书馆学科服务团队建设问题与策略分析[J]．国家图书馆学刊，2015，(2)：63-69.

[17] 王颖．高校图书馆学科服务体系的理论与构建[J]．农业图书情报学刊，2017，29(12)：201-204.

大学图书馆服务工作要与时代同步共频

余阳玲
（西北农林科技大学图书馆，　杨凌　712100）

摘　要：文章从分析大学图书馆服务理念概念出发，提出了新时代大学图书馆面临的新形势及需要改革的问题，并对大学图书馆如何提供服务提出了几点构想。

关键词：大学图书馆；服务理念；时代发展；创新服务

随着网络化、数字化、自动化等现代技术在各个领域的广泛使用，人类社会已步入一个以智力资源占有配置为最重要因素的知识经济时代。作为为师生读者进行知识和技术创新提供信息服务的大学图书馆要想与时俱进，以崭新的面貌屹立在时代的潮头，就必须创新服务。

1. 图书馆的服务理念

《图书馆学百科全书》中对“图书馆服务”的解释是“图书馆利用馆藏和设施直接向读者提供文献和情报的一系列活动，有时也称图书馆读者工作。现代图书馆不仅通过阅览和外借的方式向读者提供印刷型书刊资料，而且还提供文献缩微复制、参考咨询、编译报道、情报检索、情报服务、定题情报检索以及宣传文献情报知识、数据库使用等专题讲座、展览等服务。”图书馆主要通过提供信息资源服务、信息咨询服务两类来实现其服务职能。然而图书馆服务的内涵并不单单是指为满足读者的信息需求而开展的各项工作，还应包括图书馆的服务理念、服务质量、服务环境以及在图书馆服务过程中工作人员的业务能力、服务态度等。

因此，图书馆人性化的服务理念主要是指图书馆在实现其价值体现，满足读者和社会需求的过程中，以人为中心来配置服务资源，尊重人的价值，培育人文精神，实施人文关怀，营造人文环境来充分调动和开发人的积极性、创造性，最终实现图书馆的服务价值。具体来讲包括“以馆员为本”和“以读者为本”两个方面。“以馆员为本”是指要爱护馆员，支持馆员的创造性劳动，关心他们的学习、工作和生活，图书馆要靠事业吸引人、靠待遇留住人、靠政策激励人、靠情感温暖人，充分调动馆员工作的积极性和创造性，发挥他们的聪明才智推动图书馆事业的发展。“以读者为本”要求在服务中以“读者第一、服务至上”为宗旨，从读者的利益和需求出发，善于理解读者的情绪，与读者之间建立一种相互信任理解的亲密关系，把读者服务工作无缺陷作为一种创新服务理念，并积极培养乐观向上的情绪和健康的性格，全心全意为读者服务。

2. 新形势下大学图书馆面临的服务问题

大学教育改革与图书馆服务随着网络时代和计划经济体制向市场经济体制的转变，大学的教育体制与教育方法、内部管理等也都借改革之春风进行着各种改革尝试。而实施创新教育、培养创新人才已成为新时期高校改革与发展的强大趋势。大学图书馆必须与时俱进地予以关注与研究，并努力提供创新服务，这是时代对大学图书馆提出的使命。

大学图书馆传统的服务与新时期的新功能大学图书馆是学校的文献信息中心，是为教学科学研究服务的学术性机构，是学校信息化和社会信息化的重要基地。大学图书馆始终如一的发展目标就是为教学和科研提供最前沿的服务。传统的大学图书馆有 3 项主要职能，即文献传递、教育与提供信息服务。新时期其作用的对象发生了根本的变化：传递的文献不仅包括纸质文献，而且还包括各种电子出版物和网络信息；教育不仅要培养知识型人才而且要培养全面素质人才；信息技术的发展使得图书馆提供的服务从内容到手段都变得多种多样、花样翻新。

传统管理方法的滞后随着网络化、自动化等现代技术在图书馆的应用，图书馆的组织机构、工作模式和工作机理以及图书馆的管理理念都将发生较大的变化。其变化的结果必将导致一场极其深刻的管理革命。图书馆传统的管理模式较多的表现为管制、监控、指示、命令，在一定程度上束缚了人的个性和创造才能。这与网络时代的大学图书馆管理是背道而驰的，也是格格不入的。

作为服务主体的图书馆员有很多是照顾关系或其他岗位难以安排而进图书馆的，他们当中有的很优秀，但多数文化水平相对比较低，没有受过专业培训，服务主体的自身素质有待提高。随着时代的发展，图书馆的信息服务进入了自动化、网络化、信息化的新阶段，图书馆员在图书馆服务中扮演了越来越重要的角色。他们除了继续承担传统的文献管理工作外，大部分工作将转向搜寻交互式网络服务，并在图书馆信息机构建立信息产业。因此图书馆员必须提高自身素质以适应新时代的发展。

3. 创新服务的几点想法

转变观念，明确高校图书馆新使命时代的发展使图书馆正逐步由传统、单一、封闭向着现代化、多功能、开放型转变，它将成为新型信息环境下的信息资源管理中心、信息用户教育中心和信息综合服务中心，这是图书馆生存和发展的必然趋势。因此，大学图书馆要开展主动的、多种形式的信息用户教育，为社会培养出知识经济时代需要的具有一定信息素养的全面素质型人才。

列宁指出："图书馆馆员是图书馆事业的灵魂"。图书馆工作人员是图书馆知识信息库的建造者、维护者和发展者，同时又是知识信息资源与读者用户之间的桥梁和纽带，是图书馆内部发展的动力。而图书馆第一位的任务是对人的真诚服务，图书馆最重要的财富是读者。所以说人是图书馆最活跃最积极的因素，只有充分调动了他们的积极性，图书馆工作才有保障，因此图书馆要发展必须始终如一地抓好人力资源的管理与使用。在知识经济时代，只有图书馆员的知识和能力得到极大的提高，文明程度和人的精神境界才能有大的提高。因此管理应以人为本，顺应人性、尊重人格、人适其所，人尽其才以激发员工的主动精神，使员工以主人翁的精神为图书馆发展做出更大贡献。

知识经济时代的图书馆信息工作需要的是既具有广博知识背景又接受了图书情报专业知识训练的复合型人才——"博专结合"的图书馆员。所谓博指图书馆员对各种科学文献内涵普遍了解的基础知识，丰富的计算机和外语知识等。所谓专指图书馆员必须具有雄厚扎实的图书馆学、情报学、信息学基础知识和精深的专业造诣，以及熟悉各种文献检索方法，熟练使用各种现代信息化工具。新时期的大学图书馆员只有具备了以上素质才能更好地为高校教育教学服务。

当前大学教学科研迅速发展，图书馆已往的那种被动的坐等读者的传统服务模式显然已不能适应教学科研的发展，必须要出奇出新，要有自己的特色为教学提供特色服务模式。图书馆要围绕学校的教学及重点学科建设开展比较专业化的服务。比如定题跟踪服务、开辟专题库室、教师用户特殊培训、编制为教学和科研服务的目录索引等。这种较专业化的服务模式可以推进图书馆工作与学校的学科教学、科研的融合，更好地发挥图书馆在大学中的支柱作用，而这不仅有助于图书馆服务质量的提高，也有助于图书馆的长期可持续发展。

参考文献

[1] 张敏勤. 顺应时代发展，完成高校图书馆的新使命 [J]. 大学图书情报学刊，2003.

[2] 黄宗忠 . 服务是图书馆的永恒主题 [J]. 图书馆论坛，2005.
[3] 刘广明 . 信息时代高校读者服务工作新理念初探 [J]. 河南图书馆学刊，2005.
[4] 施国洪 . 王治敏 . 图书馆服务质量评价研究回顾与展望 [J]. 中国图书馆学报，2009-09-15.
[5] 万文娟 . 中外高校图书馆信息服务社会化比较研究 [J]. 图书馆学研究，2009-02-15.

高校图书馆打造真人图书馆品牌阅读活动的实践探索①

——以河南农业大学图书馆为例

王　赢*

（河南农业大学图书馆，郑州　450002）

摘　要：在倡导全民阅读、建设书香社会的大潮中，高校图书馆应勇挑重担、开拓创新。本研究在吃透真人图书馆的内涵及精神的基础上，借鉴国内高校图书馆及社会团体开展真人图书馆借阅活动的经验及教训，以河南农业大学开展真人图书馆系列阅读活动的实践为例，深入探讨如何把真人图书馆打造成高校图书馆品牌阅读活动，并提出具体的实施策略，以期为高校图书馆创新服务模式，开展有特色的、高质量的阅读推广活动提供借鉴。

关键词：高校图书馆；真人图书馆；品牌阅读活动

Practical Exploration of the Living Library Brand Reading Activity Construction: A Case Study of Library of Henan Agricultural University

Wang Ying

(Library of Henan Agricultural University, Zhengzhou 450002)

Abstract: Under the situation of promoting national reading and construction of the scholarly society, university libraries should shoulder the responsibility and work creatively. On the basis of learning the experience of some libraries and organizations, having a thorough grasp of the connotation of living library, and taking an example of library of Henan agricultural university, this paper explores the concrete measures of constructing the living library brand reading activity. This study attempts to offer enlightenment to the service innovation and offering characteristic and good reading activities for the university libraries.

① 基金项目：2018 年河南省高等学校网络文化建设精品项目“媒介融合背景下打造以网络直播为载体的真人图书馆”；河南农业大学 2016 年度科技创新基金“高校图书馆众创空间构建研究”（No. KJCX2016B09）

* 作者简介：王赢（1988—），女，硕士，馆员，研究方向：图书馆学

Key words: university library, living library, brand reading activity

真人图书馆最早起源于丹麦哥本哈根，2005 年，瑞典的马尔默图书馆推出了一项把九人团体作为“真人图书”供大众借阅的项目，真人图书馆由此在全欧洲开始流行开来。真人图书馆是对传统图书馆模式的一种创新，把书的概念衍生到人，即每个人的经历都是一本书。传统的图书馆以提供纸质借阅服务为主，而真人图书馆则倡导通过“面对面”地交流来完成对图书的阅读。其理念是：人人都是真人书，人人都是读者。

真人图书馆走进高校具有重要的意义。第一，它带读者回归口口相授的传统知识获取模式，是一把开启深层阅读之门的钥匙，一剂防治碎片化阅读的良药。第二，它开启了读者与“真人图书”双向获取信息的渠道，它可以实现以人为本、人格化的知识互动。第三，真人图书馆的模式新颖，它为更好地开展全民阅读搭建了便利平台。第四，在真人图书馆，读者既可以交到一位志同道合的朋友，又能体味一种全新的生活方式。

我国真人图书馆起步较晚，目前仅有少数高校图书馆做了尝试、把真人图书馆活动做成系列并打造成品牌的高校图书馆更是少之又少。我国真人图书馆服务自 2008 年有单位开展，虽然取得了一定的成就，但也存在着一些发展瓶颈。总体来说，我国真人图书馆存在服务理念偏差、服务制度不完善以及容易泄露隐私等问题[1]。本研究拟在吃透真人图书馆的内涵及精神的基础上，借鉴国内高校图书馆及社会团体开展真人图书馆借阅活动的经验及教训，以河南农业大学开展真人图书馆系列阅读活动的实践为研究对象，深入探讨如何把真人图书馆打造成高校图书馆品牌阅读活动，并提出具体的实施策略，为高校图书馆创新服务模式、开展有特色的、高质量的阅读推广活动提供借鉴。

1 真人图书馆的内涵及精神本质

真人图书馆（Living Library）是一个虚拟的概念，它分享一个理念“我们每个人的经历本身就是一本书”，通过把不同人生经历的人邀请到一起以一种面对面沟通的形式来完成“图书”的阅读。真人图书馆，最早的活动其实源于丹麦哥本哈根 5 位年轻人创立的“停止暴力组织”。真人图书馆有别于图书的优势在于它提供的真人书有丰富的生活经验，这种服务通常在其他地方无法得到。

真人图书馆活动缘于 20 世纪 90 年代初。1993 年在丹麦哥本哈根，罗尼 · 勃格（Ronni Abergel）等 5 个青年在一次夜生活中遭到野蛮袭击，其中一位朋友被无端刺伤，这次事件使得他们决心成立一个组织，名叫“停止暴力（Stop The Violence）”非政府青年组织，旨在以同辈教育的方式规劝青年人反对暴力。几年以后，这个组织在丹麦展到3万余人。2000年，罗斯基勒音乐节如期举行，参加人数共10万余人，“停止暴力”非政府青年组织受邀参加此次盛会。在这次音乐节上，“停止暴力”非政府青年组织推出了75本“Living Book”（“真人图书”）供人们“借阅”，这次活动在众多活动中脱颖而出，大获成功，被称之为“Living Library”（真人图书馆）活动。真人图书馆，简单来说，就是“借”一个活生生的人来交谈，以此来分享他（她）独特、难为人知的经历。真人图书馆最初的目的是消除人与人之间由于互不了解所造成的隔阂、偏见、敌视甚至攻击。后期慢慢发展，真人图书馆的理念是：人人都是真人书，人人都是读者；它的本质是：以人为书，分享智慧。

2 国内开展真人图书馆阅读活动的经验及教训

2.1 真人图书馆阅读活动开展经验

2009年3月，上海交通大学图书馆举办了“薪火相传，鲜悦真人图书馆”的首期活动，为用户提供留学、科研、工作和学习4个主题的“真人图书”，用户凭借校园卡即可办理借阅手续，每次借阅时间为45分钟。安徽大学图书馆于2013年4月也开展了以“阅读、共享、交流”为口号的真人图书馆服务，服务每周举办1~3次，主题从本校用户中征集，受到用户的广泛支持和好评。随后，石家庄学院图书馆、大连医科大学图书馆、同济大学图书馆、南京师范大学图书馆、绍兴文理学院图书馆等高校图书馆也相继开展了真人图书馆活动，积极推动了我国真人图书馆服务的发展[2]。

真人图书馆活动的开展一般需要3个阶段。活动的第一个阶段是准备阶段，活动组织者首先应针对真人图书馆活动实施社会调研，考察本社区的现状和目前的社会热点问题，同时对当地居民进行潜在读者群社会调研，了解居民的信息需求和潜在的偏见，确认可以实施以后则应进行进一步的准备工作。准备阶段大概可以分为两个步骤：第一步是理论准备，由于目前真人图书馆在中国还没有一个统一组织或机构对活动进行纲领性的指导，活动的组织者确立活动的核心理念、宣传手册、借阅规则和服务守则，为接下来的实践准备做出理论支持。第二步是实践准备阶段：① 应当选择活动举办的场地，场地的选择应具备非正式性、安全性和舒适性，为“真人图书”和读者提供一个良好的环境以便敞开心扉畅所欲言。② 招募和培训“真人图书”，在招募的过程中应尽量选择切合读者需求和具有代表意义的“真人图书”，对“真人图书”进行活动理念和问答技巧上的培训。③ 招募和培训志愿馆员，真人图书馆活动的成功开展离不开志愿者的支持，以志愿者为主的助理馆员大概分为区域管理员、前台管理员和走动管理员 3 类，他们分管“真人图书”、读者和活动进行 3 个方面，根据馆员负责的地区不同应实施不同的培训，比如对于走动馆员就要对其进行相应的突发事件培训。④ 展开活动宣传，真人图书馆活动的宣传工作是活动成功举办的关键之一，目前组织者的主要宣传方式是通过社交媒体进行宣传如微博、微信[3]。

活动的第二个阶段是实施阶段，第二个阶段的实施工作应按照活动的借阅规定和服务守则来完成。活动的第三个阶段就是反馈阶段，组织者应在活动举办后对活动进行反馈和总结，发放读者调查问卷、“真人图书”问卷，并对“真人图书”资料进行整理和保存[3]。

2.2 真人图书馆阅读活动开展瓶颈

真人图书馆活动自传入我国起就不自觉地被贴上了中国化的标签，在功利主义和商业思维的影响下，真人图书馆的初始服务理念出现偏离。在我国举办的真人图书馆服务中，“真人图书”往往成为经验交流的工具书，阅读“真人图书”成为一场场经验交流会，与最初的活动初衷相背离。此外，以高校图书馆的真人图书馆活动主题为例，活动主题大多为公务员考试、司法考试、考研等，虽然这在一定程度上能够满足当代大学生的就业和学习需求，但是却带了很强的功利色彩，不利于真人图书馆的健康发展与推广。我国真人图书馆在“真人图书”的招募、借阅管理、馆员培训和用户管理上还不是很完善，缺乏一个科学合理的服务制度和统一的协调机制[4]。我国的真人图书馆服务普遍存在图书招募困难、资源库建设不足的情况。在招募“真人图书”时需协调各种利益方的需求，因此会遇到各种各样的困难。就图书馆而言，图书馆由于经费的缺失和专业人员的缺乏，在招募“真人图书”时不能给予“真人图书”以物质方面的激励，也没有专业的图书馆员去挖掘“真人图书”的真正价值，最终导致“真人图书”的流失以及价值无法最大化发挥。就“真人图书”自身而言，有些“真人图书”担心在交流和分享的过程中会侵犯到自己的隐私，出现拒绝邀约的情况[1]。图书馆在举办真人图书馆服务时，不可避免会出现泄露“真人图书”隐私的情况，面临法律和伦理方面的困境[1]。

3 河南农业大学图书馆打造真人图书馆品牌阅读活动的实践

河南农业大学图书馆自 2015 年推出真人图书馆系列活动后，一直用心深挖资源，积极联系有不同人生经历的分享人，为读者推介高质量的、有启迪性的“真人图书”，成功推出 23 期“真人图书”借阅活动，逐步把真人图书馆打造成了品牌阅读活动。此项品牌阅读活动受到了在校师生的热烈追捧，其被多家河南省内知名媒体争相报道。具体做法如下。

3.1　宣传

自 2015 年真人图书馆开办以来，以世界读书日为契机，运用多种媒介载体宣传真人图书馆。采用易拉宝，用文字加图片的形式生动形象地传递真人图书馆的概念；借助网络发放全校通知的形式，对真人图书馆系列活动作一说明，使越来越多的读者了解到这个新概念；在读者 QQ 群中针对真人图书馆的相关问题为读者答疑解惑。通过多种形式的宣传，越来越多的读者了解到了真人图书馆系列活动，进而成功地吸引更多的读者走进图书馆做一尝试。

3.2　招募“真人图书”

“真人图书”的质量是借阅活动能否取得成功的关键。图书馆通过多种渠道招募“真人图书”：① 直接在全校范围内通过线上线下两种方式发布招募令。② 通过馆领导和馆员这个平台联系到一些专家、学者、教授、优秀的青年教师。③ 积极联系各学院团委推荐学生参与。④ 动员学生馆员协会的会员主动寻找自己身边那些拥有丰富阅历或独特经历的老师和同学。⑤ 发动馆员利用社会关系寻找社会上不同职业、不同阶层的大咖。

3.3　确认借阅主题

在联系到“真人图书”后，通过馆员与“真人图书”的多次沟通，结合实际，确立既有内容深度又能引起读者兴趣的主题。

3.4　阅读推广

巧用心思设计出既能表达借阅主题又能吸引眼球的海报招募读者；积极运用两大线上平台进行借阅前宣传和借阅者的招募。 建立农业大学读者交流群，作为读者们交流分享的一个平台，此平台现已有 1 200 余人。在群里，读者们可以讨论书籍影视音乐等高雅的兴趣爱好，图书馆的各项活动通知也会在读者群里第一时间发布，群里读者交流互动顺畅、氛围活跃、充满书香气息。农业大学读者交流群已经逐渐成为农业大学学子与图书馆联系的一个重要纽带，成为书香校园营造的一个重要线上平台。

建立学生馆员协会官 Q，用于真人图书馆的信息发布和直播；并成立官 Q 小组专门负责官 Q 的运营以及直播期间线上的维护管理。现在官 Q 小组共 10 余人，经过一个学期的探索，已经打造出了午安语、每日人物、周末荐书、静水流深、光影岁月、书单来了等一批精品栏目，好友数量 2 000 多个，日浏览量 700 左右，总浏览量突破 40 000 人次，并有不断上升趋势，已经初步成为了一个有一定影响力的即时性信息发布和传播平台。

在招募借阅者方面，采取每场固定 30 人，报完为止的方法，每次借阅都有学生馆员对借阅者的出勤进行签到，如发现无故浪费名额，则停止其后续 3 场的报名资格。利用这种“饥饿营销”的方式，可以有效地把控借阅者的质量。

3.5　举行借阅活动

河南农业大学图书馆设有专门的“真人图书”借阅室，内部用图片、标语、绿植等进行装点，为读者营造轻松惬意的借阅氛围；配备专门的蓝牙直播话筒，直播设备，使不能到场的借阅者也身临其境。采用教师馆员指导，学生馆员协会协调组织的形式。建立真人图书馆四人小组，由学生馆员协会副会长作为第一负责人负责每期借阅活动的主持与运行，动员学生馆员协会成员辅助参与。两人负责现场签到组织以及茶水迎送等接待事宜；一人负责活动中的拍照工作以及结束后的宣传报道。

3.6　编制真人图书馆馆藏

配备专门的真人图书馆藏记录本，在每期“真人图书”借阅活动后，请“真人图书”在记录本上留下寄语及可以公开的联系方式。备份直播影像，写出借阅内容总结，以备日后查阅。

4　高校图书馆打造真人图书馆品牌阅读活动的实施策略

笔者在对真人图书馆的内涵及精神进行深刻研究，对国内图书馆及社会团体开展真人图书馆阅读活动的经验及教训进行调研，结合河南农业大学图书馆开展真人图书馆系列活动的实践，及在活动后对读者进行有关满意度及意见的问卷调查或访谈的基础上，提出高校图书馆打造真人图书馆品牌阅读活动的实施策略。

4.1　加强真人图书馆理念宣传，提高社会认可度

真人图书馆作为新生事物，在我国的发展时间不长，社会普及率还比较低，公众对真人图书馆的认识度也不高。为此，图书馆第一步要做的就是对真人图书馆开展持续的宣传和推广，提高社会认可度[5]。在宣传与推广的途径上，图书馆可以通过图书馆网站宣传栏、条幅海报、宣传单等方式对真人图书馆知识服务的服务理念、服务资源、服务内容、服务方式等进行广泛报道，以增强社会与公众对真人图书馆的认识；同时，还可以借助广播、报纸等传统媒体以及网站、官方 QQ、微博、微信等新媒体，运用多渠道、多角度的媒介对真人图书馆进行宣传和推广。世界读书日活动是各馆阅读推广工作的重中之重，影响也最大。利用世界读书日的契机，在全校范围内对真人图书馆的内涵、理念、活动步骤进行线上线下的宣传；精心选择能够表达真人图书馆理念的图片、文字，制作成易拉宝，在图书馆大厅进行展示。

4.2　注重“真人图书”资源建设，把提高“真人图书”质量放在工作首位

“真人图书”的质量是真人图书馆借阅活动能否取得成功的关键。因此，真人书的招募工作是全部工作的重中之重。图书馆一方面需要加强真人书的招募力度，鼓励有独特人生经历的读者参与其中；另一方面图书馆可以发动广大教师馆员、学生馆员，自我发力，深挖资源，主动联系有独特人生经历的人作为“真人图书”。此外，图书馆可以与兄弟馆或各院系合作，整合资源，共享资源，扩大“真人图书”的选择范围。

招募“真人图书”之后是“真人图书”的选择。负责真人图书馆工作的馆员要切实负起责任，结合高校的育人要求，优先选择读者喜闻乐见的人作为“真人图书”。

“真人图书”与其他图书一样，在进入流通领域之前，同样需要编目人员依照编目规则和标准对其重要信息加以著录，从而形成详细的书目信息，建成“真人图书”信息档案馆，为读者查阅和借阅提供帮助。但是由于“真人图书”有其自身的特殊性，因此需要编目人员选取能反映“真人图书”基本信息（姓名、性别、年龄、工作单位），联系方式、特殊阅历、研究专长以及阅读禁忌方面的信息进行详细著录，力求真实直观地反映出“真人图书”的特色，并注重对“真人图书”隐私及安全的保护。由于“真人图书”的内容会随着阅历的增长和时间的推移有所变化和调整，因此编目也需要采取相对动态的著录模式，及时对书目进行增减、修改与完善[6]。必要的时候可以建立“真人图书”线上资源库。

4.3　规范借阅流程，形成完善的借阅制度

“真人图书”的借阅可采用线下借阅和线上直播的形式，既能保证阅读深度，又能扩大借阅范围。在借阅活动前，利用展板、海报等传统的宣传媒介或利用 QQ 群、网页、微信、微博等新型媒介进行借阅信息发布。确定统一的借阅地点、借阅时间、固定的借阅频率（每月一次或两次为宜），稳定的读者人数（每本真人书 10 位读者为宜）。在借阅之前，告知“真人图书”的借阅规则，它有别于讲座、会议，读者在借阅过程中可以随时与“真人图书”进行畅快交流。在借阅中，安排一名教师馆员或学生馆员主持，维护整个借阅过程的顺畅。在现场，安排专人进行直播，使用弹幕与现场互动，增加阅读深度。

4.4　总结借阅内容，并及时发布新闻以扩大真人图书馆社会认可度

借阅活动后，安排专人对活动进行新闻报道，在图书馆网站、官方 QQ、微博、微信中推送信息，积极联系校级媒体进行转载，以扩大真人图书馆品牌影响力和社会认可度，以有利于后续活动的开展。

5 结　语

在中共十九大明确提出要“建设社会主义文化强国”的要求下，在倡导全民阅读、建设书香社会的背景下，高校图书馆应主动担负重任，与时俱进、积极筹划，打造品牌阅读活动。真人图书馆形式新颖，内涵丰富，不仅整合了图书馆的文献信息资源，还拓宽了图书馆的服务维度，高校图书馆应因馆制宜、借鉴已有经验，在理念宣传、“真人图书”资源建设、规范借阅流程、宣传报道上下功夫，使真人图书馆服务模式在阅读推广领域得到广泛应用、并取得好的成效。

参考文献

[1] 钟宝军. 我国真人图书馆服务现状及对策 [J]. 图书馆学刊，2017（2）: 78-80,102.

[2] 凌美秀. 真人图书馆，还能走多远 [J]. 高校图书馆工作，2013（4）: 94-96.

[3] 杨婷婷. 高校真人图书馆研究 [D]. 哈尔滨：黑龙江大学，2014.

[4] 唐野琛. 我国真人图书馆发展现状、问题及对策研究 [J]. 图书馆建设，2013（1）: 45-48,52.

[5] 张真一. 真人图书馆在我国的发展瓶颈与对策 [J]. 图书与情报，2014（04）: 132-135.

[6] 郭爽. 引入“真人阅读”的可行性分析与实施方案探讨——以四川音乐学院图书馆为例 [J]. 四川图书馆学报，2017（1）: 55-58.

加强国际合作，促进中国农业信息共享体系发展

潘淑春　张学福

（中国农业科学院农业信息研究所，北京　100081）

伴随着信息化社会的蓬勃发展，在我国农业信息战线同行的共同努力下，中国农学会农业图书馆分会（以下简称分会）走过了35年团结奋进的历程。在信息管理与技术、知识开放获取与资源共享等领域取得了可喜的成绩。我们为分会取得的丰硕成果而欢欣鼓舞。自分会成立以来，积极发挥农业科技信息领域的引领作用，推动着我国农业图书馆事业不断向前发展，为加强农业图书馆建设，促进农业信息服务、实现农业信息资源共建共享，带领所有成员馆共同努力，成为我国农业科研、生产和教育领域信息服务的主力军。

国际合作是分会开拓全球范围的信息资源开放、共享、联合、共赢的重要渠道，为培养我国农业信息骨干人才，提升我国农业信息专家的信息管理与服务水平，与国际农业信息社会同步发展起到了积极的推动作用。

自1986年和1997年，美国国家业图书馆（US National Agricultural Library）两届馆长John Haward先生和Pamela Andre女士分别来华访问讲学，举办了“中美农业信息管理与技术发展高级研讨班”之后，分会曾相继邀请了若干国际组织的官员与专家来华讲学，如联合国粮农组织（Food and Agriculture Organization, United Nations, FAO）、国际农业及生物科学中心(Centre for Agricultural Bioscience International, CABI)、国际国家农业研究中心（International service for National Agricultural research, ISNAR）、国际水稻研究所（International Rice Research Institute，IRRI)、国际半干旱热带作物研究所（International Crop Research Institute for the Semi-Arid Tropics, ICRISAT）、国际马铃薯研究中心（Center of International Potato, CIP）、全球农业研究论坛（Global Forum on Agricultural Research，GFAR）等，同时，先后接待了美国、加拿大、澳大利亚、俄罗斯、英国、荷兰、德国、菲律宾、印度等国家的图书馆/信

息专家，对我国农业信息系统图书馆进行多次访问和学术交流，期间专题讲座和研讨会达 40 余次，学术报告会 30 余次。通过国际交流和互访，增进了我们同世界各国信息专家的友谊与了解，加强了双边和多边合作，提高了我们对国外图书馆学、情报学研究的认识，极大地促进了我国农业信息管理与技术水平的提高。

1 知识引进，中外联合，促进中国农业研究信息系统创新研究

中国农业科学院农业信息研究所（原科技文献信息中心 - SDIC）于 1999—2002 年主持了国家《农业研究信息系统 ARIS 的引进》“948”重点项目。农业研究信息系统（Agricultural Research Information System：ARIS）是国家农业创新体系的重要组成部分，是实现农业科技创新的支持系统。其总体目标是通过提高农业信息获取和管理能力，促进农业科研及其管理的发展，最终支撑我国农业的可持续发展。

1997 年，我们以分会为平台，以 ARIS 项目为依托，与总部位于荷兰的国家农业研究国际中心（ISNAR）、国际农业与生物科学中心（CABI）、联合国粮食和农业组织（FAO）、国际水稻研究所（IRRI）等国际组织的专家，共同研究制定了“建立中国农业研究信息系统（ARIS）”的战略计划。

1.1 联合实地调研，共商战略计划

项目执行期间，来自美国国家农业图书馆（NAL）、美国堪萨斯大学（KANSAS University）、FAO、CABI、ISNAR、荷兰国际热带作物研究所（KIT）、国际水稻研究所等 15 位信息管理与信息技术专家来华参加调研和共同研究，着重进行了 ARIS 技术概念及信息资源开发与利用方面的理论与系统建设的技术培训。多方工作组进行了数次调研、系统分析和讨论，拟定了项目总体战略计划。根据中国的实情，1999 年 5 月，项目组提出了中国 ARIS 的建设和服务的十六字方针：统一规划、分层建设、多元投资、共建共享。主要研究内容包括：① 加强全国农业研究信息系统的网络化建设水平，提高农业信息领域信息传递速度和信息获取能力；② 加强农业信息资源的整合与共享，包括文献信息、网络信息、研究进展信息、科技成果信息、成果推广信息、技术转让信息、市场信息等。建立高速信息网络，提高全国农业研究系统信息传递能力；③ 建立农业研究信息的推送服务系统，开展有针对性、有特色的信息提供服务，深入开发和利用已有信息资源，促进我国整体农业研究能力的提升。

全国 30 个省农业科学院信息所和 67 所农业大学，参与了问卷调查。国内外专家还分别与北京、陕西、四川、上海、江苏、浙江等省市农业研究信息机构的有关专家、负责人进行了深入研讨，对各地方机构信息系统的资源配置、系统设置、信息管理等情况进行考察，并对我国整体农业研究信息系统进行了综合比较分析和优化选

择，提出了适合于中国国情的农业研究信息系统建设的路线图、模式和战略措施及符合中国国情的 ARIS 建设的技术与资源合理配置的方案等。

该合作研究项目为实现全国农业资源共享，促进中国农业科研的发展，实现农业信息资源最佳化管理提出了可行的方案。同时，通过举行多种形式的学术活动，通过国家科技基础数据库的合作建设及不同层次和不同机构的科教信息网的建设，在农业研究信息系统原有信息网络服务的基础上，加强了同其他国家的农业研究信息系统的交流与合作。

1.2　多方开放交流，拟定发展对策

2000 年 11 月，分会组织召开了进入 21 世纪全国网络化和数字化建设学术讨论会，探讨了 21 世纪前 10 年中国农业信息科学技术发展战略选择，提出了基本实现中国农业研究信息系统的网络化和数字化，实现由传统 ARIS 向现代 ARIS 转变的重要规划。为建成知识含量高、覆盖范围广、高新技术全、直接效益好的先进科研信息系统，研究方案明确提出了加快信息化的进程的措施。主要包括：① 加快农业信息化进程和深化信息科技体制改革。② 加快信息网络化和国际化建设。③ 加强数据库和信息资源的建设。④ 加强现代农业信息科学研究、教育和人才培养。⑤ 拓宽信息咨询服务领域发展信息产业。同时，提出了改进信息服务的若干措施，主要有：① 加强为领导宏观决策提供准确信息咨询；② 尽快建立“全国农业文献资源共享协作网”，在运作中不断完善；③ 加强系统联合，提供高新技术的创新产品；④ 制定统一的农业信息系统建设规划，利用网络资源开展全方位服务等。

ARIS 的研建，促进了农业信息获取、整合、发布和管理能力的提高，加强了农业信息网络设施基础，对采用先进的现代信息技术，建立起高效、实用、覆盖全国的农业科研信息网络系统，推进农业信息资源的开发利用，促进农业现代化和信息化发展起到了重要的助推作用。

2　联合培训，合作共赢，提升我国农业信息管理能力

分会多年来与国际农业信息专家协会（International Association of Agricultural Information Specialists，IAALD）联系紧密，共同为中国农业信息系统人才融入国际大家庭做出了积极的努力。IAALD 汇集了 70 多个国家的农业信息和知识管理有浓厚兴趣的专业机构与个人成员，积极促进和倡导有价值的知识和信息的共享，促进和推动农业教育、农业与农村发展及科研生产信息的传递。

2.1　举办信息骨干高级培训班

IAALD 中国分会自 1999 年 11 月成立以来，成为与国际农业图书馆及文献工作

者交流的平台，带领中国农业信息系统成员馆、国际组织和国外图书馆进行了更为密切的合作。

1998—2000 年，在国际农业信息专家协会（IAALD）支持下，我们联合英国国际农业及生物科学中心（CABI）、联合国粮农组织（FAO）、中国农业大学（西区）图书馆和中国—欧洲联盟农业技术中心先后联合举办了 3 次“国际农业信息管理高级研讨班”，分别在北京、承德和杭州举行。国外专家来华讲学 12 人次，来自国内外农业科研和高等院校图书馆 / 信息中心的 110 多位代表参加了研讨与培训。培训班引进了国外信息管理和技术先进理念、方法和典型案例，研讨内容广泛，包括文献传递、资源共享、用户需求、信息机构改革、信息产业化和信息产品服务、网络环境下的信息服务以及中国 ARIS 建设等各方面。探讨了如何主动适应社会主义市场经济发展的需要，制定农业科技信息与文献工作跨世纪的战略，开创面向 21 世纪的农业科技信息事业等重大问题，为中国农业信息骨干的能力提升做出了有益的贡献。

2.2　成功组织大型信息管理与技术国际会议

2000 年 10 月，IAALD 中国分会组织了由四个中国合作伙伴（IAALD、CABI、IRRI 和美国马里兰大学图书情报学院（University of Maryland）共同举办的农业信息管理和技术研讨班。我国农业信息领域 40 余名代表参加。研讨会内容包括农业信息技术问题和电子商务以及各国网站的演示。

2001 年 11 月，分会和 IAALD 中国分会成功举办“农业信息管理发展国际会议——二十一世纪的技术和市场”大型研讨会。来自四大洲的 20 个国家的代表和我国农业信息领域共 100 多位专家、学者聚集北京，共同研讨了若干热门主题，包括先进的信息通信技术和信息 / 知识管理战略和政策；农业信息；农业信息市场和电子商务等，提交论文 56 篇。2000 年和 2002 年，图书馆和情报两个分会及 IAALD 中国分会分别组织了亚洲农业信息技术联盟大会（AFITA），为推进我国农业信息技术进步和与亚洲各国的协同发展做出了努力。

同时 IAALD 中国分会作为国际合作伙伴，还与 IAALD 共同组织了中国农业科学院资源共享和数字化的若干项目。

2.3　组织分会成员走出去参加国际活动

IAALD 中国分会通过多渠道促进我国与国际农业信息专家的交流与合作，除利用中国农业图书馆分会年会和其他场合传播和交流国际合作信息和国外农业信息发展动态外，还通过新闻报道和网络平台为会员、农业图书馆馆长等定期发送 IAALD 季刊，组织分会成员参加国外会议。如：2000 年 1 月，在 IAALD 支持下，分会组织中国农业科学院、中国农业大学和中国—欧盟技术中心的专家赴塞内加尔参加 IAALD

每五年一次的年会。此后还组团赴巴西（2002 年）、韩国（2004 年）、泰国（2005 年）、日本（2008 年）、奥地利（2015 年）等参加多次国际会议，扩大交流与合作，受到各地方农业信息机构合作伙伴的欢迎。

多年来，中国 35 个 IAALD 会员馆（包括个人专家），始终活跃在农业信息管理与技术的第一线，共同迎接挑战、加强合作，为实现信息资源共享与更好的信息服务而努力。

3　借鉴 CIARD 理念，促进中国农业信息系统网络资源共享

科学信息的数量每五年翻一番，但其为公众获取的过程远非如此迅速。知识创造者和使用者之间的鸿沟，并未通过数字媒体的普遍渗透而解决。因此，国际农业信息界专家将更多的注意力集中在了如何运用数字信息和网络通信技术改善对科技信息的获取。农业研究与发展信息共享体系（Coherence in Information for Agricultural Research for Development，CIARD）就是在 FAO 的支持下，由全球农业研究论坛（Global Forum on Agricultural Research，GFAR）牵头、为达此目的而发起的活动。CIARD 拥有全球 150 余个成员，包括国际组织、国家和个人，为提高数据和信息可用性和可获取性，为确保农业数据和信息变得更容易为那些需要它们的用户所获取而努力工作。通过政策与实践双管齐下的方法，激励组织和个人之间更多的数据和信息交流与共享。其中，加强能力建设是 CIARD 对方法基础，以有助于数据和信息应用,解决农业和粮食安全的实际问题。CAAS 于 2011 年成为 CIARD 的伙伴成员。本分会与中国 CIARD 分会通力合作，作为执行者和牵头人，开展了信息机构能力发展培训与研讨活动，促进面对面或虚拟合作空间的更多沟通与交流。

3.1　宣传开放共享理念，扩大 CIARD 影响

分会和中国 CIARD 分会自 2010 年始，在全国有计划地组织和开展了分地区的宣介活动。

① 促进全国范围内农业相关数据、信息、知识流的融合，从而推动农业研究与创新体系的融合。引入国际 CIARD 信息交流平台，并于 2011 年 6 月 20 日开通中文版的 CIARD RING 网站(http://www.ciard.net/zh-hans/home)，分享中国内部和外部的农业相关的研究信息，从而促进全球农业及相关信息源的发现与获取。同时可用以指导用户发现、获取和挖掘各种有价值的农业信息资源。

② 通过信息获取和融合促进实时研究与创新，从而改善国家农业信息资源的更便利获取及更有效的利用。通过宣介活动，将更多的农业信息资源与服务放到网上，为全国农业科研与创新提供指南性服务。在我国众多 CIARD 伙伴中，中国林业科学

研究院林业科技信息研究所、中国水产科学研究院信息中心、北京市农林科学院农业信息与经济研究所等将其规范化的科技信息数据库发布到该平台，其中，仅中国林业科学院科技信息研究所就发布了百余种林业科学数据库，为国内外科研用户提供开放的共享服务。

③ 实现国家农业信息的共享与交换，在农业商品、科技、技能、知识市场全球化的大潮下更有效地参与国际市场竞争。特别是帮助中小型组织低成本获取农业信息，增强自身活力与竞争力。吸引更多机构和组织利用CIARD资源与服务。

3.2 加强能力建设，广泛开展培训

促进机构和个人能力发展是CIARD的优先议题，自2012年始，在联合国粮农组织GFAR秘书处的资助和支持下，CIARD分会有计划地开展中国农业信息机构能力建设与发展活动，分期分批举办了CIARD RING技术人员培训班，以促进该项活动的开展。

3.2.1 提高农业信息和知识管理能力

随着中国农业和农业系统的变革，逐步集成为一个更为知识密集型的以生物为基础的经济体，其农业知识管理能力迫切需要进一步提升，以能够迅速吸收新的概念、手段、方法、技能和技术，适应新形势的需要。为此，2016年，本分会与信息所合作，通过外国专家局智力引进项目（SAFEA），邀请了全球农业研究论坛高级官员Ajit Maru博士到中国进行了为期两周的讲座与研讨，旨在加强我国农业信息和知识管理及相关领域的研究能力。了解国际农业信息系统发展趋势与战略，以新的理念、方法和技术，探讨新时期农业信息和知识管理的技能和方法，提高我们自身的信息和知识管理能力，为农业科研创新服务。中国农业科学院、各省农业科学院和林业与水产科学研究院的30余位专家和业务骨干参加了此次研讨会，通过讲座与讨论，前瞻性地探讨了到2030年中国农业发展境况。与会人员共同研究了中国农业和信息领域的问题与挑战，优势与机遇，探讨了信息和通信技术的全球发展趋势，以及如何利用语义网、物联网、可穿戴计算设备、先进的地理信息系统和预测分析等新技术，提升中国农业信息和知识管理水平。从而能够有效地利用农业数据、信息和知识，为信息机构、监管机构、组织及其工作流程制定战略，以便使庞大的农业信息和知识资源整合系统可以方便地用于国家科技发展。

3.2.2 CIARD信息技术人员培训

中国CIARD分会与国际CIARD联合，在我国进行了持续的宣讲活动，分别在东北（2012，吉林）、华北（2012，北京）、华东（2010，南昌；2012，杭州；2014，福建）、华中（2011，湖南）、西南（2012，云南）和西北（2013，宁夏）地区组织农业信息

机构骨干，进行了多次有关 CIARD RING 主题研讨会和培训课程，重点介绍了我国农业研究数据 / 信息共享现状及未来发展设想，CIARD RING 全球发展及有关国家农业研究与创新系统活动案例；讨论了 CIARD 理念、活动与服务，中国 CIARD 的优势与影响，面临的主要问题与挑战，CIARD 成员单位的组织、合作与协调，中国 CIARD 的服务与信息共享对策。

CIARD 对我国农业大数据建设和信息共享体系的发展具有重要的意义。联合国粮农组织农业研究论坛（GFAR）多次专门委派高级官员在研讨和培训班上做主题发言。如福建会议上全球农业研究论坛秘书处的主旨演讲“国际农业研究数据和信息的共享策略”“信息和通信技术的利用与发展”等，对我国农业信息共享发展极具影响。

多次的研讨与培训以及国外成功的信息共享典型案例推介，为我国农业信息管理和技术骨干人员，特别是青年技术人员打开了与国际伙伴交流与合作的新窗口。来自中国农业科学院、中国林业科学研究院、中国水产科学研究院、北京市农林科学院及全国各省市农业科学院农业信息机构和农业高校的代表 200 余人先后参加了研讨与培训。国内外专家从国际和国内不同的视角，探讨了如何汇合农业信息资源，使农业研究信息更加开放、可得、可用、可互操作。CIARD 培训成功地解决了对 CIARD RING 系统的认识、技术和语言困难等问题，对提升我国农业信息管理和技术骨干人员的信息获取、开发和综合能力是一个极大的推进，对加快我国信息资源的再利用，促进开放获取更多、更权威的农业信息和科技成果，为我国农业科研用户提供更有效的服务具有十分重要的现实意义。我国 CIARD 成员从最初的 20 个，如今已发展到 80 多家机构，在国际 140 多个国家的 CIARD 共享平台上，我国提供的农业信息服务资源发布数量名列前茅。

3.3 联合共赢，齐谋资源共享大计

在 FAO、GFAR 的支持和资助下，2011 年 6 月 20—23 日，由 CIARD 秘书处、分会和中国农业科学院农业信息研究所等联合主办的“建立全球农业数据和信息共享体系框架”国际专家磋商会在北京召开。此次会议主旨是加强国家和区域农业科研机构的合作，促进农业研究与发展数据和信息共享，及农业信息系统的互操作，为广大农业用户发现、获取和利用农业科研成果信息提供更加全面、准确、便捷的服务。为实现农业研究管理数据与信息共享，制定了全球农业数据和信息共享体系框架，该框架将指导 CIARD 未来发展。

来自 FAO、CABI、国际竹藤组织(International organization for Bamboo and Rattan)，美国康奈尔大学（Cornell University）、美国亚利桑那大学（University of Arizona）、法国 CIARD 科技信息组织，非洲农业研究论坛等 24 个国家和地区的代表以及中国农业

科学院、山东、江苏、四川、宁夏、新疆农业科学院，中国农业大学，西北大学等的专家学者共 100 多人，其中，外国专家学者 33 人，齐聚北京共商全球农业信息共享大计，会议提出的全球农业数据和信息共享体系框架将为 CIARD 未来发展提供战略性指导。

分会和 CIARD 中国分会为 CIARD 在中国的发展进行了有效的组织，推进了农业科研数据和信息的开放存取与共享，促进了农业数据、信息和知识流动全球化进程。为我国农业技术人才队伍的建设，为农业用户实时获得更丰富、优质的信息资源，为更广泛的实现科技信息系统资源共建共享提供了有力支持。

分会国际合作活动的深入开展，推动了我国农业信息不断向开放存取方向发展，对加强农业科研数据和信息资源的利用、再利用，促进信息资源共享和交换，提升我国农业信息服务的互操作性水平发挥了重要推进作用。

在分会理事会的带领下，分会走过了 35 年不断开拓进取、奋发向上的历程。在多年的农业科技信息共建共享活动中，我国农业信息机构团结协作、克服困难、初步实现了众多农业 OA 期刊，大多数省级农业信息网站和特色资源库的有效链接与共享。通过改进信息开放获取和可用性，为农业用户提供专门的一站式信息源和服务指引，收到了很大实效，也产生了重要的国际影响。但我国农业信息与知识共享程度和水平还相对较低，我们必须不懈努力，进一步强化国内外联合，同时完善支持农业信息共享的通用标准与工具，促进农业科技数据和知识内容的发现，使农业信息更易为广大用户获取和利用，为农业科学研究与创新提供可靠的支撑，为我国广大农业科研、教育和生产用户服务。

基于 ESI 的我国省级农业科学院学术竞争力比较分析①

贵淑婷　戴红君　殷作霖　任　妮*

（江苏省农业科学院信息服务中心，南京　210014）

摘　要：本文利用 ESI 和 SCI 数据，选取北京、浙江、江苏和山东 4 所省级农业科学院为研究对象和中国农业科学院、中国农业大学和南京农业大学为对标机构，综合利用文献计量和社会网络分析等技术方法，从发文量、被引频次、合作国家分布、合作机构分布、学科结构等视角，全面分析了我国 4 所省级农业科学院在植物与动物学科和农业科学学科的竞争力情况及与对标机构的差距，旨在为我国省级农业科学院学科学科竞争力的提升提供参考。

关键词：省级农业科学院；学科竞争力；分析

Comparative Analysis on the Subject Competitiveness of Provincial Academies of Agricultural Sciences during Based on ESI

Gui Shuting, Dai Hongjun, Yin Zuolin, Ren Ni*

(Information Service Center, Jiangsu Academy of Agricultural Sciences, Nanjing 210014)

Abstract: By using ESI and SCI as the data source, selecting provincial academies of agricultural sciences in Beijing, Zhejiang, Jiangsu, Shandong as research objects and Chinese Acad agricultural sciences, China agricultural university, Nanjing agricultural university as comparative objects, using the method of Bibliometrics and social network analysis, from the respect of paper quantity, cited times, distribution of cooperative countries and institutions, subject structure of research objects, this paper comparatively analyzed the two subject of *Plant and Animal Science* and *agricultural science* competitiveness of Provincial Academies of Agricultural Sciences and the gap between the research

① 基金项目：江苏省农业科学院基本科研业务专项（ZX(18)6012）

* 作者简介：贵淑婷（1990.1—　），女，情报学硕士，Email：stgui@jaas.ac.cn。

通讯作者：任妮（1983.5），女，信息资源管理学博士，副研究员，江苏省农业科学院信息服务中心副主任，图书馆馆长，Email：rn@jaas.ac.cn objects and the comparative objects. In the end, we put forward the related development strategies and suggestions. These provided reference resources for the improvement and development strategy of the subject competitiveness of provincial academies of agricultural sciences.

Keywords: Provincial Academies of Agricultural Sciences, subject competitiveness; analysis

1 引　言

为响应国家“双一流”战略，诸多省市出台了建设高水平大学和一流学科的中长期规划，许多高校制定了配套的实施方案[1-2]。学科建设无论是对于高等院校还是科研院所都是提高科研水平的重要基础[3]。基本科学指标（Essential Science Indicators，ESI）是衡量科学研究绩效、跟踪科学发展趋势的基本分析评价工具，现已成为世界范围内普遍使用的学术评价指标之一[4]，各项指标能够从各个方面体现出机构学科竞争力。目前，针对高校和科研机构学科竞争力的相关研究已经广泛开展[5-7]，且已有研究对农业科学、植物与动物科学、工程学、理学、药学以及地球科学等多个学科[8-13]开展了竞争力分析。

本文选取至少一个学科进入 ESI 全球前 1% 排名的浙江、江苏、北京和山东四所省级农业科学院为研究对象，以其近 10 年的学术论文为数据源，分析我国省级农业科学院在植物与动物科学和农业科学两个学科的学术竞争力，并分别选取两个学科不同类别机构中排名第一的中国农业科学院（国家级科学院）、中国农业大学（国家级农业高校）和南京农业大学（省级农业高校）3 所机构为对标机构，对省级农业科学院学科竞争力进行比较分析，从而有针对性地提出对策建议，以促进我国省级农业科学院学科学术竞争力的提升。

2 数据源及方法工具

本文选择 ESI 和 SCI 数据库作为数据源。首先，借助 ESI 全球植物与动物科学和农业科学学科进入全球前 1% 机构列表（2018 年 3 月 15 日版），选取研究对象和对标机构。其次，以 SCI 核心合集数据库为数据源，构建 7 所机构名检索式，获取 2007—2017 年的全部数据，数据量：植物与动物科学学科 10 979 篇、农业科学学科 9 535 篇，检索时间为 2017 年 8 月 22 日。最后，使用 DDA 工具对获取的两个学科数据进行清洗，对四所省级农业科学院及三所对标机构的发文量、总被引频次、合作机构、合作国家、学科结构等数据进行进一步处理分析。

本文主要采用了文献计量和社会网络关系等研究方法，利用 DDA、Excel、Ucinet 等工具进行数据处理、统计分析及可视化展示。

3　植物与动物科学学科学术竞争力分析

3.1　生产力分析

10 年发文量对比可以体现出各机构的学科生产力状况。4 所省级农业科学院之间差距相对较小，江苏省农业科学院和浙江省农业科学院在生产力方面略强，北京市农林科学院生产力略低。4 所省级农业科学院在生产力上不仅与国家级农业科学院有较大差距，与国家级和省级农业高校也相距甚远，差距将近 10 倍。

表 1 为 7 所机构 10 年来发文量变化情况，红色几乎全部在对标机构年发文量中，而省级农业科学院多数为绿色，2007—2011 年相差近 10 倍之多，但 2012 年至今省级农业科学院出现明显增长现象，江苏省农业科学院 2016 年发文量相比于 2007 年增长 10 倍，浙江省农业科学院、山东省农业科学院和北京市农业科学院也均有 5 倍增长。虽然省级农业科学院逐年发文量增长速度相对更快，在发文总量上与 3 所对标机构差距依然较大（图 1）。

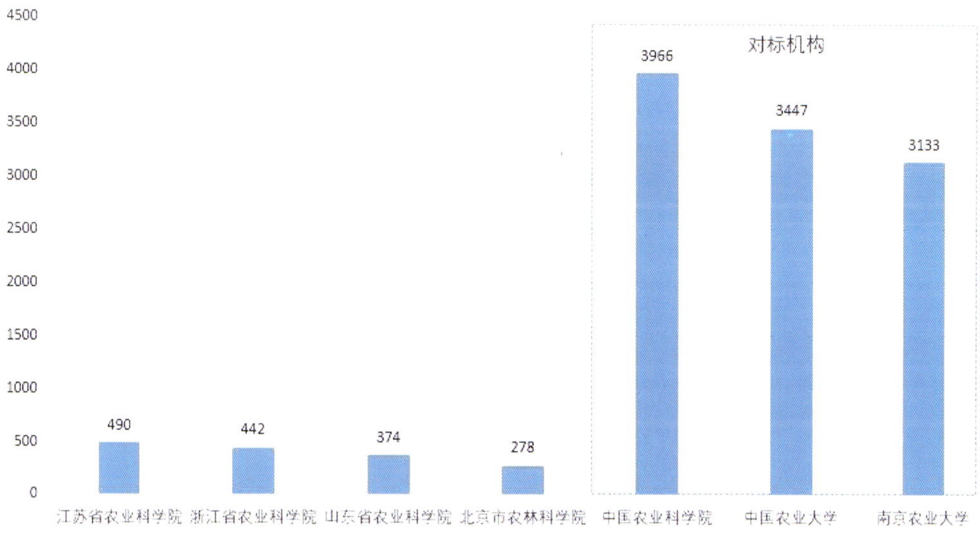

图 1　植物与动物科学学科 7 所机构 10 年发文量对比（单位：篇）

表 1 植物与动物科学学科 7 所机构 2007—2017 年发文量变化情况（单位：篇）

类别	机构	2007 年	2008 年	2009 年	2010 年	2011 年	2012 年	2013 年	2014 年	2015 年	2016 年	2017 年
省级农业科学院	江苏省农业科学院	10	10	15	17	19	31	41	57	103	105	82
	浙江省农业科学院	13	20	17	33	39	54	50	53	67	61	35
	山东省农业科学院	14	12	15	21	35	34	34	48	57	64	40
	北京市农林科学院	8	7	10	10	22	24	23	39	37	68	30
对标机构	中国农业科学院	158	168	219	242	279	379	386	497	542	653	443
	中国农业大学	295	255	303	282	283	337	314	324	416	357	281
	南京农业大学	127	140	173	187	205	253	294	377	462	542	373

注：绿黄红颜色转变表示发文量由少到多

3.2 影响力分析

10 年发文总被引频次对比可以体现出各机构的学科影响力状况。如图 2 所示，4 所省级农业科学院中学术影响力最强的是浙江省农业科学院，在总影响力方面，仍然与国家级农业科学院、国家级和省级农业高校差距非常大，但是论文质量却出现了超过对标机构的情况；北京市农林科学院的篇均被引频次达到 11.24，4 所机构中最高，甚至超过对标机构；浙江省农业科学院仅次于中国农业大学，却高于中国农业科学院和南京农业大学；山东省农业科学院和江苏省农业科学院略低。

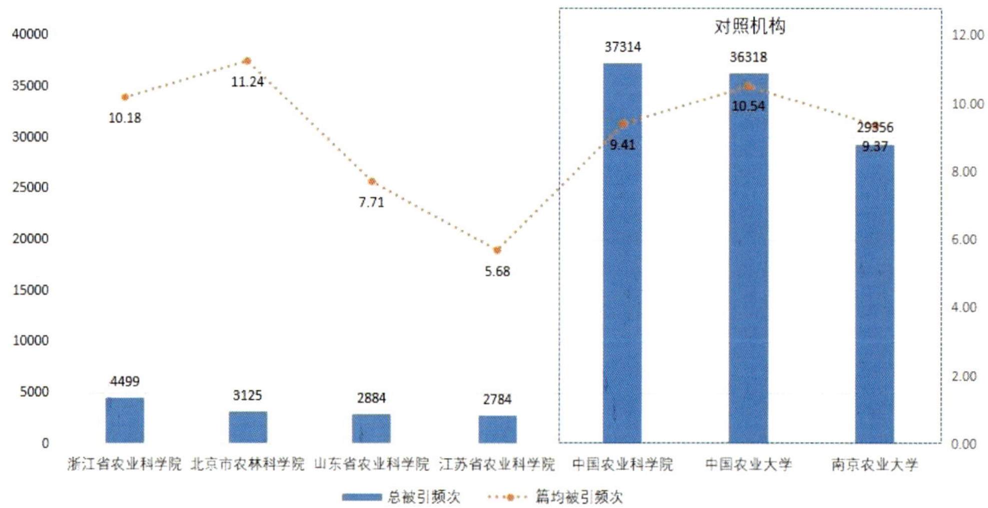

图 2 植物与动物科学学科 7 所机构影响力对比（单位：次）

3.3　合作国家分析

4 所省级农业科学院合作国家呈现出一定的差异化，北京市农业科学院与另外 3 所省级农业科学院差别最为明显，其与泰国、沙特阿拉伯、葡萄牙和埃及合作较多，而其他 3 所省级农业科学院却并没有合作发文。

与对标机构相比，4 所省级农业科学院与美国、澳大利亚、英国、日本、德国、加拿大、荷兰以及法国等发达国家合作发文量明显较低；而与泰国、西班牙以及巴西等国家的合作发文量，与 3 所对标机构非常接近；江苏、浙江和山东省农业科学院在与 20 个合作国家发文上与国际级农业科学院差距较大，只有浙江省农业科学院与菲律宾合作发文量略高于国家级和省级农业高校；北京市农林科学院与泰国、沙特阿拉伯、新西兰、中国台湾合作发文量均超过 3 所对标机构（图 3）。

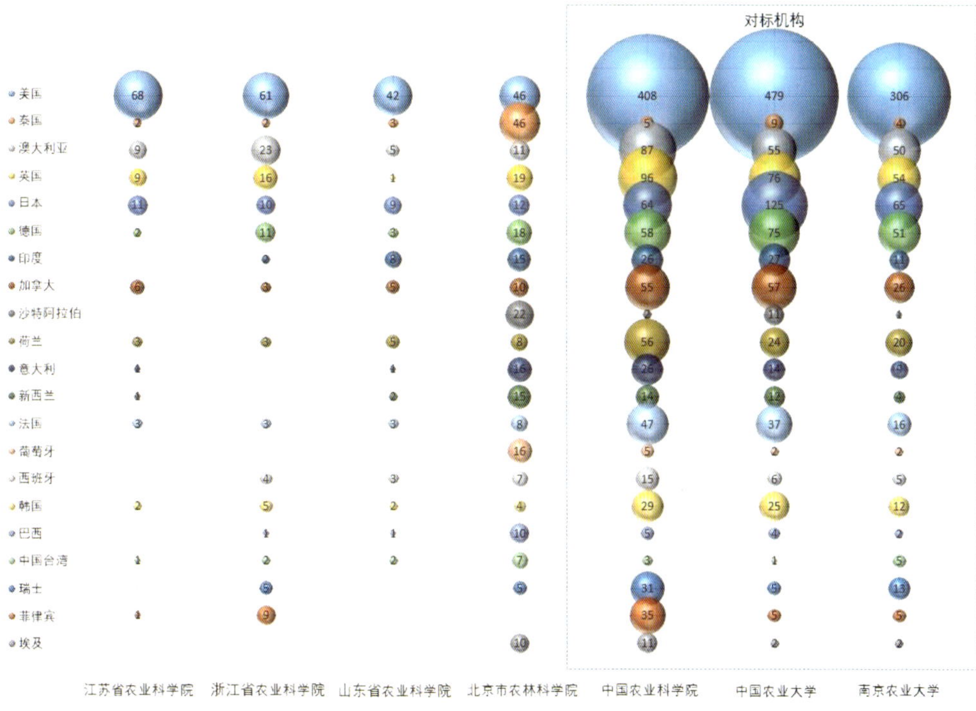

图 3　省级农业科学院发文合作国家 TOP20 分布对比（单位：篇）

3.4　合作机构分析

4 所省级农业科学院间并无显著合作关系，虽与 3 所对标机构均有一定合作，但与 3 所对标机构相对，省级农业科学院合作密度相对较低，密切合作机构相对集中（图 4）。4 所省级农业科学院国内合作机构呈现出明显的地域性偏好，主要合作机构

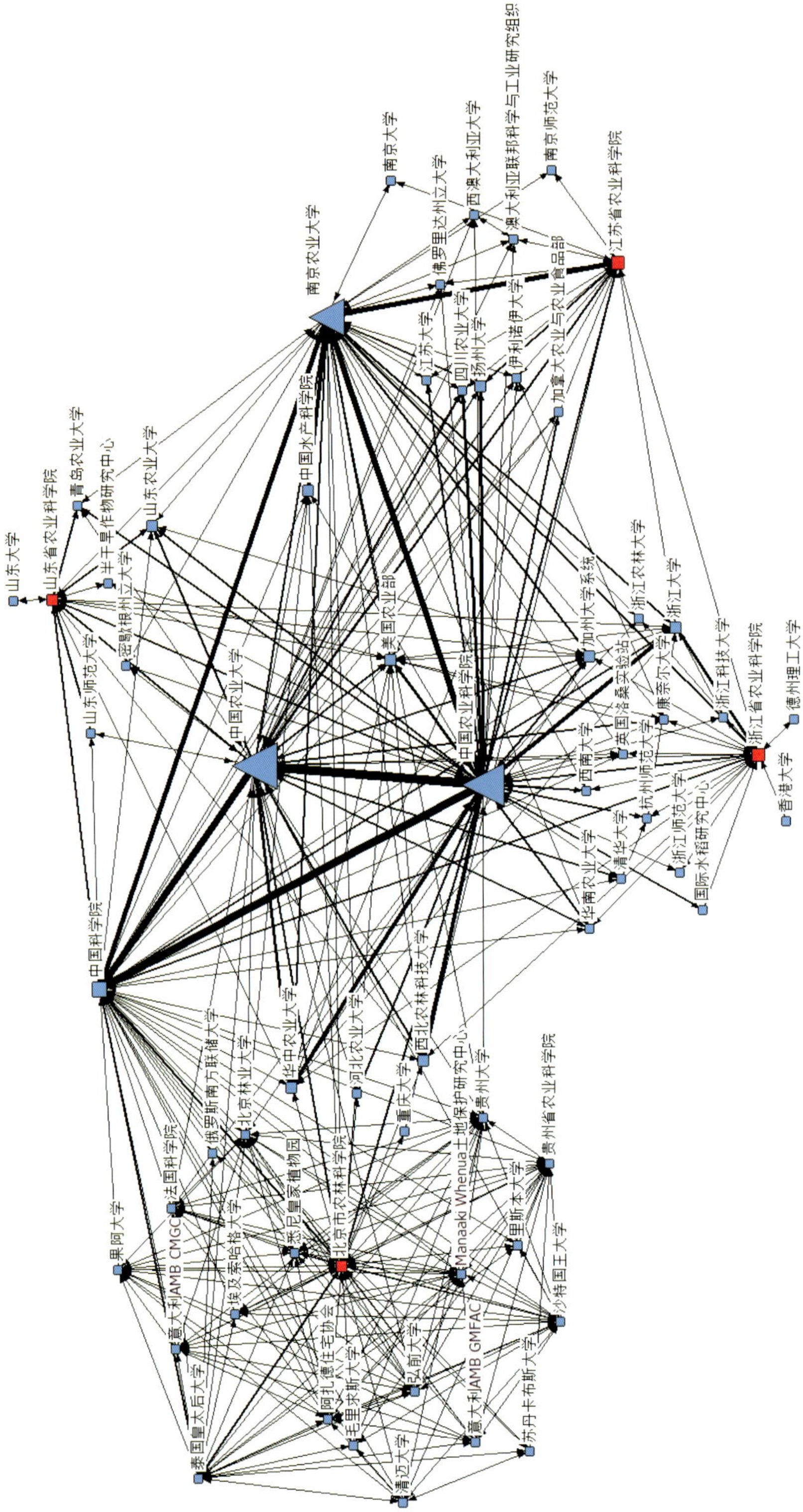

图 4　4 所省级农业科学院共同合作机构网络关系（TOP 100，合作频次 >5）

注：红色点为 4 所省级农业科学院，正三角点为 3 所对标机构。

均为所在省市、周边省市或个别地区农业类研究科学院和高校。

4 所省级农业科学院国际合作机构相对差别较大。北京市农林科学院国际合作网络最为庞大，几乎形成了单独的网络团体，且国际合作机构地域分布非常广泛，在东南亚、澳洲、欧洲等地区均有合作，其中与泰国皇太后大学、清迈大学以及悉尼皇家植物园等机构合作最为密切；浙江省农业科学院国际合作机构主要分布在美国和英国，与康奈尔大学、加州大学系统、德州理工大学以及洛桑实验室合作最为密切；江苏省农业科学院国际合作机构主要分布在美国、澳大利亚和加拿大，与佛罗里达州立大学、伊利诺伊大学、西澳大利亚大学、澳大利亚科学与工业研究组织及加拿大农业与农业食品部合作最为密切；山东省农业科学院国际合作机构主要分布在美国，与密歇根州立大学、国际半干旱作物研究中心合作最为密切。

3.5　学科结构分析

4 所机构学科结构除第一名同为植物科学外，其后均有差别；北京市农林科学院其后为真菌学和昆虫学，江苏农业科学院其后为农学和兽医学，浙江和山东省农业科学院其后均为昆虫学和生物化学与分子生物学，但浙江省农业科学院的农业、乳品和动物科学也相对较强。

与 3 所对标机构相比，各细分学科都很弱，只有北京市农林科学院的真菌学学科略强于 3 所对标机构。江苏省农业科学院与中国农业科学院虽实力差别较大，但学科结构分布上略有类似，植物科学和兽医学较强；而浙江和山东省农业科学院与中国农业大学、南京农业大学类似，植物科学、昆虫学以及生物化学与分子生物学均强于农学（表 2）。

表 2　植物与动物科学学科 WOS 学科结构分布情况（TOP10）

类别	机构	植物科学	昆虫学	农学	生物化学与分子生物学	兽医学	园艺学	农业、乳品和动物科学	生物技术与应用微生物学	基因和遗传学	真菌学
省级农业科学院	江苏省农业科学院	328	45	64	46	60	44	30	30	28	5
	浙江省农业科学院	262	86	35	48	31	27	48	21	18	2
	山东省农业科学院	248	49	38	39	34	27	29	25	18	2
	北京市农林科学院	151	39	30	14	15	24	10	14	16	43
对标机构	中国农业科学院	2014	642	432	408	599	301	497	199	200	23
	中国农业大学	1518	397	166	369	360	116	779	120	114	41
	南京农业大学	1642	387	204	344	366	147	362	143	115	39

注：绿黄红颜色转变表示发文量由少到多

4　农业科学学科学术竞争力分析

4.1　生产力分析

4 所省级农业科学院之间差距相对较小，其中江苏省农业科学院和浙江省农业科学院在生产力方面略强，山东省农业科学院生产力略低。但 4 所省级农业科学院在生产力上不仅与省市农业高校相距甚远，与国家级农业科学院和农业高校差距更大，达 10 倍左右。从 7 所机构 10 年来发文量变化情况来看，4 所省级农业科学院发文量随时间不断增长，但与 3 所对标机构年发文量差距显著，与省市农业高校和国家级农业科学院相差 10 倍左右，而与国家级农业高校差距更大（表 3，图 5）。

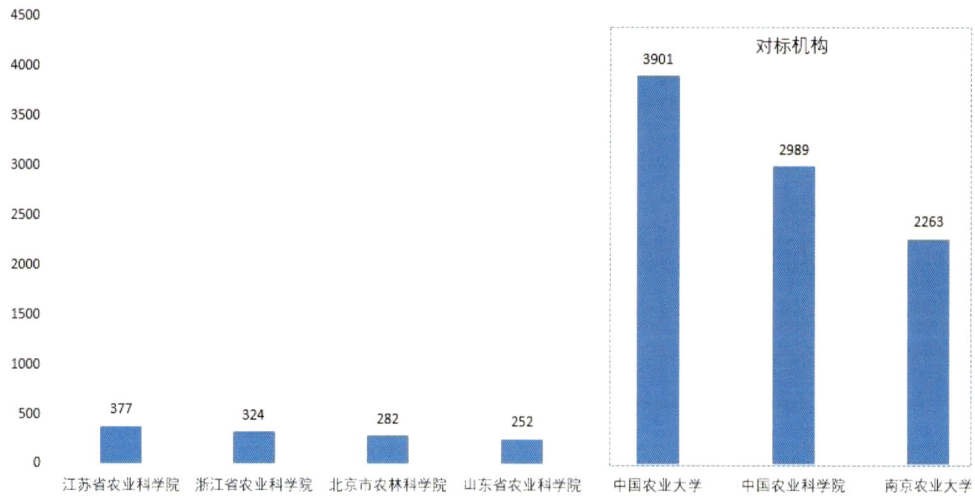

图 5　7 所机构农业科学学科 10 年发文量对比（单位：篇）

表 3　7 所机构农业科学学科 2007—2017 年发文量变化情况（单位：篇）

类别	机构	2007年	2008年	2009年	2010年	2011年	2012年	2013年	2014年	2015年	2016年	2017年
省级农业科学院	江苏省农业科学院	9	20	10	23	18	30	35	59	59	68	46
	浙江省农业科学院	9	15	19	11	25	44	35	44	50	38	34
	北京市农林科学院	6	13	16	12	31	33	30	36	40	41	24
	山东省农业科学院	5	11	13	21	17	29	36	29	26	38	27
对标机构	中国农业大学	258	250	275	264	309	382	382	445	464	509	363
	中国农业科学院	84	103	138	167	192	285	310	392	438	539	341
	南京农业大学	86	114	138	145	152	216	223	297	302	370	220

4.2　影响力分析

10 年发文总被引频次高低可以体现出各机构的学科影响力强弱状况。如图 6 所示，4 所省级农业科学院中农业科学学科学术影响力最强的是江苏省农业科学院，山东省农业科学院和北京市农林科学院略低；但与国家级农业科学院、国家级和省市农业高校差距非常大。4 所省级农业科学院的农业科学学科论文质量相差不大，篇均被引均在 7 次左右，其中，论文质量最高的是山东省农业科学院，略低于国家级农业科学院，但仍与国家省市级农业高校有一定差距。

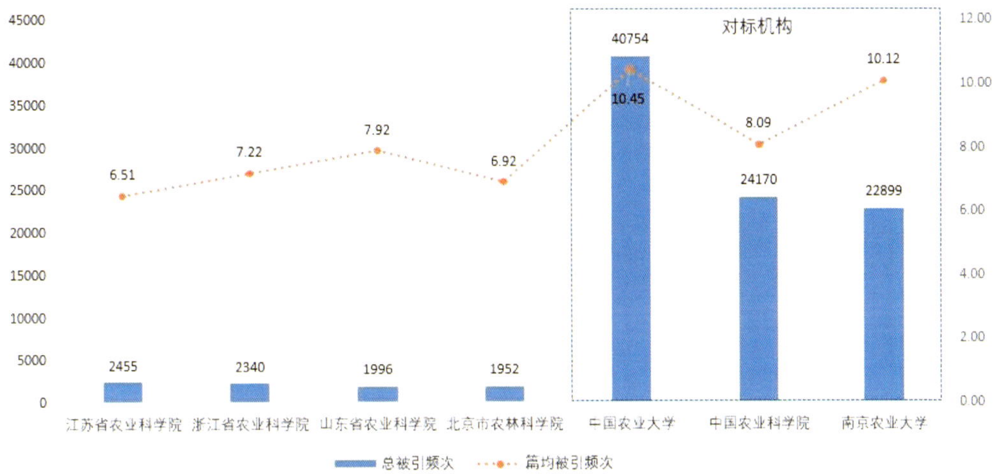

图 6　省级农业科学院农业科学学科影响力对比（单位：次）

4.3　合作国家分析（图 7）

4 所省级农业科学院农业科学学科论文合作国家呈现出一定的差异。江苏、浙江和北京市农林科学院与美国合作发文较多且相当，而山东省农业科学院合作相对较少；4 所省级农业科学院与加拿大、澳大利亚及英国 3 个国家的合作发文量相当；江苏、山东和北京市农林科学院与法国、尼日利亚、荷兰、丹麦四个国家均有合作，而浙江省农业科学院却并没有合作发文。

与对标机构相比，4 所省级农业科学院国际合作发文量明显较低，尤其是与美国、加拿大、澳大利亚、德国、日本、英国及荷兰等发达国家的合作；江苏、山东和北京市农林科学院与尼日利亚和孟加拉国等国合作发文量，明显接近于 3 所对标机构；浙江省农业科学院与奥地利和捷克共和国的合作发文量已经超过了 3 所对标机构。

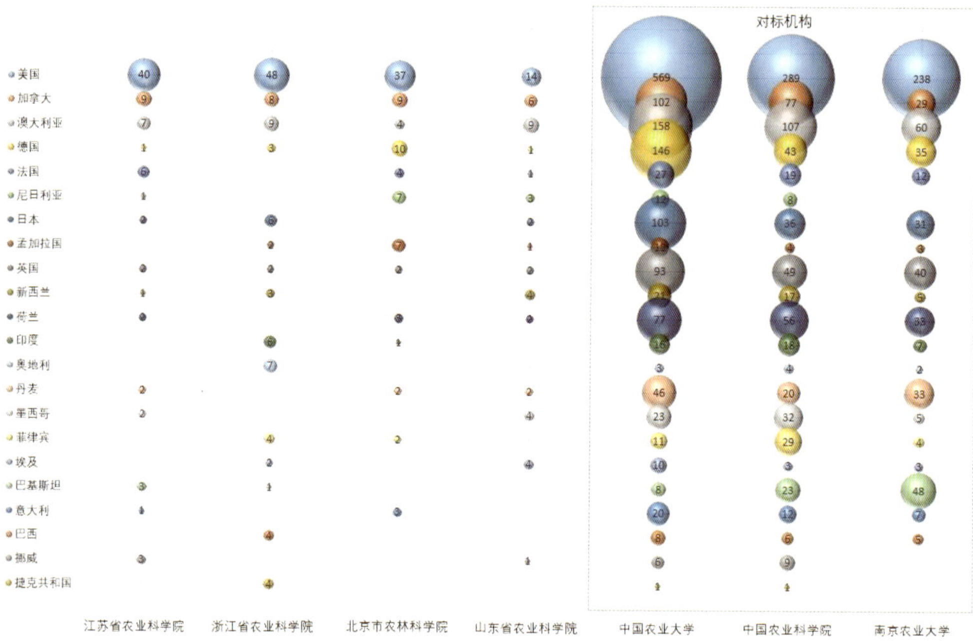

图 7　省级农业科学院合作国家 TOP20 分布对比（单位：篇）

4.4　合作机构分析（图 8）

省级农业科学院间没有明显的合作关系，且与 3 所对标机构相对，省级农业科学院合作密度相对较低，密切合作机构相对集中。

4 所省级农业科学院国内合作机构呈现出明显的地域性偏好，主要合作机构均为所在省市、周边省市或个别地区农业类研究科学院或高校。国际合作机构也有一定的差异。北京市农林科学院国际合作机构主要分布在欧洲和美洲，与德国波恩大学、荷兰瓦赫宁根大学、佛罗里达州立大学、美国威斯康星大学合作以及尼日利亚卡拉巴大学合作较为密切；山东省农业科学院国际合作机构主要分布在澳大利亚，与皇家墨尔本理工大学合作较为密切；江苏省农业科学院国际合作主要分布在美国，与密歇根州立大学、堪萨斯州立大学、德州农工大学及密歇根州立大学合作较为密切；浙江省农业科学院国际合作主要分布在美国、英国、加拿大和日本，与美国加州大学、阿肯色大学、英国洛桑实验室、加拿大农业与农业食品部、日本长崎大学以及国际水稻研究中心合作较为密切。

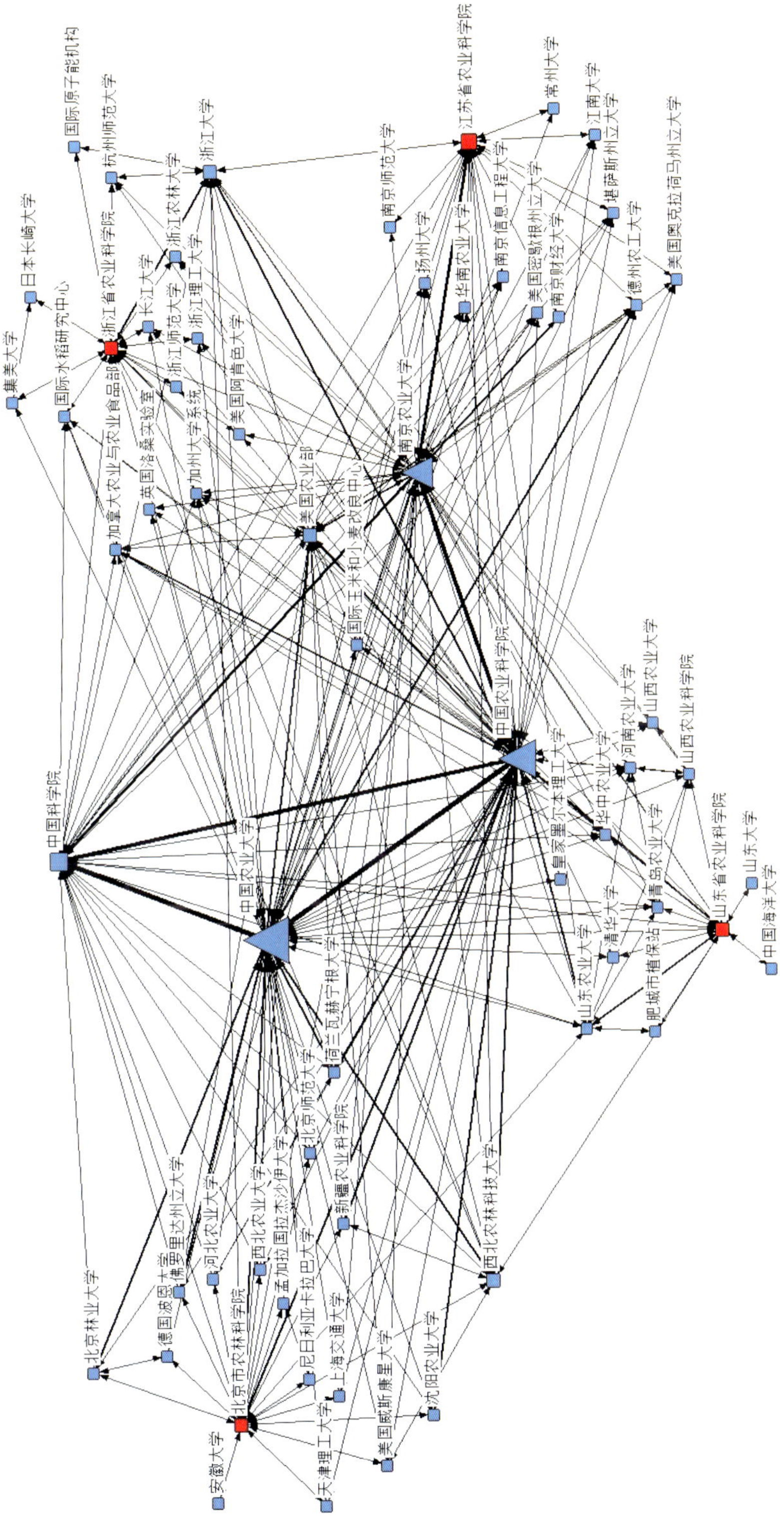

图 8　农业科学学科共同合作机构网络关系（TOP 100，合作频次 >3）

注：红色点为 4 所省级农业科学院，正 3 角点为 3 所对标机构。

4.5　学科结构分析

4 所省级农业科学院在农业科学学科内的学科结构存在一定的差异（表 4）；江苏和浙江省农业科学院学科强弱较为接近，最强的学科均是食品科学与技术强于农学以及农业多学科；北京市农林科学院以上 3 个学科适量相对均衡；而山东省农业科学院的农学明显强于食品科学与技术和农业多学科；机构见同学科对比，可以发现江苏和浙江两所省级农业科学院在食品科学与技术学科的实力明显强于北京市农林科学院和山东省农业科学院。

与 3 所对标机构相比，各细分学科都相对较弱。浙江省农业科学院与中国农业大学各学科强弱分布上较为类似，食品科学与技术学科明显强于农学以及农业多学科，且应用化学学科也具有一定的实力。

表 4　农业科学学科 WOS 学科结构分布情况（TOP10）

类别	机构	食品科学与技术	农学	农业，多学科	园艺学	应用化学	土壤学	植物科学	营养与营养学	基因和遗传学	昆虫学
省级农业科学院	江苏省农业科学院	138	123	80	76	53	35	36	24	26	13
	浙江省农业科学院	141	79	76	57	69	39	31	23	16	14
	北京市农林科学院	70	73	72	56	23	28	19	7	7	11
	山东省农业科学院	73	110	31	35	25	16	17	10	5	8
对标机构	中国农业大学	1 862	853	693	290	667	483	247	316	85	61
	中国农业科学院	1 043	838	799	274	501	354	329	233	159	98
	南京农业大学	967	528	412	318	374	391	224	173	67	81

注：绿黄红颜色转变表示发文量由少到多

5　结　语

本文借助 ESI 数据，利用文献计量的方法对我国 4 所省级农业科学院的植物与动物科学和农业科学两大学科进行了全面的分析，并与国家级农业科学院、国家级农业高校和省级农业高校进行对比，主要结论有：① 省级农业科学院间生产力和影响力相对均衡，10 年来生产力在不断增强，其中江苏省农业科学院两个学科的生产力均略强，两个学科影响力和论文质量存在差别。② 与国家级农业科学院、国家级农业高校和省级农业高校在生产力和影响力方面差距均较大。③ 省级农业科学院合作国家中除美国、澳大利亚和的国外，其他合作国家种类和数量上存在差异。④ 省级农业科学院合作密度相对较低，密切合作机构相对集中，国内合作机构呈现出明显的地域性偏好，主要合作机构均为所在省市、周边省市或个别地区农业类研究科学院或高校。⑤ 省级农业科学院两个学科的学科结构均存在差异，农业科学学科结构差异更大。

针对以上分析结果，建议我国省级农业科学院从以下视角进行调整布局：① 进一步提升对重点学科的重视，加大政策支持与研究力度。② 注重引导科研人员对学术论文质量和影响力的重视。③ 加强与国际的合作与学习交流。向学科竞争力强的机构学习，并加强交流、访问与学习。

参考文献

[1] 上海市教育委员会. 上海以“高峰”“高原”学科建设率先对接国家一流大学和一流学科建设 [EB/OL]. [2016-12-31]. http://www.shmec.gov.cn/html/article/201512/85864.php.

[2] 北京师范大学发展规划与学科建设处. 北京师范大学学科能力提升计划（2014—2020 年）[EB/OL]. [2017-01-30]. http://ghc.bnu.edu.cn/zczd/xkjs1/88076.html.

[3] 吴伟，吕旭峰. 面向创新创业集成发展的研究型大学学科体系重构 [J]. 现代教育管理，2015（1）：73-77.

[4] 邹燕. ESI 全球学科排名与江苏高校学科建设 [J]. 高教管理，2015（3）：53-55.

[5] 戴红君，任妮，李果. “十二五”我国省级农业科学院学术竞争力评价分析 [J]. 农业科技管理，2017，36（6）：68-72.

[6] 姜华，刘苗苗，刘盛博. 基于 ESI 数据库的我国“985 工程”高校一流学科评价研究 [J]. 现代教育管理，2017（8）：24-29.

[7] 张莉莉，李兴国. 我国省属高校 ESI 世界前 1% 学科分布特征及发展策略 [J]. 现代教育管理，2016（6）：37-42.

[8] 李茂茂，史丽文，陈仕吉，等. 基于 ESI 的国内外机构农业科学学科评价研究 [J]. 图书情报工作，2011（S2）：280-283.

[9] 周建农，何琳，白振田. ESI 植物与动物学的评价与分析 [J]. 图书情报工作，2012，（22）：48-55.

[10] 王鹏，李爱彬，鲍劼. 基于 ESI 的工学学科国际竞争力评价研究——以中国矿业大学为例 [J]. 煤炭高等教育，2014（06）：119-122.

[11] 倪瑞，胡忠辉，燕京晶. 基于 ESI 的国内外部分高校理学学科发展比较研究 [J]. 学位与研究生教育，2011（05）：32-38.

[12] 丁佐奇. 提高我国药学学科的国际竞争力——利用 ESI 和 InCites 数据库分析我国药学学科发展态势及启示 [J]. 科技与出版，2013（12）：21-24.

[13] 刘月雷. 基于 ESI 的地球科学领域国内外一流大学的科研绩效分析 [J]. 情报工程，2016，2（01）：15-23.

基于借阅规则的修改，借阅数据变化实证分析

祁卓麟 王立宏 *

（西北农林科技大学图书馆，杨凌 712100）

摘 要：本文基于借阅规则修改后借阅数据的变化，讨论借阅规则中的借阅册数限制的问题。通过大数据统计分析发现，依据读者类型设定的借阅册数限制不合理，建议取消读者类型的划分，同时建议取消借阅册数限制。

关键词：借阅规则；图书借阅；大学图书馆

Effect of Circulation Rules Reform on Book Lending in University Library

Qi Zhuolin Wang Lihong*

(Library of Northwest A & F University, Yangling 712100)

Abstruct: On the basis of remarkable changes in circulation data after the reform in circulation rules, the research focuses on the policy of maximum number of books a reader can borrow. The findings suggest that library should not limit the number of lending books for all students, regardless of undergraduates and graduates.

Key words: circulation rules, book lending, university library

1 背 景

习近平的五大发展理念："创新、协调、绿色、开放、共享"，汇成一句话就是"人民至上"[1]，这与图书馆读者服务的理念"读者至上"具有共性。

* 作者简介：祁卓麟（1974—），女，西北农林科技大学图书馆，副研究馆员；E-mail：qzl@nwsuaf.edu.cn

在以计算机网络和数字化技术为支撑的环境下，读者的阅读行为发生了巨大变化，部分读者习惯于以图代书、在线阅读或以上脸书（Facebook）、刷微博替代阅读等[2]。

目前，高校图书馆面临着文献资源不断激增，但纸本馆藏利用率逐年走低的困境[3]。为提高馆藏利用率，各馆采用了不同措施，其中，修改图书馆原有的借阅规则，不失为一种简单易行的好办法。本文以我馆为例，统计分析修改借阅规则前后的数据变化，讨论了新规则中借阅册数限制是否最大限度地满足了读者需求。

2　新旧借阅规则主要内容对比表

借阅规则是借阅制度的主要组成部分，是读者借阅图书的制度保障。为了加快图书周转，提高图书借阅量，吸引读者读书，我馆于 2017 年 6 月修改了原《西北农林科技大学读者借阅规则》（以下简称旧规则、新规则）。主要修改内容为：① 增加教职工、研究生借阅册数，同时缩短借期；② 对本科生在借期不变的前提下增加借阅册数。新规则于 2017 年 9 月 1 日正式执行（表 1）。

表 1　新、旧规则主要内容对比（数据来源，我馆图书馆网站）

图书类型	借阅规则	教职工、研究生		本科生	
		册数	借期	册数	借期
非文学类（非 I 类）图书	旧规则	10 册	90 天	4 册	30 天
	新规则	30 册	60 天	20 册	30 天
文学类（I 类）图书	旧规则	所有读者限借阅 1 册，借期 30 天			
	新规则	所有读者限借阅 5 册，借期 30 天			

注：（1）旧规则续借期 15 天，新规则续借期 10 天；（2）其他规则均未修改

3　借阅量统计分析

3.1　中文图书逐年、逐月借阅量统计分析

利用我馆汇文系统，统计近 5 年中文图书年度、月份借阅量，分析新、旧借阅规则下借阅量的变化趋势（表 2）。

表 2　中文图书逐年、逐月借阅量（册）情况（汇文系统，统计日期 2018 年 6 月 11 日）

月份	2014 年	2015 年	2016 年	2017 年	2018 年
1	15 202	17 794	13 724	7 109	16 097
2	13 058	79	2 872	12 439	6 301
3	32 380	31 830	26 317	20 781	28 775
4	27 083	22 984	19 909	15 302	20 539
5	21 905	19 380	18 205	13 494	19 013
6	17 626	16 199	13 146	11 436	
7	7 825	10 136	7 656	3 975	
8	1 695	24	4 823	81	
9	34 834	24 496	23 121	23 208	
10	25 057	20 247	17 443	22 154	
11	22 200	18 396	15 815	20 975	
12	22 798	18 526	15 507	21 758	
合计	241 663	200 091	178 538	172 712	

数据分析：

① 年度对比分析：近几年，我馆中文图书借阅量年度呈逐渐下降趋势。2017 年 9 月 1 日执行新规后，2017 年度借阅量和 2016 年度基本持平，改变了逐年下滑趋势；② 月份同期对比分析：2014—2016 年度中，学生在校月借阅量均为继减，2017 年 3—6 月的借阅量也为继减；但从 2017 年 9 月执行新规后，月借阅量逐渐增加，扭转了下降趋势，基本和借阅量最多的 2014 年同月持平；2018 年 3—5 月的借阅数据也比较乐观（注：1、2、7、8 月份为寒暑假阶段，该数据暂不做分析）；③ 总体来说，执行新规则后借阅量呈上升趋势。

3.2　按图书类型统计分析借阅数据的变化情况

按读者在校的月份统计借阅量变化情况，对比分析 2016 年和 2017 年同期，2017 年和 2018 年同期借阅增长情况（表 3）。

表 3　新、旧规则下同期图书借阅册数变化统计（汇文系统，统计日期 2018 年 6 月 11 日）

	2016 年 9—12 月（旧）	2017 年 9—12 月（新）	增加册数	增长率（%）	2017 年 3—5 月（旧）	2018 年 3—5 月（新）	增加册数	增长率（%）
I 类	6 664	8 869	2 205	33.09	13 332	19 835	6 503	48.78
非 I 类	65 222	79 226	14 004	21.47	36 310	48 492	12 182	33.55
合计	71 886	88 095	16 209	22.55（均）	49 642	68 327	18 685	37.64（均）

数据分析：

① 按图书类型统计分析，执行新规后，2017 比 2016 年的同期借阅量大幅增高，平均增副 22.55%，其中 I 类增长率（33.09%），非 I 类增长率（21.47%）；② 新规则后，2018 年同期比 2017 年同期增幅更大，平均增幅 37.64%，其中 I 类增长率（48.78%），非 I 类增长率（33.55%）；③ 总体来说，I 类图书的借阅增长尤其明显。

3.3　按读者类型统计分析当前在借图书情况

本科生 20 册为极限，取数值 10 册作对比；研究生、教职工 30 册为极限，取数值 20 册作对比（表 4）。

表 4　按读者类型统计分析当前在借图书情况（汇文系统，统计日期 2018 年 5 月 10 日）

读者类型	当前在借图书			
	数量（册）	人数（人）	当前在借总人数	占比（%）
本科生	大于等于 10	126	5209	2.42
硕士生	大于等于 20	14	1694	0.83
博士生	大于等于 20	5	318	1.57
教职工	大于等于 20	10	488	2.05

数据分析：

① 取常规数值分析，总体占比均很低；说明新规则对册数的限制很宽裕；② 本科生和教职工占比相对较高，但也只占 2% 以上；③ 本科生是阅读的主力军，不应借阅册数最少。

3.4 按借阅册数统计分析年度图书借阅分布情况

忽略读者类型，统计分析读者 2017 年度累计借阅图书册数情况，研讨新规则的借阅权限是否合适（表 5）。

表 5　2017 年度读者累计入馆借阅图书册数、人数及占比
（汇文系统，统计日期 2018 年 5 月 10 日）

2017 年度总借阅量（172 712 册） 借阅数量（册）	2017 年度总借阅人数（21 750 人） 借阅人数（人）	占比 %
1	3 009	15.22
2	2 655	13.43
3	2 078	10.51
4	1 728	8.74
5	1 274	6.45
6	1 091	5.52

（续表）

2017年度总借阅量（172 712册） 借阅数量（册）	2017年度总借阅人数（21 750人） 借阅人数（人）	占比 %
7	953	4.82
8	824	4.17
9	676	3.42
10	599	3.03
11~20	2 891	14.63
21~30	1 205	5.30
31~40	469	2.37
41~50	240	1.21
51~60	109	0.55
61~70	51	0.26
71~80	40	0.20
81~90	21	0.11
91~100	12	0.06
101~150	21	0.11
151~200	10	0.05
>200	6	0.03

数据分析：

① 2017年度累计借阅1册人数最多，达3 009人，占比15.22%；累计借阅小于等于10册的人数为14 887人，占比为75.32%，为绝大多数读者；11~20册的借阅人数为2 891人，占比为14.63%；累计借阅大于20册的人数为1 986人，占比10.05%；其中，大于30册的人为939人，占比4.75%。

从以上统计数据可以看出，绝大部分读者全年借阅册数在20册以内，占所有读者人数的89.95%。即从全年图书周转来看，读者借阅册数上限20册已经可以满足约90%的读者借阅需求。

② 通过上表发现，借阅数量与借阅人次呈现一定的规律性。图书借阅每增加10册，就在上一个10册的人数上减少50%。即就是随着读者借阅册数的增加借阅人数却会下降。

4　结论与建议

古人云，不以规矩，不能成方圆。借阅规则对内是业务规范，对外是处理图书馆与读者之间的行为准则，所以规则既要保障双方权益，又要注重与时俱进，不断修订和完善。

图书馆的一切工作，都要以读者的借阅需求为依据，以服务的有效性和馆藏资源的高利用率为目的。统计分析，得出以下几点结论与建议。

4.1　执行新规则后，效果比较明显

执行新规则后，借阅量逐渐增加，尤其是 I 类图书增幅较为明显，扭转了借阅量下滑的趋势。

4.2　按照读者类型设置借阅册数限制意义不大

按照读者类型统计分析当前借阅状况，能达到上限册数限制的读者占比很少；说明借阅册数达到一定数值，区别读者的册数权限，意义不大；忽略读者类型，累计统计读者年度借阅册数分布情况，发现绝大部分读者全年借阅册数在 20 册以内，占所有读者人数的 89.95%。即从全年图书周转来看，读者借阅册数上限 20 册已经可以满足约 90% 的读者借阅需求；同时发现随着读者借阅册数的增加借阅人数却会下降的借阅规律。

因此，建议取消按照读者类型制定的借阅册数限制，同时也体现了读者公平的借阅原则。目前，中国农业大学、中山大学等[4]已经不区分读者类型；尤其是中山大学，对所有读者取消了借阅册数限制，这也是对爱读书的读者的一种奖励。

4.3　依据读者需求制定借阅规则的服务理念

高校图书馆在制定规则时必须从读者角度出发，想读者所想，急读者所急，实现读者图书借阅权限设定的合理性与合情性，就能最大限度的满足读者需求，真正维护读者的权益，激发读者利用图书馆的积极性，提高图书馆的服务质量。

不足之处：本文仅仅讨论了的借阅规则中的依据读者类型设定的借阅册数的限制，没有全面设计到规则中的借阅期限等内容；数据来源只是我馆，具有片面性。

参考文献

[1] 中国新闻网．深入学习贯彻习近平关于“五大发展理念”的重要论述，[EB/OL]．[2018-05-10]．http://www.chinanews.com/ll/2015/11-04/7605449.shtml.

[2] 汪涌豪．经典阅读的当下意义[J]．新华文摘，2012（13）：146-148.

[3] 汪志莉，李欣，于亚秀．高校图书馆馆藏利用现状及对策数据评估——以华东师范大学图书馆为例[J]．图书馆论坛，2017（3）：116-122.

[4] 刘小谦，何晓阳．“211 工程”大学图书馆借阅规则现状分析[J]．医学信息，2009（6）：853-856.

面向科技创新的智库型情报服务体系研究与构建

秦晓婧　郑怀国*　赵静娟

摘　要：在加快推进智库建设、实施创新驱动的大背景下，在自身优势弱化、商业性机构倒逼等内外环境共同挤压下，情报机构向智库转型是发展的必然趋势，也有着天然的优势。随着向智库转型发展，相应地其情报服务体系也应转型升级。本文指出应从资源保障体系、技术支撑体系、产品服务体系三方面构建面向科技创新的智库型情报服务体系，并介绍了在农业领域智库型情报服务体系的研究与实践。

关键词：情报服务；科技创新；智库；农业科技情报

2015 年，中办、国办印发《关于加强中国特色新型智库建设的意见》，提出要建设创新引领、国家倚重、社会信任、国际知名的高端科技智库[1]。2016 年，习近平同志在“科技三会”上再次明确指出要加快建立科技咨询支撑行政决策的科技决策机制，加强科技决策咨询系统，建设高水平科技智库。在加快推进智库建设、实施创新驱动的大背景下，科技情报机构面临着向智库转型发展的问题，也处于向智库转型的最佳机遇期。本文论述了科技情报机构向科技智库转型的必要性、可能性以及面向科技创新的智库型情报服务体系架构与实践。

1　情报机构向智库转型是发展的必然趋势

1.1　科技创新呼唤更深层次的情报支撑

科技创新，情报先行。在国家创新驱动发展战略的大背景下，用户需要的是通过更深入精准的情报分析，能就重大科技决策、科技规划、战略布局、科研主攻方向等

*　作者简介：秦晓婧（1982—）女，山西人，助理研究员，主要从事农业信息资源建设与知识服务研究。E-mail：xiaojing_qin@163.com

通讯作者：郑怀国（1967—），女，北京人，研究馆员，主要从事知识管理与情报研究。E-mail：guanzhangxx@163.com

提供准确、及时、前瞻的咨询建议和解决方案。而传统科技情报机构所开展的科技资讯编译、计量分析等浅层情报服务已无法满足科技创新环境下的用户深层次需求。传统情报服务需向智库型情报服务升级，拓宽情报服务的范围，挖掘情报的深度，才能满足新形势下用户的需求，才能适应科技创新对情报服务的要求。

1.2　泛在信息环境下情报机构资源优势弱化

以往情报机构的服务过于依赖其资源优势，且多是文献、专利、统计年鉴等直接采购的资源，对信息的加工、分析、挖掘不够重视。在大数据时代和资源开放共享的趋势下，可得可用的资源更加丰富，用户获取资源的渠道也更加多元，极大地弱化了科技情报服务机构的资源独占优势，其数据枢纽角色进一步弱化[2]。在此形势下，情报机构只有向智库转型，升级其资源保障体系、加强数据分析挖掘能力，改变其服务模式，提供多元深层的情报服务和产品，才能满足用户需求，顺应时代发展。

1.3　商业性机构倒逼情报机构转型升级

近年来各类商业性情报咨询和服务机构如雨后春笋般不断涌现，这些咨询服务企业的出现，对体制内的科技情报机构形成了有力竞争。特别是作为图书情报机构信息资源合作者和提供者的学术资源提供商，也不再局限于资源提供，正向内容与情报提供商加速转型[3]，这进一步压缩了传统情报机构的生存空间。例如，万方“创新助手”、维普“智立方”、同方知网等都提供了学科研究分析、科研产出报告、机构科研能力分析、领域最新动态等情报服务产品。商业性机构的快速成长倒逼情报机构必须进行转型升级，以增强自身的核心竞争力和不可替代性，否则将失去存在的价值和空间。

1.4　情报机构与智库呈现融合发展的大趋势

郭华等研究指出智库研究和情报研究都是为决策者提供决策支持服务，两者呈现出跨界融合与协同发展趋势[4]。徐峰认为世界范围内科技情报与科技智库正呈现出融合发展的新趋势，面对我国深入实施创新驱动发展战略的新形势新要求，需着力推动科技情报与科技智库的融合发展[5]。从专家的研究可以看出，科技情报服务机构与科技智库呈现融合发展的大趋势，情报机构向智库转型是历史发展的必然。

2　情报机构向智库转型的可能性

2.1　相似的功能定位是情报机构可向智库转型的前提

科技智库的主要功能定位是以服务政府科技创新决策需求为目标，对科技创新发展开展前瞻性研究，就重大科技战略与政策提供咨询建议，为科技创新及相关经济社会发展重大问题提供解决方案等[5]。情报机构在设立之初，就被赋予了“耳目、尖兵和参谋”的功能定位，其中“参谋”的作用就是为科技战略、政策等提供咨询和建议。由此可以看出智库与情报机构的功能定位趋同，均是为决策者提供决策支持服务。两者相似的功能定位，是情报机构可向智库转型的前提和基础。

2.2　长期的资源和技术方法积累是情报机构向智库转型的基础

智库开展研究是在搜集信息、处理信息、分析信息的基础上得来的。情报研究机构曾长期致力于信息资源的搜集、整理，不仅积累了大量丰富的信息资源，而且精通各类数据搜集方法、熟悉各类情报搜集渠道、与各数据库供应商联系紧密，这使得情报研究机构能快速获取所需资源，而这些资源正是智库开展工作的前提和基础。同时，情报学是一门学科，有成体系的、专门的方法论体系支撑，有成熟的情报研究方法和工具，可对信息、数据进行整理、挖掘、分析。这使得情报研究人员可以顺利地转向智库研究工作，不用从零开始[6]。

3　面向科技创新的智库型情报服务体系构建

传统情报机构在向智库转型的过程中，其服务范式也在向“知识信息化、信息网络化、网络智能化、智能平台化”转变[7]，相应地其情报服务体系也应转型升级。围绕科技创新需求，情报机构应以“事实型数据 + 工具方法 + 专家智慧”的工程化情报方法，逐步构建满足不同用户多元需求的智库型情报服务体系。总体框架如下页图所示。

3.1　资源保障体系

资源保障是开展情报分析、提供情报服务的基础。信息资源的数量和质量直接决定智库型情报服务的广度与深度，构建全面、优质、可获取的信息资源保障体系是科技情报工作的首要任务。在大数据时代和科技创新的新形势下，科技情报机构应以全球视野谋划资源保障体系建设，在做好国内资源建设的基础上，更应关注国际相关信息资源，特别是跟踪专业领域发展领先的国家机构相关信息；在资源来源上，大数据时代，在传统的数据库商采购资源的基础上，应注重互联网开放信息资源的跟踪与获取；在资源内容上，在传统的文献资源基础上，更应注重政策规划、人员、机构、成果、统计数据等覆盖领域全产业链的信息资源。

综上，科技情报机构应面向服务领域和服务对象需求超前规划部署，通过网络信息动态监测、商业数据购买、数据交换、内部渠道获取、数据库自建等多元数据采集方式，构建科技文献、科技政策、科技资讯、科技成果、科技人员、统计数据、产业数据等覆盖全领域的、独具特色的、多源异构数据融合的专业知识库和数据源指向库，形成支撑智库型情报服务的资源保障体系。

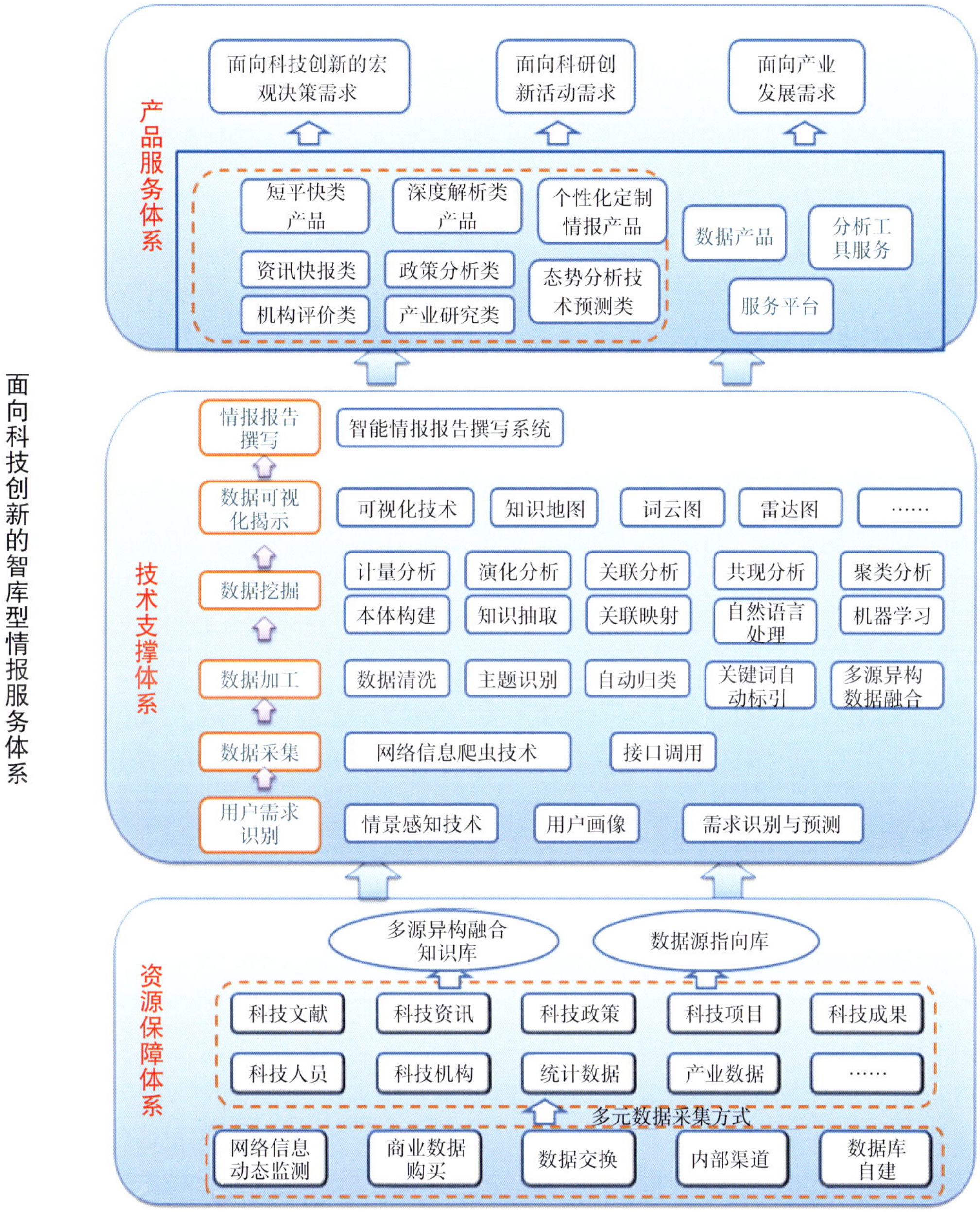

3.2　技术支撑体系

随着信息技术快速发展和大数据时代的到来，传统的情报分析方法和手段已不能适应大数据环境下的情报服务需求，情报机构应不断将新兴信息技术与科技情报生产各环节深度融合，构建贯穿用户需求识别、数据采集、数据加工、数据挖掘、数据可视化揭示、报告撰写等情报工作流程的智库型情报服务技术支撑体系，提高科技情报工作的效率和智能化水平。主要应从以下几方面构建。

3.2.1　用户需求识别

用户对情报服务的需求是多样的、动态的，仅依靠被动式的情报服务是远远不够的，情报机构应充分运用新兴信息技术，通过用户基本信息、专业领域、学术背景、浏览记录、检索记录、历史情报需求、实时情景等信息采集，构建用户画像模型，以准确捕捉用户需求，主动为用户提供个性化精准的情报服务。

3.2.2　数据采集

大数据时代，网络信息资源是情报研究的重要信息源，情报机构应充分利用网络信息爬虫技术，研发建立适合情报数据采集需求的信息抓取工具与方法体系，实现对网络任意来源、任意格式数据的快速采集。信息抓取工具也应随着采集目标源的防抓取措施不断升级，以灵活应对各种采集难题。

3.2.3　数据加工

数据加工是将采集到的有多来源、多格式、有重复、有噪音的数据加工成符合数据库入库标准、可进行分析挖掘的标准化数据，并实现多源异构数据的融合。大数据时代，情报机构应建立“机器处理为主，人工处理为辅”的加工理念，构建自动化数据加工处理体系，通过技术手段实现数据清洗、数据拆分提取、数据项查漏补缺、数据降维、图表数值抽取、关键词自动标引、主题识别、数据自动归类、多源异构数据融合等难题，提高数据加工处理效率和能力。

3.2.4　数据挖掘

数据挖掘是从采集加工的海量异构数据中利用算法模型提取隐含在其中的、事先未知、但又是潜在关系的信息和知识的过程。大数据时代，信息资源的组织揭示日益呈现细粒化、结构化、语义化、关联化等发展趋势，情报研究在计量分析、演化分析、共现分析、关联分析、聚类分析等基础上，更应关注如何从大量异构数据中获取知识、挖掘知识单元间的关系，深层知识组织与揭示、知识发现。情报机构应加强本体构建、知识抽取、关联映射、自然语言处理、机器学习、语义层知识组织等关键技术在情报领域的应用研究。

3.2.5　数据可视化揭示

数据可视化旨在借助图形化手段，将数据间的复杂关系、潜在信息及发展趋势直观地揭示出来。恰当的可视化形式可帮助用户更好地理解数据分析的结果。目前，可视化技术也已应用在智能搜索、个性化推荐、数据统计分析、结果展示等情报服务过程。下一步，情报机构需进一步研究可视化在科技情报领域的应用。比如，语义层知识关系的可视化揭示、适合情报数据展示的可视化算法、丰富情报领域应用的可视化图形类型。

3.2.6　情报报告撰写

传统的情报研究报告撰写是由情报人员最后实施并完成的，但在信息技术时代，应研究将一些浅层的情报报告由机器来完成，让情报人员更专注于深层分析报告的撰写。比如，信息动态监测类简报，可根据具体任务和需求，在底层海量数据的基础上，由机器自动完成信息查询、整合、生产报告的过程。对于有固定模式简单数据分析的报告也可通过机器自动完成。当然，每一种类型的报告自动撰写系统都需要一系列的信息技术做支撑，并根据实际需求进行动态微调整。

3.3　产品服务体系

在创新驱动战略的大背景下，面向科技创新的宏观决策需求，面向科研创新活动需求，面向产业发展需求，策划开发系列专业情报服务产品和服务，制定相关产品服务的业务流程、体系框架和质量控制标准，构建智库型情报服务的产品服务体系。

从产品类型上看，智库型情报产品服务体系不仅含各类情报研究报告，数据也是产品、分析工具也是产品、服务平台也是产品。既要主动及时提供细分领域的各类系列情报产品，也应提供情报产品的个性化定制服务；从产品内容上看，面向不同的创新主体应提供不同的情报产品和服务，包括资讯快报类、政策分析类、态势分析技术预测类、产业研究类、机构评价类等；从分析深度上看，即应有深度的情报分析报告，也应有“短平快”的轻量型服务产品；从服务方式上看，在单向提供情报产品服务的基础上，应提供交互式情报服务。即情报研究机构向用户提供数据、分析工具等服务，用户根据自身需求自助完成数据分析研读。

4　面向科技创新的智库型情报服务体系在农业领域的实践

北京市农林科学院是一所市级农业科研院所，其情报学科历史悠久，承担着为北京市农业科技创新提供情报支撑的重任。近年来，北京市农林科学院知识管理与情报研究创新团队以北京市政府部门、科研管理部门、农业科研人员、农业企业的情报需求为中心，逐步探索农业领域的智库型情报服务，也初步取得了一些进展。

4.1　运用多元数据采集方式，构建支撑情报研究的资源体系

农业信息资源建设本着“支撑情报研究、提供数据服务”的思路开展。信息资源建设是一项长期的基础性工作，农业信息资源建设采用分领域专题的形式逐步推进，这样在经过多年的积累后，逐步形成覆盖北京农业重点发展领域和高端产业的知识资源保障体系，从而为情报研究提供全方位数据支撑，为各类用户提供优质的农业数据

产品。近两年围绕情报研究重点领域现代种业的资源需求，通过农业科技信息动态监测、商业数据购买、合作共建、自建等方式进行数据资源采集，建成了文献、专利、政策规划、科研项目、科技成果、种业专家机构、种业企业、品种审定、品种推广、种子贸易、种子价格等覆盖种业全产业链的专题数据库和数据源指向库。

4.2 专注农业细分领域、丰富情报产品类型

本着情报服务产品化的思路，围绕北京市农业高端产业发展的重点领域和我院重点学科方向，每年确立重点关注的细分领域，策划设计该领域的系列情报产品。近年以现代种业为重点研究领域，策划设计了资讯快报类、政策分析类、态势及技术预测类、产业研究类、机构评价类情报服务产品体系，创办了两种咨询快报——《国际生物育种前沿动态》（月刊）和《三农资讯半月报》（半月刊），研究完成了北京种业发展对策建议、作物育种国际发展态势分析、北京观赏鱼种业发展报告、北京涉农专利现状分析、国际生物种业研发布局扫描（美国）、国际生物育种发展态势及前沿技术识别（玉米）、国际种业市场研究（玉米）等20余份情报研究报告，为政府部门科学决策和科研布局提供情报支撑，为科研人员科技创新提供情报服务，得到了用户的认可和好评。

4.3 构建北京农业智库平台，汇聚资源、展示产品、提供服务

北京农业智库平台旨在整合北京农业专家和情报机构的智力资源与成果，通过“人脑”+“电脑”的方式为北京农业科技、农业产业发展的重大决策提供基础数据和深度情报分析，使决策者快速、全面地掌握北京农业科研与产业的现状，了解全球农业科技发展的前沿动向和战略趋势，结合北京的优势与特点，预见未来北京农业科技发展的重点领域和关键技术、重点产业的发展趋势，为政府、科研机构和企业明确科研的重点方向，进行合理的产业布局，制定发展规划，超前部署重大攻关项目提供支撑，最终实现以北京农业智库建设促进农业科技与产业发展的目标。“北京农业智库平台”将成为对外开展情报服务的门户、各类情报数据的汇集与传播中心、情报产品的展示与推广平台，并已初步实现了农业科技信息动态监测、多源异构数据融合、语义层知识组织、资源可视化揭示、智能检索、个性化推荐等功能，即将上线运行，开展服务。

参考文献

[1] 中共中央办公厅，国务院办公厅. 关于加强中国特色新型智库建设的意见. 2015-01-22.

[2] 裴雷，孙建军，肖璐. 大数据时代科技情报服务的挑战与思考[J]. 图书与情报，2015，(6)：26-32.

[3] 池慧，杜建."十三五"医学情报服务的新趋势[J]. 数字图书馆论坛，2016(11)：40-45.

[4] 郭华，史健勇，曹如中，等. 情报机构向智库转型发展的契合关系研究[J]. 图书馆理论与实践，2017(7)：84-89.

[5] 徐峰. 科技情报与科技智库的融合发展探析[J]. 情报工程，2017，3(5)：004-011.

[6] 姜海格. 情报服务机构智库化转型的探讨[J]. 竞争情报，2016，12(1)：26-31.

[7] 刘如. 面向智库转型的科技情报机构知识服务体系构建[J]. 农业图书情报学刊，2018，30(1)：27-34.

农学家丁颖考察山东水稻的文献记载

崔太昌

（山东省农业科学院科技信息研究所，济南　250100）

最近，在中国知网上查文献，看到一篇有关农学家丁颖教授1964年考察山东水稻生产的文章，题目是《中国农业科学院院长丁颖同志在山东省临沂专区水稻技术干部会议上的报告（记录稿）》，发表在《山东农业科学》1964年第4期上。文章叙述了丁颖考察临沂稻改后的感想、对农业生产与科研结合的看法以及临沂水稻生产中水、土、种、肥料、栽培技术和科学研究的方向、重点等方面的问题。文章编发了山东农业科学编辑委员会主任、山东省农业科学院副院长秦杰写的按语。按语全文如下。

"丁颖同志是我党和我国人民的优秀的农业科学家，中国农业科学院院长，全国人民代表大会代表，中华人民共和国科学技术协会副主席、中国科学院学部委员，于十月十四日上午八时三十分因病在北京逝世，享年七十六岁。毕生研究水稻科学，对我国水稻起源，生态类型以及培育新品种和丰产栽培技术等理论和实践都有重大贡献。

丁颖同志生前，于最近九月十七日至二十八日来我省先后在济南市郊、历城、郯城、临沂等改种水稻地区，进行了十余天的考察工作。所到之处，都是亲自深入田间，认真细致地查看稻区土壤和水稻生长情况，虚心地和农民群众进行亲切交谈，积极宣传党的农业科学实验运动的伟大意义，并对我省农村广大农民群众日益蓬勃发展的科学实验活动，特别是对大力培养年青一代的农民知识青年参加科学实验，给予极大的关切。

丁颖同志，在我省结束了科学技术考察活动后，对我省利用涝洼地，发展水稻等有关问题提出了若干切实可行的建议和意见，受到省委省人委有关负责人的极大重视。

丁颖同志逝世了，我们为了悼念他毕生对党的事业，对农业科学研究事业所做出的贡献，学习他的工作踏实，治学严谨，谦虚热情，艰苦朴素，联系实际，深入群众的工作作风，这里谨将他在我省临沂地区考察期间，临沂地委为他召集的水稻干部会议上的讲话记录稿予以发表，以作为对丁颖同志生前最后一次科学技术考察活动的纪念。”

对于丁颖教授大家都不陌生，他是我国现代著名的水稻专家。为了纪念他在我国水稻科研上的突出贡献，1990 年中国邮政发行了第 2 组（J.173）中国现代科学家纪念邮票，他位居其中，其他 3 位科学家分别是医学家林巧稚、天文学家张钰哲和化工学专家侯德榜。中国现代科学家纪念邮票发行了 4 组（1988—2006 年），共有 16 位科学家，均为中国现代科学巨匠。在 16 位科学家中丁颖是唯一的农学家，足见其科学贡献和学术影响。

丁颖教授 1924 年毕业于日本东京帝国大学农学部。回国后在广东大学任教授，1927 年在广东创办了我国第一个稻作专业研究机构——南路稻作育种场。中华人民共和国成立后，丁颖被任命为中山大学农学院院长，1957 年出任中国农业科学院首任院长，兼华南农学院院长，直到 1964 年去世。

丁颖教授毕生从事水稻研究工作。1926 年在广州郊区发现野生稻，1933 年发表了《广东野生稻及由野生稻育成的新种》，论证了我国是栽培稻种的原产地，否定了“中国栽培稻起源于印度”之说。他运用生态学观点对稻种的起源、演变、稻种分类、稻作区域划分、农家品种系统选育以及栽培技术等进行了较系统的研究。将中国稻作区域划分为地域分明、种性清楚的 6 个稻作带，并指出温度是决定稻作分布的最主要生态因子指标，对指导生产有重要作用。早在 20 世纪 30 年代初，他就进行水稻杂交育种研究。在国际上首次将野生稻抗御恶劣环境的种质转育到栽培稻种中，育成的“中山 1 号”在生产上应用长达半个世纪；1936 年用野生稻与栽培稻杂交，获得世界上第一个水稻“千粒穗”品系，曾引起东亚稻作学界极大关注。他从农业生产实际出发，选育出在生产上应用的优良品种 60 多个，对提高水稻产量和品质做出了贡献。他还创立了水稻品种多型性理论，为开展品种选育和繁种工作提供了重要理论依据。他一生撰写水稻研究论文 140 多篇，主编了《中国水稻栽培学》等著作。

据文献记载，1964 年他以 75 岁高龄，亲自带队考察西北稻区，从张家口到山西、内蒙古、宁夏、甘肃、新疆、陕西等地。由于长途劳顿，回来后感到体力不支，日见消瘦。同志们无不为他的健康担忧，劝他就医，但他依然坚持工作。嗣后，由于组织决定，他才无可奈何带着大箱图书资料，去无锡太湖“疗养”了 37 天（疗养期应为 3 个月）。随后，瞒着大家跑到南京考察全国劳模陈永康的水稻高产试验田，接着又风尘仆仆地赶回北京，连他在上海工作的女儿想见一面也未能如愿。回京后，在尚未取得医院病检结果的情况下，又带病去山东考察稻作。当时，他病情急剧恶化，用枕头压住肝痛部位，浑身冒汗，坚持在济南作完了考察报告。之后，才从济南被护送回北京医院。经确诊为肝癌晚期，住院仅 20 天就与世长辞了。被周恩来总理誉为“中国人民优秀的农业科学家”。

山西省农业科技文献共享服务平台信息服务的实践与思考①

冀宪武*　何　燕　陈晓冬　樊晓璐　潘大丰
（山西省农业科学院农业科技信息研究所，太原　030031）

摘　要：科技文献共享平台是国家创新体系的重要组成部分。本文以山西省农业科技文献共享服务平台为例，就平台的组织机构、管理体制与运行机制、资源整合和开发利用、对外开放共享服务等进行了阐述，分析了存在的问题，并就文献共享服务平台的可持续发展提出了建议。

关键词：科技文献；服务平台；信息服务；农业

Practice and Reflection on Information Service of Shanxi Agricultural Science and Technology Literature Sharing Service Platform

Ji Xianwu*，He Yan，Chen Xiaodong，Fan Xiaolu，Pan Dafeng
（Institute of Agricultural Science and Technology Information, Shanxi Academy of Agricultural Sciences，Taiyuan 030031）

Abstract: Technology literature sharing platform is an important part of the national innovation system. Taking Shanxi agricultural science and technology literature sharing service platform as an example, this paper expounds the organization, management system and operation mechanism of the platform, resources integration and development and utilization, and opening and sharing services to the outside world, analyzes the existing problems, and puts forward some suggestions on the sustainable development of the document sharing platform.

Keywords: science and technology literature，service platform，information service，agriculture

① 基金项目：山西省科技基础条件平台项目“山西省农业科技文献共享服务平台”（No. 201605D121010）；山西省科技基础条件平台项目“山西省农业科技文献共享服务平台运行补助”（No. 201705D121019-3）；山西省农业科学院所长青年引导专项（No. yydzx18）

* 作者简介：冀宪武（1965—　），男，本科，山西省农业科学院信息所图书馆，副馆长，研究员，研究方向为农业信息

科技文献共享平台是科技基础条件平台的重要组成部分，是推进全社会科技进步与创新的重要基础性工作。科技文献资源是科技文献共享平台的重要组成部分，是实施科技创新的重要条件保障[1]。按照《2004—2010 年国家科技基础条件平台建设发展纲要》精神和《十一五”国家科技基础条件平台建设实施意见》要求，2006 年，山西省农业科学院农业科技信息研究所提出了建设农业科技文献共享服务平台（原山西农业科学数据中心）的项目，并于 2010 年经山西省科技厅批准列入“山西省科技基础条件平台建设计划”。经过几年的建设，我院农业科技文献共享服务平台取得了明显的成效，为我省农业科技进步和创新提供了有力的支撑。

1 主要做法

1.1 加强组织领导，落实组织措施

平台下设信息资源建设组、网络平台建设组、文献检索服务组，他们分工协作，共同开展平台建设工作。信息资源建设组负责农业科技文献资源的采集、加工与规范化整理，农业科学数据资源的网络化组织、整合和共享，农业特色数据库的构建等；网络平台建设组负责农业科技文献数据库关键技术研究与系统开发，农业科技文献资源共享服务平台的设备购置、平台的运行维护；信息咨询服务组负责农业科技文献资源共享服务、定题服务、专题服务和参考咨询服务，负责平台的使用、推广和共建共享，做好用户意见的收集和反馈，开展人员教育和培训。平台还成立了学术委员会和管理委员会，并接受省科技厅、省农业科学院和信息所的直接领导和业务指导。学术委员会是平台学术咨询机构，主要负责平台研究方向和目标的确定，开展业务咨询；管理委员会是平台的指导、监督机构，主要对平台的业务进行督促、调整和具体指导，负责工作组与省科技厅、省农业科学院和下属研究所的沟通以及各工作组之间的协调。

1.2 创新管理模式，健全运行机制

在管理体制上，首先，以山西省农业科学院农业科技信息研究所为依托，以内设机构网络中心、图书馆为基地，面向全省农业科研、高校、推广部门和涉农企业开展基础性、公益性、开放性、技术性文献信息服务。其次，制定农业科技文献资源共享服务平台发展规划、管理办法和年度考核制度，文献信息资源年度递增计划，形成农业科技文献共享平台长效服务体系。在运行机制上，① 开展单位团体用户信息共享服务业务，山西省农业科学院龙城大街创新基地 18 个单位 1 000 名科技人员采用直接上网共享文献资源，农业科学院分散在全省各地的 12 个研究单位的 1 200 名科技人员采用 IP 绑定共享文献资源。② 为全省网络非 IP 共享单位和个人（即院外用户）

提供实时全文快递服务。③ 为“团体用户—注册用户—院外用户”三级用户群提供必要的技术支持和应用培训。[2]

1.3　依托部门支持，强化经费保障

平台的建设和发展离不开省科技厅、省农业科学院和信息所的大力支持。每年除了“山西省科技基础条件平台建设计划资金”外，我们还积极争取上级主管部门的支持。平台依托单位院信息所在人才建设上，优先考虑平台建设的需求，优先保证平台人才队伍，力求使人员的专业、年龄、学历结构达到平衡；在项目申报上，鼓励全所科技人员积极申报与平台建设相关的各类项目；在平台条件和政策上，大开方便之门，保证提供办公场所，并配齐必需的办公设备，如电脑、复印机、打印机等。无偿提供水、电和暖气，免费使用文献资源，为大家安心工作创造了一个良好的办公条件；积极向院里反映用户的意见和建议，争取有更多的经费投向平台基础建设和文献资源购置。平台主管部门山西省农业科学院高度重视信息资源平台建设。2014年，搬迁到山西农业科学院龙城大街创新基地后，信息所独占5层办公楼，建筑面积3 500平方米，院里投资1 200万元用于网络建设，综合布线、网络集成、机房建设全面升级。2013年，院里安排文献经费35万元，2014年起，文献经费提高到50万元，用于购置中外文农业文献资源和平台的运行维护，保证了平台的正常运行。2017年经过我们多次争取，院里又增加文献经费10万元，用于支付数据库的涨价等费用。

1.4　做好文献信息资源的整合和开发利用

购置中国知网全文数据库、中国农业统计数据库、SpringerLink、ScienceDirect等中外文农业数据库。更新已建的农业图书、科技期刊、农业科技成果等数据库的资源。建设山西省农业科学院超星农业电子图书数据库和农业实用技术视频点播平台，实现网上点播功能。研发具有山西农业特色的文献资源数据库，自建谷子、马铃薯加工、红枣加工、燕麦荞麦专题库等农业特色数据库，面向社会提供开放共享服务。

1.5　开展对外开放共享服务

采用线上、线下配套服务模式，面向全省农业科研、高校、管理、推广部门和涉农企业等部门，开展学科服务、知识服务、专题定题服务，积极开展情报预测、预警分析和技术需求分析，提高服务层次和水平。为破解知识产权的限制，在我所建立面向全省农业信息用户的开放式电子阅览室，供用户免费浏览和下载原文。引进“国家农业大数据与知识服务创新联盟”平台和国家科技图书文献中心(NSTL)外文科技文献资源，开展原文传递、代查代检、在线咨询、馆际互借、查新检索等服务，实现全省网络IP共享单位网上无障碍随时检索，非IP共享单位24小时全文快递。开展专题服务、定题服务和学科服务，满足科技人员的个性化信息需求，提高服务层次和水平。

2　服务成效

2.1　资源服务量

2017 年山西省农业科学院用户使用数据库的情况：① 中国知网：2017 年 1—12 月使用总次数 2 762 560 次，其中：检索次数 2 322 358 次、浏览次数 229 675 次、下载次数 210 527 次。② SpringerLink 数据库：2017 年全年下载论文 5 654 篇。③ ScienceDirect 数据库：2017 年全年下载论文 6 300 余篇。④ 国家农业科技创新联盟科技文献信息资源共建共享平台于 2016 年 11 月 16 日正式开通，目前，山西省农业科学院注册平台用户 1 416 人，截至 2017 年 12 月 31 日，山西院年度浏览量为 8 243 人次，在线下载量为 743 篇，文献传递申请量为 1 639 篇，文献传递完成量 1 639 篇。

2.2　服务对象数量

山西省农业科学院下属 30 个科研院所（中心、站），共有 2 625 名在职职工，其中，专业技术人员 1 887 人，占在职职工总数的 72%。其中，正高级 213 人，副高级 643 人；中级技术职务人员 881 人。在职职工中有研究生 748 人，其中，博士研究生 133 人，硕士研究生 615 人，研究生占专业技术人员总数 40%。

2017 年，为全院 1 493 项各级各类科技计划（项目 / 课题）、技术创新项目提供文献咨询、浏览、下载和传递服务，其中国家级课题 239 个，省级课题 508 个，横向协作课题 79 个，院级课题 667 个，比 2016 年增加 974 项。

2017 年，为我省农业高校、科研院所、涉农企业等编写查新报告 74 份。

2.3　专题服务量

2017 年，平台工作人员为院科研处、质检所等单位的科技人员开展定题服务，提供原文等 121 篇，参与撰写了山西农谷、山西农业科技创新联盟、《2016 年山西省农业科学院科研中期调研及优势科研团队调研报告》《创新驱动、技术引领——山西省农业科学院实施特色现代农业增效工程》《创新农业科技助力精准扶贫》《山西省农业科学院农谷建设方案》《山西省农业科学院科研管理综合改革方案》《山西省农业科学院创新驱动产业发展思考》《山西省农业科学院雁门关农牧交错带科研进展》《山西省农业科学院科技创新工作综述》等专题报告。

2.4　服务对象满意度

我们在平时的服务中，经常教育工作人员对待用户要热情接待，耐心沟通，虚心接受用户的意见和建议，对用户的意见做到及时反馈，特别注意服务的时效性和及时性，科技人员对平台的服务总体上是满意的。比如，2017 年我们为院科研处撰写了

10 多份专题报告、调研报告和 150 多份应急材料，为科研处引进开发了科研管理平台，一定程度上减轻了科研处的工作压力，大大提高了科研管理效能，科研处表示今后要继续与平台合作。

3　存在的问题

3.1　平台建设的经费少，且不稳定

山西省农业科技文献共享服务平台是山西省科技厅支持的科技基础条件平台项目之一，其建设费用只能通过科研项目申报渠道获取文献资源采购经费，可持续发展的后劲不足。通过科研项目申请获得的经费数量有限，仅能购置少量文献资源及设备，新技术研发和文献资源共享受到局限，尚不足以满足山西省实施创新驱动战略及科技自主创新所提出的资源保障要求，以及科研用户正常的科技文献信息服务需求[3]。

3.2　协同共享机制缺失

山西省农业信息系统重复建设和数据资源孤岛问题仍然存在，尤其是跨部门、跨层级和跨系统的信息共享、资源整合、业务协同机制尚在探索，互联互通难、信息共享难、业务协同难。特别是国内外数据库生产商出于维护商业利益的需要，禁止大规模资源共享，通常采用限定 IP 地址或限定并发用户数等办法来严格控制使用范围，增加了资源共享的难度。

3.3　信息服务的深度和广度不够

目前平台的信息服务仍以文献检索、原文传递、定题跟踪、参考咨询等传统文献服务为主，虽然也尝试开展了专题调研、产业分析、决策参考等知识服务内容，但存在着服务范围窄、服务数量少、专业性和针对性不强等缺陷，面临着各类专业信息服务机构和信息服务商的挑战。

3.4　平台宣传力度和信息服务模式有待加强

科技文献共享平台为公众与社会提供公益性科技文献服务，是助力科技创新、提升民众科学素养的一项科技基础条件建设工程[4]。由于受经费预算、人员编制等因素影响，目前，山西省农业科技文献共享服务平台的宣传力度还远远不够，用户对平台资源的使用、服务功能等缺乏系统了解，导致平台访问量低、用户数量少、资源利用率低，平台文献资源的普惠服务和科技支撑作用没有得到充分的体现。

4　建　议

4.1　注重特色资源建设

平台的持续发展，主要依靠信息资源建设。单纯依靠商用数据库的购置并不能满足

广大用户的信息需求，只有突出自身特色，才能真正发挥平台的作用。今后我们要加强面向山西特色农业和原始创新的科技文献资源建设，重点补充山西杂粮、功能食品、有机旱作农业、生态农业等急需的农业科技文献资源，建设具有本地特色的数据库。

4.2 开展文献资源的合作共享

要加强与 NSTL、国家农业科学数据中心、国家农业科技信息资源共建共享平台等国内科技文献资源共享体系，以及省内公共、高校、科研文献信息服务机构的有效对接，努力提升农业科技文献资源的服务能力和服务水平。这样既弥补了自身文献资源不足的缺陷，又能保障科研用户的有效获取与利用。

4.3 强化服务意识，提升平台开展信息服务的层次

坚持“以用户需求为导向”的服务理念，积极探索基于云计算和大数据挖掘的新型知识服务。加强网络环境下国内外农业科技情报资源获取能力和共享能力建设，提升知识服务的层次和扩大知识服务内涵[5]，为政府、科研院所、农业园区、涉农企业和农户开展全方位多层次的知识化、个性化服务，形成自己的服务特色和服务品牌。

4.4 加强宣传，提高文献资源利用率

评价一个科技文献服务平台的关键指标是用户的使用情况，而宣传推广工作对用户充分了解和使用服务平台起着至关重要的作用[6]。平台应加大用户的培训力度，通过多种方式加大宣传推广工作力度。如通过散发宣传资料、在相关媒体上广泛宣传，以及在相关网站上建立相关链接等方式，使用户可以很容易地访问农业科技文献共享服务平台，享受平台提供的服务。

参考文献

[1] 万立志. 重庆市科技文献资源共享服务平台建设论析 [J]. 西南农业大学学报（社科版），2007，5（5）：146-149.

[2] 冀宪武. 山西省农业科技文献共享服务平台建设研究 [J]. 农业网络信息，2018（1）：85-88.

[3] 张海燕. “广东省科技文献共享平台建设”项目的实践与思考 [J]. 广东科技，2016（5）：63-65.

[4] 黄青，陈恩强. 区域科技文献共享平台信息服务实践与可持续发展思考——以广东省科技文献共享平台为例 [J]. 广东科技，2012（11）：11-13，19.

[5] 王朝晖. 企业创新驱动下的科技情报服务模式研究 [J]. 图书馆学研究，2012（18）：76-79.

[6] 董文静，张桂芬. 基于网络环境的海洋科技文献共享平台建设 [J]. 图书馆工作与研究，2011（10）：114-115.

浅议新时代农林高校图书馆资源建设与服务

曹　瑾*

（西北农林科技大学图书馆，杨凌　712100）

摘　要： 图书馆的文献资源既是高校图书馆综合水平的重要体现，也是高校综合实力的体现，更是高校教学和科研工作以及学生论文写作的重要资料来源，因而强化高校图书馆资源建设具有重要作用和意义。文章对新时代背景下的农林高校图书馆资源建设与服务的必要性、存在的问题进行了分析与探讨，以期为农林高校图书馆资源建设提供借鉴和参考。

关键词： 新时代；农林高校图书馆；资源建设；资源服务

Discussion on Library Resources Construction and Service of Agricultural and Forestry University in the New Era

Cao Jin*

（Library of Northwest A ＆ F University，Yang ling　712100）

Abstract: Literature resources of university library is the important of university library's comprehensive level, also is the embodiment of the comprehensive strength of colleges and universities, colleges and universities teaching and scientific research work and the importance of students' thesis writing source, thus strengthening the university library resources construction has the important function and meaning. This paper under the background of new era, the necessity of university library resources construction and service of agriculture and forestry, this paper analyzes and discusses the problems existing in the, in order to provide reference for agriculture and forestry university library resources construction.

Keywords: New age background，Agricultural and forestry university library，Resources construction，Resource service

* 作者简介：曹瑾（1971—　），大学本科，馆员，主要从事文献资源建设工作；E-mail：244749810@qq.com

新时代背景下图书馆资源建设是高校图书馆建设的重要内容，也是“双一流”大学建设重要的支撑保障。做好农林高校图书馆资源建设对于提高图书馆建设工作的质量，提升图书馆的综合实力具有十分重要的意义。当前农林高校图书馆资源建设存在的诸多问题严重影响了图书馆的未来发展。在新时代背景下，网络信息技术的发展日新月异，农林高校图书馆必须很好的适应这一时代发展趋势，推进现代化资源建设和发展，努力为师生提供更好的资源服务，推动“双一流”建设，实现高校的长远发展。

1 新时代农林高校图书馆资源建设概况

1.1 农林高校图书馆资源建设的内涵

所谓资源建设就是指服务机构依照服务任务及服务对象的具体需求，系统地规划、选择、收集、组织管理资源，建立具有特定功能的资源存储体系的全过程[1]。农林高校图书馆资源建设的内涵就是在一定范围内对文献资源进行有计划的积累和合理布局，以满足、保障广大师生、涉农企业和“双一流”大学建设需要而提供更加便捷图书资源服务的全部活动。图书馆资源作为一种知识资源和智力资源，不是天然存在的，而是需要由人去积累和建设的。

1.2 农林高校图书馆资源建设的必要性

新时代我国已经进入信息化社会，农林科学技术得到了飞速的发展，与之相关的边缘学科和交叉学科也得到了前所未有的发展，作为从事农林科学教育与科技推广的师生员工一是要不断地更新自身知识，吸收国内外先进知识和技术，掌握新材料、新技术、新方法，以积极主动的适应现代农林科学的飞速发展；二是随着网络技术的普及，以往手工检索已经被现代化的检索工具取代，现代化的图书馆取代传统意义上的图书馆已经成为发展趋势，高效便捷的查阅方式已经成为图书馆资源建设的必然选择。数据调查显示，科研人员花费在文献上的时间，占全部科研时间的一半以上[2]。因此，加强图书馆资源建设，强化信息资源的更新，对于促进农林高校广大师生及时捕捉新知识、掌握新技术，提升师生员工的创新能力具有十分重要的现实意义。

1.3 农林高校图书馆资源建设存在的问题

1.3.1 馆藏资源配置不尽合理

新时代我国已进入互联网和信息社会，资源共享已经成为时代发展的显著特征。一方面资源共享导致了信息网络传输、数字资源库服务器等环节的安全风险逐渐提升，再加上农林高校图书馆资源构建过程中，对涉农边缘和交叉学科的实际需求了解不够，致使图书馆资源的实际利用程度还不够，如哲学、社会科学、计算机科学等科研型资源较为薄弱，而自然科学、中文资源等教学型资源过于饱和情况的出现也导致图书馆服务效率不能有效的提升；另一方面，农林高校图书馆与师生的互动程度不高，也导致图书资源构建与实际用户需求出现偏差，影响到图书资源建设进程。

1.3.2　数字资源配置比例失衡

目前，农林高校图书馆普遍构建了数字资源库，但是由于对师生实际需求了解不够，出现了数字资源与实际要求不相符的问题，表现在一方面大量数字资源闲置，另一方面师生需求又得不到充分满足。如在农林高校图书馆资源中大多是摘要类、书目类的数字资源，而多媒体文献、全文文献等数字资源份额相对较少，数字资源库各种资源的比例失衡，且资源更新间隔时间较长、更新内容不稳定等，这些原因的存在制约了资源的有效利用。加之资源访问权限、图书数字资源的知识产权等问题的出现也导致服务质量不能达到有效的提升。

1.3.3　阅读模式发生改变

互联网信息时代的到来为高校师生提供了新型的阅读模式——数字阅读，新型阅读模式的出现对传统纸质阅读造成了很大的冲击，加之社会生产生活节奏的加快也导致整体阅读出现碎片化的特征。一方面高校师生对阅读资料由专一系统转化为休闲娱乐，且对于书籍的精简性要求更严格；另一方面图书馆内长时间阅读的模式也逐步转化为课下间断的碎片式阅读。随着数字阅读模式飞速发展，纸质报刊、书籍在高校师生阅读中的占比迅速下降，因此互联网信息时代为高校图书资源的优化配置提出了新的要求，数字信息资源的建设已经成为高校图书馆资源建设的重要任务。

2　新时代农林高校图书馆资源建设的建议

2.1　加强人才队伍建设

图书馆资源建设是推进高校图书馆永续发展，保障读者阅读体验的一项重要内容，而图书馆资源构建者综合素质的高低直接影响着图书馆资源建设工作的有序推进。因此，必须加强人才队伍建设，而加强人才队伍建设首要任务就是要提高图书馆资源构建者的综合素质，以适应图书馆资源建设的高标准要求，高校可依据资源建设需要给予适当专业技术岗位的事业编制指标，以吸引高素质人才，同时加强岗位培训，提高工作人员的综合素质；其次就是要端正构建者的态度，态度决定一切，如果没有一个端正的工作态度，图书馆资源建设的作用将很难得到体现。高校可以通过强化政治理论学习、谈心谈话、问责追责、容错纠错等方式来端正工作人员的工作态度。此外，要外出学习交流，增长见识，提高构建者的综合素质，从而使高校图书馆资源建设能够永续推进，为高校图书馆建设贡献更多的力量。

2.2　完善内部管理机制

随着农林高校图书馆资源管理规范化水平的提升，以往单一的管理制度已经不能适应新发展、新要求。因此高校图书馆要根据实际发展需要，进一步完善管理标准制度，如数字化服务标准、用户需求调查、用户隐私保护等[3]，从而为资源建设与服务提供规范的依据。为了提升图书资源建设与服务的影响力度，农林高校图书馆一是要加大宣传力度，提高图书资源的影响力。如将现有图书馆资源制作成多媒体课件或者视频等模式，加强与广大师生、涉农企业员工之间的沟通交流；二是要高度重视数字资源建设工作，强化电子图书资源的建设力度，不断加快数字资源的更新速度，进一步完善馆藏结构，保证各类数据资源配置更加完善；三是要强化与资源供应商的联系，提供个性化服务。如与资源供应商签订协议，为用户提供图书预定服务，广大师生可以依据自身需求通过图书馆平台预定图书，由高校图书馆买单，管理人员通过网络平台实施借阅管理，从而有效降低了图书馆管理人员负担，促使图书馆资源更大程度的利用。

2.3　强化对新技术的应用

随着科学技术的飞速发展，高新技术不断涌现。农林高校图书馆资源建设要充分利用数字化、信息化技术和网络移动终端，不断提高图书馆资源建设的效率。在图书馆资源建设工作当中，一是通过图书馆管理系统，可以使用多种信息服务子系统来加强图书馆的建设。如采购子系统、编目子系统、打印子系统、检索统计子系统、流通信息子系统和图书馆维护子系统等等。通过这些系统功能，可以很好的实现图书馆图书的采购、编码、借阅、检索等一系列操作；二是充分利用学校一卡通系统，有效地将图书馆内的各种操作整合起来，实现一卡在手，解决所有的图书馆借阅问题，极大的方便读者；三是建立图书馆公众号和手机 APP, 推进图书馆资源的有效利用。因此，利用信息技术的广泛应用为高校图书馆资源建设工作起到了积极的推动作用[4]。

2.4　推进馆际间联合与交流

加强高校馆际间的联合与交流对于促进图书馆资源建设具有十分重要的意义。农林高校图书馆馆际间的合作与交流可以大大拓展文献资源有效利用的范围，实现资源共享、节约经费的目的。通过馆际间的联合与交流，广大师生员工不仅可以浏览到本校的图书资源，同时还可以浏览到其他学校的图书资源，从而达到高校图书资源的优势互补，实现图书资源的共建共享；高校图书馆馆际之间的联合与交流既保持了自己学校专业性的特点，又大大拓展图书资源的范围，有效节约了馆藏资源的建设资金，提高了图书馆对文献资源的建设能力[5]。

2.5　建设以用户需求为导向的服务模式

农林高校图书馆资源建设必须把用户需求放在第一位，以用户需求为资源建设的目标导向。一是要切实加强对用户需求的调查，要采用问卷或走访等多种方式积极开展用户需求调查，大致了解图书馆用户的需求，从而使农林高校图书馆资源建设实现有的放矢；二是要提高图书馆资源建设的创新能力。农林高校图书馆要定期组织员工开展学习，对国内外的高校图书馆资源建设进行深入的了解和挖掘，取其精华，弃其糟粕，学习并掌握其创新方式和方法，从而提高高校图书馆资源建设的创新能力；三是加强信息资源的汇总与处理。农林高校图书馆要加强图书馆信息资源的汇总处理和有效分析研究，继而为图书馆资源建设提供坚实的基础。

3　结束语

图书馆建设工作是“双一流”大学建设的重要内容，而图书馆资源建设对于高校的教学、科研以及其他工作的有效开展具有非常重要的影响。在图书馆资源实际建设的过程中，农林高校要及时转变图书馆资源建设的观念，采取有效的建设措施，提高馆藏资源建设质量和效果，为推进“双一流”大学建设提供更加有效，更强有力的支撑。

参考文献

[1] 张雪梅．高校图书馆资源建设研究点滴谈 [J]．福建图书馆理论与实践，2014（01）．

[2] 李刚．新时期对医院图书馆数字化建设的思考 [J]．医学信息，2013，13（9）：40.

[3] 王咏梅．“互联网 +”时代高校图书馆资源建设与服务研究 [J]．江苏科技信息，2016（20）：21-22.

[4] 张秀梅．谈高校图书馆资源建设研究模式 [J]．大家，2015（03）．

[5] 左园，梁红丽．新时代下高校图书馆建设的创新以及发展举措 [J]．中国科技投资，2013（11）：192-192.

图书馆信息共享空间建设探讨

唐　研[1]　孟　静[1]　徐淑良[1]　王艳红[1]　崔太昌[2]

（1. 山东省农业科学院图书馆，济南　250100；

2. 山东省农业科学院科技信息研究所，济南　250100）

摘　要：本文简述了信息共享空间(简称 IC) 在国内的研究，从图书馆内部元素、知识管理两个方面探讨了 IC 的建设实践，提出信息资源、手机图书馆、延伸服务是 IC 建设的保障因素。

关键词：信息共享空间；Information Commons/IC ；知识管理

Discussion on the Construction of Library Information Sharing Space

Tang Yan[1], Meng Jing[1], Xu Shuliang[1], Wang Yanhong[1], Cui Taichang[2]

(1. Library of Shandong Academy of Agricultural Sciences, Jinan 250100;

2. Institute of Science and Technology Information, Shandong Academy of Agricultural Sciences, Jinan 250100)

Abstract: This paper briefly describes the information commons (IC) research and construction practice in the domestic from two aspects: library internal elements and knowledge management. It is proposed that information resources, mobile library and extended service are the guarantee factors of IC construction.

Keywords: information commons, Information Commons/IC, knowledge management

信息共享（Information Sharing）指不同层次、不同部门信息系统间，信息和信息产品的交流与共用，就是把信息资源与其他人共同分享，以便合理配置资源，节约社会成本，创造更多财富，是提高信息资源利用率，避免在信息采集、存贮和管理上重复浪费的一个重要手段[1]。

信息共享空间（Information Commons，以下简称 IC），最早出现于 20 世纪 90 年代初的美国高校图书馆，是为适应用户的学习和研究需要而建立起来的一种基础设施和新型服务模式。IC 作为一种支持集中式与个人学习研究，提供资源、技术和服务无缝整合的一站式服务形式，丰富和创新了用户从信息获取到知识创造的全过程信息体验，适应了新形势下用户的信息需求[2]。

IC 自 1992 年在美国大学图书馆出现以来，备受用户欢迎。我国大学图书馆，IC 建设与服务也引起了业界和学界的重视和关注，IC 改变传统的静态信息服务模式为动态信息服务模式，是图书馆现有业务的延伸、拓展与完善。我国许多大学图书馆已经构建了 IC，也有一些已经具备了 IC 的软硬件设施，包括丰富的资源、信息技术、基础设施和物理空间等，只是没有公开宣称建设 IC。

1　我国信息共享空间的研究现状

在中国知网（http://www.cnki.net）以“信息共享空间”为关键词进行检索，得到文献 1 119 条结果[3]。通过分析可以了解，我国的 IC 研究从 2005 年发表 4 篇文章开始，2009—2014 年，每年发表相关论文都在 100 篇以上，2009 年达到研究顶点，发表文献数为 150 篇。论文以图书情报与数字图书馆专业为主，涉及计算机、新闻与传媒、教育理论、高等教育、科学研究等多个学科；研究者单位是以上海大学、复旦大学多为代表的高校机构。

1.1　IC 的建设方式

通过阅读文献发现，国内 IC 的建设主要有两种方式：A 改造型 IC，在现有电子阅览室、参考咨询部和技术部的基础上扩展改造而成，使其初具 IC 功能特征；B 部门式 IC，在图书馆单独开辟一块空间，重新组建 IC。由此可见，对于经费紧张，空间不足的图书馆完全可以采用第一种建设方式。实践表明，读者最感兴趣的是一些常规的基础服务，如视听、媒体制作、阅览等，IC 提供的虚拟服务如虚拟讨论室、学科博客、虚拟参考咨询等也受到一定欢迎。IC 的建设者无一例外地遵循了知识管理原则，即以用户的需求为导向，以为用户提供最高标准的服务为最终目标。

1.2　数字阅读趋势成就 IC

随着网络与可移动阅读设备的飞速发展，数字阅读逐渐取代纸质出版物阅读的主流地位，纸质出版读物向着网络电子读物发展，单纯的文字阅读向着多媒体读物发展，也是 IC 建设的外部推动力。根据 2018 年 4 月发布的《第十五次全国国民阅读调查》显示[4]：2017 年，我国城镇居民的纸质图书阅读量为 5.83 本，较 2016 年的 5.60 本高 0.23 本，农村居民的纸质图书阅读量为 3.35 本，低于 2016 年的 3.61 本。传统纸质媒介中，我国成年国民人均每天读书时长为 20.38 分钟，人均每天读报时长为 12.00 分钟，人均每天阅读期刊时长为 6.88 分钟。新兴数字媒介中，我国成年国民人均每天手机接触时长为 80.43 分钟，人均每天互联网接触时长为 60.70 分钟，人均每天微信阅读时长为 27.02 分钟，人均每天电子阅读器阅读时长为 8.12 分钟，人均每天接触 Pad（平板电脑）的时长为 12.61 分钟。

1.3　IC 的建设以图书馆为中心

IC 是一种新的高度整合的信息服务服务空间，也是适应人们需求而诞生的一种新的学习交流模式。图书馆的知识库结构中包括了传统的图书期刊、引进或自建的数据库、网络信息资源、小型资源库等，这正符合 IC 建设的基础条件，所以 IC 的建设以图书馆为主。IC 是一个集大成的概念，通过广泛的合作、不断挖掘，提供电子学习、移动学习，不仅可以实现信息知识的共享与交流，甚至对人们学习、工作、阅读、写作、生活产生巨大的影响。

2　如何建设信息共享空间

信息共享空间理念的核心体现了"空间共用、资源共用"的"一站式"信息服务思想[5]，其实质是利用最新技术设备，整合实体和虚拟空间中的相关资源，使图书馆与相关部门形成良好的资源协作，为从事学习、交流、创作和研究的用户提供一种特定空间。

2.1　图书馆内部元素建设

图书馆提供信息共享空间服务，就是要与其他部门或项目组建立广泛的合作关系，首先要在空间、硬件、软件方面完善自身建设。

2.1.1　网络支持

随着无线网络的发展，尤其是 4G 技术的全面普及，带给用户更快捷更稳定的网络体验，使用移动图书馆、手机用户数不断增加。

2.1.2　硬件支持

图书馆有充分的实体空间，提供专业技术和设备，包括方便用户利用信息资源硬件设施，如计算机、投影仪、传真机、图像扫描仪、打印机、数码照相机、摄像机等，并实现自助服务功能。

2.1.3　软件支持

信息共享空间除具有传统的纸质文献资源外，强调与丰富的电子期刊、电子图书、专业数据库、影像文件及网络的结合，要求具备各类编辑软件和信息阅读软件，支持与集成设计、软件、高端工作站、打印、多媒体设备相结合的各类程序。

2.2　服务质量决定信息共享空间的发展

图书馆员必须不断加强信息素养培训，保持信息敏感性，才能保证 IC 成为知识管理和用户信息素养提高的"一站式"信息服务空间。

2.2.1　检索平台是服务的核心

信息共享空间服务平台是图书馆对外服务的核心，是用户利用图书馆相关资源最重要的地方，可以设置划分为咨询区、学习区、开放区和休闲区等。咨询区是图书馆提供各类帮助的中心平台，主要是对用户进行传统的参考咨询服务，答疑解惑；学习区是供读者进行独立检索、研究、写作或者合作研究的空间；开放区主要提供图书馆的电子资源、知识数据库、开放存取、音乐视听等多媒体方面的信息，也可向用户提供一些辅助工具，如扫描仪、数码照相机等数字输入输出设备以及编辑软件；休闲区可以提供舒适的沙发、热饮或点心，供读者在学习、研究和创作疲惫后放松、休息。

2.2.2　建立有效的组织管理体系

为了构建 IC 这一新型的学习空间，建设者要根据需要进行部门调整，使组织机构体系呈扁平的网状管理结构，其核心是 IC 部门，外层为信息资源部、技术部、参考咨询部等内部支持部门，外围是以图书馆为中心的业务密切合作者，网络中心、远程教育中心和部分分支机构等，通过组织管理体系来支持与控制 IC 建设中的知识管理活动。

2.2.3　服务质量评价确保 IC 建设成效

建立以用户为中心的信息共享空间服务质量评价体系，保障有效运行。评价方式包括用户意见调查表、网上调查、电话回访等，内容应考虑到信息共享空间的各个建设元素：人、物、资源、环境、服务等。根据评价结果，随时改进工作方法，完善服务设施，确保 IC 的建设成效。

3　IC 建设的保障因素

根据构成信息共享空间的元素来看，并不只是信息资源、电子阅览室和计算机实验室等的简单组合，也不是虚拟资源概念下的数字图书馆，而是关于信息创制造者与信息使用者的共享关系，是实体空间、虚拟环境、技术设备和组织管理的完美结合体。我国现有的 IC 建设在理念上、管理体制上也总结出一些经验，作为科研单位或小型图书馆，可以采用“拿来主义”建设具有本馆特色的 IC。

3.1　信息资源建设是 IC 的基础保障

目前，我国各类图书馆都十分重视信息资源的建设，除了提供传统的馆藏资源（印刷型图书、期刊、资料和工具书）外，信息共享空间必须具备丰富的电子期刊、电子图书、专业数据库、多媒体文件以及网络等信息资源。但由于各自经费与优势学科不同，投入也各有不同，信息资源建设仍存在较大的不平衡，高校图书馆、公共图书馆普遍好于科研单位图书馆，特别是一些小型科研机构，如果只有万方、CNKI、维普等几个基本知识库，是无法建设 IC 的。

3.2　手机图书馆是未来的服务保障

随着手机用户和移动阅读人群的增加，许多图书馆开始开发手机图书馆，服务于移动用户。现在用户不仅可以通过手机访问网站形式进行一切电脑上的操作，还可以通过安装移动图书馆，即时进行书目检索，查询图书馆网上资源，甚至通过微信公共号享受文献到期提醒、预约、文献催还、讲座预定、知识竞赛、读者留言、自建数据库等服务。手机图书馆将充分展示移动计算的强大优势，实现图书馆的图书、期刊、报纸、光盘、电子文献等信息的在线、实时阅读，提供 24 小时全天候的智能化服务，这将成为未来图书馆的新常态。

3.3　延伸服务是 IC 的品牌保障

信息共享空间提供的服务是集传统的图书馆服务与数字信息服务于一体的集成服务。服务功能主要包括：文献借阅传递服务，信息检索服务，数字参考咨询服务，信息发布推送服务，知识导航服务，馆际互借，实时咨询和用户教育培训服务。具体到不同的服务，又可以进行多元分化，如信息检索服务可以分成光盘检索、联机检索、数据库检索、OPAC 检索和智能代理检索；知识导航服务可以具体为分类导航、学科导航、主题导航和资源类型导航；用户的教育培训，可以是检索培训、图书馆利用培训和信息素养培训。服务越细，延伸越专业，IC 的品牌效应才能更加显著。

4　结束语

IC 可以是一个网络教室或电子阅览室，也可以是多个图书馆加网络以及“图书馆 + 博物馆 + 文化馆 +（网吧）网络”，广义而言，配置了 WIFI 无线上网的图书馆也可以称为 IC。科研单位或小型图书馆可借鉴这个思路，把“WIFI 无线上网的图书馆”扩大化，拓展服务空间，让不同终端的客户通网络共享信息，这就是 IC 存在的核心和意义。

参考文献

[1] 张艳伟 . 微信平台中信息共享行为的影响因素研究 [D]. 北京：北京邮电大学，2015.

[2] 罗秀娟 . 学科信息共享空间 2.0 服务模式的构建 [J]. 图书与情报，2013（3）：94-97.

[3] 中国知网 [EB/OL]. 2018-5-19 http：//www.cnki.net.

[4] 2018 年全国国民阅读调查 [EB/OL].2018-4-19 http：//cul.china.com.cn/2018-04/19/content_40297160.htm.

[5] 刘革，郭志 . 高校图书馆信息共享空间实施要素分析 [J]. 图书馆学刊，2012（2）：49-51.